新版 明治天皇

里見岸雄

明治天皇　御尊影

昭憲皇太后　御尊影

まえがき

明治百年を迎えて、私はどうしても黙過することができなかった。私は明治三十年生まれだから、少年時代の十五年を明治天皇の御時世に生きたわけだが、私が初めて明治天皇の御製について、幾分の関心をいだいたのは十四歳の明治四十三年の春だった。ある日ふと父田中智学に呼ばれて、これをよく読めといって渡されたのが大隈重信の著した「国民読本」という洋紙和綴の菊判二百頁程の本であった。本を開くと表紙の裏の白紙に、父の筆で「岸雄蔵」と書いてある。本は義務教育を終った者を標準に、日本の国体と国民性を闡明し、憲法下の国家組織と国民の責任を概説したものだが、各章毎に、御製又は皇后御歌が掲げられており、その数すべて六十一首、私はこれによって初めて明治天皇の数々の御製を拝した。幸徳秋水らの大逆事件は、逮捕が四十三年の六月、刑の執行されたのは四十四年の一月であった。新聞の報道や世人のうわさで驚いたが、四十四年の三月、父智学は「大逆事件に於ける国民的反省」という一論文を発表した。私はその一節を読んで大いに感激したものだったが、此の時の感動が、後年私をして国体学、憲法学に精進せしめた一生の土台となったように思われる。時に私は十五歳であったが、この四十四年の夏八月、父智学の「御製講義―日本国体学」と題する三週間の講義を三保の最勝閣で連日聴講し、少年ながら、深く明治天皇の偉大さに心打たれたものであった。明けて四十五年七月、明治天皇御不例の報に驚き、中学校の教師に引率され炎天下二重橋の前で御平癒を祈願したが、その時、合掌拝跪して陛下の御全快を熱祷する群衆の姿をこの眼で見て、胸をつきあげられる思いであった。万民の祈りの甲斐もなく、陛下は崩御あらせられた。大人も泣いた、子供も泣いた、私の周囲の者は、崩御の悲報に泣かぬ者は一人もなかった。御大葬の夜は、宮城前に堵列して奉送したが、皇居を御発進になる七十八対の松明の、うねりくねりつつゆらぐさま、広場に立つ数基のアーク燈の色も哀愁そのものであった。御霊柩をお納めした御轜車は五頭の牛がひき、哀音をきしませつつ二重橋をお渡りになる。寂寞の闇を破る弔砲はとどろき、最後の御幸の御鹵簿《ろぼ》は民草の歔欷《きょき》の洩れる中を遥かに青山の葬場殿へ消えて行った。回顧するに実に愁雲凄《せい》気万姓声を呑んだ諒闇の夜であった。

私は、明治百年を記念するため、二つの筆作を世に送ろうと考えた。一は昭和四十二年十一月の「国体文化」特集号として執筆した「明治百年と昭和維新」である。私は、明治百年を祝う真の意義は、明治百年を以て昭和維新への出発時点とすることだと信ずるので、右の論篇に於ては、主として明治維新の精神を闡明し、その発展完成としての昭和維新の方図について卑見を開陳した。

他の一は、もっぱら明治天皇について、私の心の限りを陳べてみたいと思い、本書を世に送り出す。心の限りといっても、紙数に制限があるので、心みち足りる迄書くことはできなかった。私には、明治天皇の御製、勅語、憲法を中心にした学的研究を著したい野心もあるが、今はそうしたものよりも、なるべくひろく読んで貰える可能性のある小冊子を出すことが、急務であるとの考えから、本書一巻を書きあげた。私のねらいは、紙数僅少ながら、できるだけ明治天皇を深く掘りさげてその殆んど無尽蔵ともいうべき思想の宝庫の奥を探ろうとすることにあった。もちろん、御生涯の大要は記したが、さりとて、御伝記というわけでもない。もとより学術論文でもない。いわば、少年時御治世の恵に直浴し、帝国憲法、教育勅語、数々の御製により、日本人としての自覚と光栄に生きぬいてきた一人の御民が、広大深遠な御恩の一塵一滴に報謝したいという気持ちで書いた「私観明治天皇」である。

五百年にして王者興る、と支那の王道哲学ではいう。しかし、明治天皇は千世万年に一人という聖者であらせられる。その崩御の悲報を聞くや、世界の言論をあげて聖徳を讃歎し奉たが、中華民国の芝罘日報は『天皇の商を通じ工を恵み、毅然として法を変ずるは露皇大ピーターに似たるあり、人を知りて善く任じ、蝸起して覇を図るは、独皇ウィルヘルム第一に似たるあり、而も其の兵を修め武を講じ、列邦に鷹瞵《ようりん》虎視《こし》（へいげい）するものは則ち又秦皇漢武に視て之を過ぎ給う。其のアレキサンダーの初志を抱てナポレオンの末路に即かざるもの、天皇亦蓋世の雄ならずや』（明治四五年八月一日）と評し、又、ある外紙は、内省克己に於て天皇を孔子に比したものさえある。

かかる偉聖を伝えるには、わが筆あまりにちび、わが学あまりに乏しきを憾みとはするが、せめてもの努力として、世上の例に倣はず、能う限り深く明治天皇を解しようとした。深きものを浅く解するのは一つの罪悪であるとさえ思う。

私の父田中智学は帝国憲法出ずるやその月直ちに帝国憲法の特に告文、勅語、上諭の三詰について公開の講義を行い、教育勅語渙発されるや「勅教玄義」を著して八万部の施本を行い、しばしば教育勅語、御製等の講演を全国各地に実施し、「国体の権化明治天皇」、「明治天皇の哲学」其他を公刊し、明治節制定請願運動は実にその発願によって起された。昭和十四年に七十九歳で歿したが、今若し仮りに世にあって明治百年を迎えたとしたら、何を措いても「明治天皇」を書くだろうと思う。幸、まだ三男の私が健在であったので、私は、父の志を思い、父智学に代って此書を書いた。そんな気持ちであったので、私は、父が先祖の源義家の遺蹟を顕彰するため大正十四年に勿来山上に建てた顕彰碑の前で、昭和四十二年十一月に父の二十九回忌を行い、その碑前に於て、この「明治天皇」の原稿を錦正社に手交した。「子父ノ法ヲ弘ム、世界ノ益アリ」かも知れない。

仰戴し奉る明治天皇尊霊、仰ぎねがわくは無窮の昭鑑を垂れ給わんことを。

新版凡例

・本書は、明治天皇御生誕百六十年・崩御百年にあたり、法学博士・里見岸雄著『明治天皇』（錦正社、昭和四十三年二月十一日初版発行）を新たに組版し、再版することで広く公益に資するものである。
・初版・第二版で掲載された著者による汎例に基づき、新仮名遣いを使用する当初の方針を継承することとした。
・国名・地域名ならびに人物名の表記については、通例の表記に統一して改めた。
［例：墺洪国（オーストリア＝ハンガリー）、ウヰイン（ウィーン）、彼得（ピョートル）、維廉（ヴィルヘルム）、拿破崙（ナポレオン）］
・読者の理解のため、一部漢字には振り仮名をつけた他、明らかな誤植の訂正や割注など若干の表記を改めた。
・参考までに初版刊行時の「汎例」を掲載する。

汎例

一、なるべく新制教育を受けた若い人に読み易いようにと思い、新仮名づかいで書いたが、私は新制教育を受けたことがないので、正確かどうかはわからぬ。
二、できるだけ多く、勅語、殊に御製を引用する方針をとり、必要と思った時は、重複の煩をいとわず同一の御製を奉掲したところもある。
三、諸書から恩恵を受けたが学術書でないので、特別の場合はともかく、一般に参考書名をあげる事は省略した。
四、本書の校正は里見田鶴子、河本学嗣郎の両名が助手をつとめた。

著者

目次

〈第一章〉

明治天皇の降誕

御降誕　（聖徳記念絵画館所蔵）
中山邸御産所

徳川家康が征夷大将軍に任ぜられたのは後陽成天皇の慶長八年（一六〇三）であるが、二代秀忠、三代家光と代を累《かさ》ねて十二代家慶の頃に及ぶと、外船漸く我港湾に現れ、家光以来貪り来った鎖国の夢は破れ、加うるに国学派水戸学派などの思想運動が活溌化し、ここに日本六十余州は、尊皇と佐幕、攘夷と開国という相容れざる方向に同時に志す二台の列車が一路線上に衝突するという有史以来未曽有の事態に陥った。当然の結果として国内は物情騒然となったのだが、此の新時代にさきがけされたのが第百二十代の仁孝天皇であらせられる。天皇は近世の名君といわれる方で深く学問を愛好せられ、廷臣のために、はじめて学習院を創建されたが

天照すかみのめぐみに幾代代も我があしはらの国はうごかじ

という国体に対する不動のご信念を抱かれた一面、徳川累代の皇室に対しての僭越無礼については、御父光格天皇以来の御憤懣も御身に沁みていたこととて

いつしかと三十年近くなりぬれど世をしるのみの身ぞおほけなき

と御製遊ばされている。御在位三十年にして崩御、仁孝天皇の第四皇子統仁《おさひと》親王大統をお承けになって第百二十一代の孝明天皇となられた。孝明天皇の御代はすなわち維新の夜明けの時代だ。孝明天皇がお若くして極めて英邁であられたことは、近来一般に知られているようであるから、ここには詳述しないが、「列聖全集」で見ると、弘化五年（嘉永元年）から慶応二年迄約十八年間の御製が千二百首もあり、正に堂々たる歌人であられる。文字通り尊皇佐幕、攘夷開国の嵐の中に御身を処せられ、日夜大御心を悩まし給うたことは御製の数々に拝されるが

さまざまになきみわらひみかたりあふも国を思ひつ民おもふための一首は時局に直面せられた御日常の御心情をもっとも率直に歌いあげられたものと思う。この内外乱麻の時に当り、天は我国に一大偉聖を降すに至った。すなわち人皇第百二十二代明治天皇の御出現これである。

嘉永五年（壬子《みづのえね》、一八五二）九月二十二日（太陽暦十一月三日）孝明天皇には第二皇男子が御誕生になった。孝明天皇には准后の女御夙子《あさ》（明治元年三月十八日皇太后と尊称、明治三十年一月十一日崩御、英照皇太后と追号を上る）の方所生の第一皇子は御誕生の翌日薨去、その他三皇女悉く早世せられたが、かかる折、呱々の声一天に轟きわたるかの如くに第二皇子がおうまれになった。御生母は権大納言中山忠能《ただやす》の女、新宰相典侍《すけ》慶子《よし》（後に一位局《いちいのつぼね》と敬称）であった。おうまれになった場所は、京都御所の東日ノ御門前の近くにあった中山邸に新築された御産殿であったがその時産湯の水に使われた同邸の井戸は「祐《さち》の井」と称して御所外苑内の猿が辻の東化に今尚保存されている。御継嗣の御誕生で宮中はもとより都の内外はわき立ったが、第二皇子には御七夜の九月二十九日、祐宮《さちのみや》と御命名があり、それから二十四日を過ぎた十月二十二日御生母に抱かれて参内《さんだい》、はじめて御父陛下に御対面の儀があった。しかしその後は中山邸で養育され、外祖父の中山忠能と御生母が扶育の重きに任じた。

祐宮というのは、実は、孝明天皇の皇祖父第百十九代の光格天皇の御童名である。光格天皇は閑院宮典仁《すけひと》親王の六子で、東山天皇の曾孫に当られる方であるが、安永八年（一七七九）第百十八代後桃園天皇継嗣定まらざるうちに聖寿二十二歳で崩御せられたので閑院宮より入って大統をつがれたわけである。御名を兼仁《ともひと》、御童名を祐宮といわれた。後桃園天皇の大漸《ぜん》（病い）により急に天皇の御養子となり、御年十歳で即位なされた。この天皇の御代に京都御所焼失、老中松平定信職を奉じて新皇居造営、光格天皇には御実父閑院宮典仁《すけひと》親王に太上天皇の尊号を上らんとせられ、幕府の松平定信の反対したいわゆる尊号事件が起ったけれど、光格天皇は天資頗る英明、和漢の学に精進、加うるに中山愛親、正親町公明らの忠誠の臣あって常侍輔弼した。孝明天皇には新皇子にとっては曽祖父に当られるこの英明の光格天皇の御童名が何よりふさわしく、何より希望にみちたものと考えられたのであろう。

中山忠能という人は、中山家は本姓藤原北家の花山院流に属するが、その始祖忠親は「水鏡」の作者に擬せられ、又、有名な「山槐記」の著者として知られる。代々将官を経て大納言に至る家柄であるが、忠能はその第二十四世、剛直忠誠の士であって維新の功臣の一人、その筆になった「中山忠能日記」は維新史料として貴重され、大正五年に日本史籍協会から公刊されている。御生母の慶子は忠能の二女、なかなか傑出した女性で、祐宮の初期教育は、忠能と共に実にこの御生母によってきびしく行われ、明治天皇の後天的基本性格の形成は、もっぱら御生母慶子の方と外祖父忠能の力によるところといってよい。祐宮がなかなかの悪童ぶりであられた事は、諸書に明記されているが、御生母は、そうした場合、時に、祐宮をお文庫(倉)に閉じこめられたという。御生母であればこその教育法といえよう。

祐宮はこうして五歳まで中山邸でお育ちになり、安政三年九月二十九日、宮中に御帰還遊ばされ、女御の御実子ということになり、仙洞御所の隣に新しく造営された若宮御殿にお移りになったが、御養育掛りには依然として外祖父及び御生母がお当りになり、御生母は皇子の御居間の向い部屋にお移りになった。万延元年三月には九歳で御深曽木という御袴着の式が行われ、その七月十日儲君御治定とて今の言葉で言えば立太子の事があり、次で九月二十八日、親王宣下の儀が行われ、御名を睦仁《むつひと》と賜った。

「睦仁」という御名は式部大輔兼文章博士菅原在光が命を拝して勘申《かんしん》した三種の候補の中から勅選してお定めになったものであるがその出典は「御注孝経」で、文に『民、和睦《ワボク》ヲ用ウレバ上下怨《ウラミ》ナシ』とある。字典をみると睦は親なりとある。即ちしたしむ、むつぶことである。又、敬和なりとあり、うやうやしいこと、つつしむことである。又、信なりとあって、まことの義である。又、和なりとあってやわらぐこと、おだやかなことである、そして又、通なりとて、物事によく通じるのみならず、物事をよく会通させること、停滞せるものを通利することである。孝明天皇は奇しくも絶佳の御名を、皇嗣たる新皇子の為めに御選定になられた。しかも、年号を明治とお選びになられた新しき大御代は、文字通り「睦仁明治」にほかならなかった。

祐宮は中山邸から宮中の新御殿に入られ、女御の御実子として御寵愛を御一身にあつめられたが、しかしわれら庶民の子供と異り、ただ甘やかされて育つというようなものではなかった。いろいろ奉仕の諸官がこの一人の皇子の扶育に、ベストをつくすのであるが、何といっても御養育の大本をなしたものは御父陛下の御教育であった。それは、扶育の諸官に於てみるような局部的分担的なものではなかったが、皇子が日嗣の宮として是非とも養わなければならぬ君徳について、さまざまな機会に、さまざまな形と方法とで御父陛下が心魂を打ちこんでの御教育であったことが、何よりも明治天皇の御製に於て窺い得られる。明治天皇の御製については、後にくわしく記す筈であるが

たらちねのみおやの教あらたまの年ふるままに身にぞしみける

とは、明治天皇が宝算《おんとし》すでに老いたもうた時の御製（明治四〇年）であるから、御父孝明天皇の御慈教がいかに深くいかに長く明治天皇の御心の底に焼きつけられ秘蔵された宝玉であったかがわかる。明治天皇は御父陛下におん年僅か十五歳で御永別になられたのであるから、五歳にして宮中に還御遊ばされてから、少年時代の短い十年が程、御父陛下の慈教に接せられただけなのであるが、曠古の聖帝となられ、赫々たる大業宇内に光輝するに至り且つ御齢も五十の半ばを過ぎられた頃、尚なつかしく父皇慈教の宏恩を感謝遊ばされたのであるから、孝明天皇の御教育がどれ程大きく明治天皇に影響を与えたか測り知れぬものがある。右の御製と同年にお詠みになったお歌に「庭訓《ていきん》」という題で

たらちねのにはの教はせばけれどひろき世にたつもとゐとぞなる

という一首を拝するが、これは、いうまでもなく、一般に庭訓すなわち親の教というものについてお詠みになったものではあるが、それというのも、天皇御自身が御父陛下からお受けになった庭訓のありがたい体験的実証から流露したものであろうと思う。

御学問は安政六年の三月から正式におはじめになった。教科は四書五経の素読であった。一般に昔の教育は、幼時初歩に於て古典の素読を尚んだものと見え、私も数えの五歳の時、これは同居していた母方の祖母から木版草書の百人一首と孝経の素読を習ったが、おかげで今でも孝経はなかなかよく暗記している。祐宮の場合には、勿論我等庶民と異り、もっといかめしい御学習であったろうが、素読は伏原宣諭《ふせはらのぶさと》という公卿が主として教授を奉仕した。伏原は本姓清原氏で代々儒道を以て朝仕し、明治に入り宣諭に至って子爵を賜った。大納言の正親町《おおぎまち》実徳も奉仕を仰せつかった。

睦仁親王の御読書は、四書五経、孝経などはいう迄もなく、漢楚軍談、三国志、源平盛衰記、太平記、太閤記など軍記物も御好みのようであったし、長じたもうに随い、貞観政要のような古来帝王の政治学教本と見なされたもの、或は日本の記紀等の神典、乃至万葉集古今集等の歌書など、ひろく御覧にならればかりでなく、その記憶力は抜群であらせられた。和歌は古来列聖各皇族のいたくいそしまれたいわば皇室の家道、家学であるが、親王の和歌は五六歳頃からおはじめになられたようである。

その手ほどきはたぶん御生母がおつとめになられたものと思われる。これは毎日、御父陛下から御題を賜り、御詠草をお書きになり、これを母后に差し上げ、母后は御心やさしく御添削下さり、そしてそれを祐宮は奉書に清書して御父陛下に奉られるのである。おほめのお言葉を賜る事もあったろうし、ここは拙いな、こう訂《なお》した方がよいとお教えになったこともあろう。何しろ孝明天皇御自身和歌の道には優れて御堪能且つ御多作な方だったから、御愛児の和歌教育についても殊の外御熱心であらせられた。こうして、他日、十万首の御多作と、宝玉の如きお歌をものされ歌聖としての御名を残された明治天皇の和歌の御修業が積まれて行ったのである。習字も恐らく四五歳の頃からお始めになったであろうが、習字の御指南は有栖川熾仁《たるひと》親王が御担任になった。有栖川宮は代々書道の堪能の聞こえある御家柄であった。孝明天皇は睦仁親王のために、千字文《せんじもん》のカルタを作成せしめられたが、それは楷書と草書の二組から成り、おのおの一枚に二字ずつ書いてあった。楷書のは久我建通が、草書のは綾小路有長が、それぞれ勅命によって謹書したものであるが、これにより親王は楷書や草書を習われる上、文字をも習得なされた。千字文というのは梁の周興嗣のつくった四言古詩二百五十句で、すべてで一千字から成るので古来この称がある。初句が天地玄黄、二句が宇宙洪荒、三句が日月盈昃《えいしょく》、四句が辰宿列張、という風にすべて四字ずつで一句を成す。それが一枚に二字ずつ書かれているのだから、読手が天地といえば、玄黄と書いた札を探し、辰宿といえば列張の札をとるという仕組みであって、孝明天皇の皇子御教育の工夫である。

祐宮睦仁親王には九歳の時の戯画が残っているから、時には絵画にも親しみをお持ちになったのであろう。

今日でいえばスポーツとか体育なのであるが、睦仁親王は祐宮の御幼名の頃から、非常に勇武の事がお好きで、木刀をたばさみ、いわばチャンバラのような遊戯をなすった。時は恰も幕末、京の都は、血なまぐさい風が吹きつのっていた。文久三年といえば睦仁親王は十一歳であられたが、此年洛外の壬生村に新撰組が生まれた。勤王佐幕の時代の激流、日夜夜毎に洛中にきこえる刃の音、それらはもちろん宮中奥深きところにも種々取沙汰されたであろうから、主上の大御心を悩まし奉ったことは言うまでもないが、若き男々しき日の皇子の心にも必ず容易ならざる波紋を投げかけたことと思われる。祐宮睦仁親王もまた人の子であられる。世の多くの小児少年者流の好むところを同様に好みたもうてもさらさら不思議はない。又、皇子は、小児期から馬乗りの遊戯が殊のほかお好きで、これには中山外祖父など、愛情をこめて祐宮のお馬になったらしいし、更に木馬に乗られるようになり、ついには、本物の乗馬に進まれた。それ以前の皇嗣が乗馬をされたかどうか私としては調べてないが、睦仁親王は特に乗馬をたしなまれ、御苑の中を勇壮に馳駆せられたことはかくれもない事実であるが、時移って維新の大業成り、兵制改革により、天皇自ら国軍の大元帥となられ、親しく三軍を閲兵遊ばされるようになった時、この少年時の御乗馬が力強く物を言ったのである。徳川幕府三百年の対皇室政策は、豊臣氏の亡びた元和元年（一六一五）関白二条昭実及び家康・秀忠父子連署奏請によって発布せられた「禁中並公家中御法度十七条」の第一条に「一、天子諸御芸能之事、第一御学問也」とあり、いわば幕府制定の皇室典範だが、ここを以て、兵馬政治の大権は全く武門に移り、天皇は学問文芸のほか武技などに親しまれる事は、全く法度となってしまった。自然皇室公卿の風も文弱に流れたわけであるが、幕府の実力も衰え、血なまぐさい風の吹き荒ぶ維新の前夜に乗じ、睦仁親王は皇室三百年の文弱に挑戦するかの如く、チヤンバラ遊びもされれば、侍臣と角力もされるし、そして堂々たる乗馬の技をも磨かれたが、角力もなかなかお強いようであった。こうして学問のほかに身体を鍛錬なされたことが、明治の数十年にわたる御治世に、すくなくも近世の天皇のとかく御病弱であったり若死にをされた方の多い中で、非常に御健康で内外の劇務に堪えさせられ、父君よりも祖父君よりも曽祖父君よりも誰よりも御長寿になられた一原因があるように拝察される。

〈第二章〉

践祚と改元と即位

即位礼（聖徳記念絵画館所蔵）

孝明天皇も御健康の方であった。しかるに慶応二年も押しつまった十二月十一日俄かに御不例、御病気は疱瘡であった。いまだ種痘の普及していない時代の事とて、高貴の方でも安全という保障はないわけだ。睦仁親王には、中山家御生活時代、忠能の英断で蘭医により種痘を受けられたといわれるが、天皇にはそのような機会もあらせられず、伝染の経路などは全く不明であるが、いずれにせよ、数多くの参内者の誰かがもちこんだものであろう。一部には毒殺説もあり、戦後の言論自由をよい事にしてあらぬうわさをまことしやかに書き立てたり、岩倉具視や中川宮を毒殺犯人に仕立てたりする者もあるが、あらぬ疑をかけられた人々こそいい面の皮で、地下に憤激するも幽明境を異にすれば、名誉毀損罪で訴える事も出来ない。しかしながら、天皇の御病が正真正銘の御痘瘡である事は、明治天皇御生母の御病情報告の消息を書き留めた外祖父の日記「忠能卿記」をはじめ、「御痘瘡之記」「非蔵人日記」「土山武宗日記」「二条家日記」など筆を揃えて明記するところであって、寸毫も疑う余地がない。尤も中山の日記にも毒を献じた者があるのだという宮中内部の流説を記してはいるが、要するに雑説であると葬り去っている。内外動乱の最中であり宮中にも陰に陽に派閥のあった時であるから中川宮や岩倉を陥れようとする者の間に、このように悪質な政治的デマが飛んだものと思われるが、アーネスト・サトウの「日本に於ける一外交官」にも暗殺説が紹介されている程だからデマの放送もなかなかひろく伝播したものというべきであろう。

朝廷では御発病の翌日直ちに七社七寺その他諸寺社に命じて禳《はら》わしめられ、医療にも当時としての最善をつくしたのは言うまでもない。将軍徳川慶喜も自ら参内して天気を候したが、祈願薬石ともに効無く、十二月二十九日、宝算わずか三十六歳の壮年を以てお痛しい崩御となった。時に睦仁親王は十五歳であられた。

孝明天皇は幕府の基礎漸くゆらぎ皇威次第に登張の時期に皇位に在《いま》すこと二十一年であったが、数百年御所外の行幸を制止されつづけきたった前例を破り、文久三年三月賀茂行幸の盛典を復興し、或は三代家光以後絶えていた将軍の上洛を促し十四代家茂、十五代慶喜らをして参内拝謁せしむる等、大いに旧態を一新したとはいえ、既に有栖川宮との御内約のあった皇妹和宮様を家茂に降下せしめられなければならなかったり、条約問題で宸襟（おおみこころ）を悩まされたり、終生幕府関係で複雑な御心境にあられたまま、陽気未だ発せんとして発せざるうちにおかくれになってしまった。

　ほことりて守れ宮人ここのへのみはしのさくら風そよぐなり

陽気まさに燃え出でんとする新日本の物情騒然たる世の風潮は九重の雲深きみはし（御階）にまでひたひたと寄せ天皇の御感もそれをさとくも捉えたもうたが、かかる中にも

　あぢきなやまたあぢきなや葦原の頼むかひなき武蔵野のはら

幕府に対する不信感はらえども去り難き御心情、恐察するに余りがある。だが、歴史の必然性には流石の覇府も抵抗しえなかった。孝明天皇の御一生は御愛児明治天皇の御出現への尊くも大きな捨石となられたのではなかろうか、否か。さりながら、異国はひんぴんとして来り脅し、内に政局は頗る不安、加うるに皇嗣は、英邁といえどもまだ十五歳の少年、俄かに中心を失った御所は、実に上を下

への大騒動であったろう。英明壮年の、万に一も御他界などを考える余地だにない御健康の主が俄かに、それも御発病以後僅か二十日程で、余りにもあわただしく神去り給うたのであるから、女御、親王は申しあげる迄もなく雲閣月卿（お仕えする大宮たち）一同ただ呆《ぼう》然とするばかりであった。然し呆然自失ばかりはしていられない。五摂家が集合し、皇位継承の大事を議したのは二十七日であったが、当然、睦仁親王の御継位が確認された。「天皇崩スル時ハ皇嗣即チ践祚シ祖宗ノ神器ヲ受ク」（明治皇室典範十条）という事は、千古不文の大法であるから、法的には、孝明天皇崩御の慶応二年十二月二十五日自動的に睦仁親王は第百二十二代の天皇として即位あらせられたわけである。然し、大正天皇以後の時代とちがい崩御即日践祚の式をあげられたのではなく、式は十六歳の正月九日にとり行われた。十六歳の践祚といっても御父孝明天皇もそうであったし、皇祖父仁孝天皇は十八歳、皇曽祖父光格天皇に至っては十歳で即位された。だから、これらの前例から見て明治天皇十六歳の即位は必ずしも異とするところではないが、時あたかも未曽有の風雲をはらんでいた時であっただけに、宮人は勿論、内外共に此の少年天皇に最大の関心をそそぎ、これをじっと見守ったのであった。

関白であった二条斉敬《なりゆき》は新天皇によって摂政に任ぜられた。此の人が王朝時代以来、連綿として代々関白摂政の地位を独占してきた藤原氏最後の関白摂政である。慶応三年十二月九日王政復古の大号令渙発と共に摂関以下廃止されるのであるが、二条斉敬は公武合体の主張者であったため、王政復古の際参朝停止の命を受けるのであるが、今はまだそれより小一年も前の正月のこと。践祚《せんそ》というのは祚は「くらい」、践は「ふむ」、つまり「くらいをふむ」、即位と同じ意味だが、法制上の慣例として践祚と即位とを区別する慣わしができ、天皇崩御の場合、次に天皇は御存生だが、皇位を次の方におゆずりになる場合、それによって天皇の地位にお立ちになる方ができる、するとそれを践祚というのである。事実上の即位である。しかし即位というのは極めて重大な事であるので、厳粛荘重の儀式を以て、即位の威儀を示さなければならない。もちろん、それには相当の準備が必要である。何しろ一世一代の大典を行われるのだから、今の場合で言えば、孝明天皇の崩御、満廷の悲歎、次で大葬も行わなければならないという悲しみと混雑の中に即位の儀式らしいものを執り行うことは不可能である。そこで、皇位は一日も空しうしてはならないのだから事実上は、崩御の当日又は数日後に、主として三種神器を受けられる比較的簡単な式をおあげになる、これが践祚といわれるものである。明治天皇は孝明天皇崩御から二週間の後践祚されたが、大葬も未了だし、新天皇の御代の称号（改元）もまだである。

新天皇践祚に先き立ち正月二日、孝明の諡号（おくりな）を奉り、正月二十七日、大葬、泉涌寺に御遺骸を葬り、御陵を後月輪東山陵《のちのつきのわひがしやまのみささぎ》と号し奉る。

明治天皇は、日夜、御遺骸に侍して最後の御孝養ではあるが践祚は一国の大事、おん悲しみの故に怠ることのできないものであるから、先帝御昇天の日から十六日目、年を越して慶応三年正月九日、小御所に於て式を行わせられた。元来なら清涼殿の筈であるが、そこは今殯殿《ひんでん》といって先帝の御遺骸が眠りますので式場には小御所があてられた。式の上卿《じょうきょう》は関白二条斉敬、公弁は坊城俊政、奉行は甘露寺勝長が奉仕した。記録によれば、御元服前の事とて御髪は御童部《おんわらわべ》薄化粧、お歯は染められず、冠もお用いなく、お手には桐唐草《きりからくさ》の画《えが》かれた桧扇をお持ちになり、昼御座《ひるござ》の玉座の左には木地螺鈿《もめんらでん》の太刀が置かれ、白紫裏業平菱《しろむらさきうらなりひらびし》小葵地紋の御引直衣《おんひきなほし》紅《べに》の御内袙《おんうちあこめ》に、同じく単菱地文《ひとえびしぢもん》の御単衣小葵《ひとえこあおい》地紋の紅《べに》打《うち》の御張袴《はりはかま》を召し、悠然として御着座、その時剣璽役人、左衛門陣より中門を経て南殿の南階を登り昼御座に参入、これより先き昼御座御帳《おんとばり》の左右縁に候している内侍二人に剣璽を手渡し、内侍これを御前に捧げて新天皇恭しく御拝あらせられ、然る後剣璽を夜御殿《よるごてん》に移しまいらせる。この間掃部寮《かもんりょう》女官は細太刀契、内豎《ないじゅ》（未冠の少童）は納鈴印櫃、中務丞《なかつかさじょう》は版を置く、次に関白を改めて摂政となすべき旨の天気あり、次に摂政蔵人を召して昇殿の人々蔵人頭《くろうどのとう》以下、所衆、滝口等、勅授帯剣禁色牛車等の事を仰せらる、これにて式終って新天皇入御し給う。古記の要点を摘録すれば、ざっとこんな次第で、一般人にはわかりにくいところもあるが、要するに、皇室伝統の神厳な古式のうちに、三種神器をうけついで、立派に第百二十二代の天皇として皇位にお即《つ》きになったわけである。

明治天皇が践祚されたのは慶応三年一月九日（一八六七）であったことは既に述べた。そしてその年のうちに慶喜の大政奉還の奏請があったり、王政復古の大号令が渙発されたり、あけて慶応四年三月には五箇条の御誓文が出されたり驚天動地の維新が進行するのであるが、それらについては別に述べることとし、践祚につづけて即位の大礼について記しておこう。御父帝孝明天皇はさきにも略記した通り御年十六歳で践祚せられ諒闇《りょうあん》を終えた弘化四年（一八四七）九月、御年十七歳の時紫宸殿で即位の大礼をあげ給うたが、十二代将軍家慶は松江藩主松平斉貴らを参内《さんだい》させて、大礼奉賀の事を行った。践祚、即位両方とも偶然にも孝明、明治両天皇は御同年であった。

孝明天皇の諒闇が終ると、内外多事の時局とはいえ、即位の大礼は是非とも挙げなければならぬ。六月二十六日宣命使が伊勢、熱田の両神宮に差遣され王政復古を詔《つ》げられたがおそらくこの時即位大礼の奉告もあったのであろう。

慶応四年八月二十七日、即位の大礼が紫宸殿に於ておごそかに行われた。御服は黄櫨染《はぢそめ》の御袍《ほう》、御冠は有紋《うもん》小撚《こより》、御足には繧繝張《うんけんばり》の御草鞋《わらじ》を召され、三種神器の御剣と御璽《ぎょじ》を捧持する侍臣を左右に、水戸藩より奉った大地球儀を階下に、御束帯も整然と、高御座《たかみくら》につかせられ群臣百官の朝賀をおうけになった後、おもむろに玉座を離れたまい、右の足を二間もある大地球儀の上にかけられて、曠古の式典を終了せられた。この地球儀は、まだ明治天皇が降誕なさる前の嘉永五年六月に水戸の斉昭が孝明天皇に献上され渾天儀といわれていた。これを慣例を破って即位式場に飾ったのは、森鷗外の国文の師で子爵を賜った津和野藩の国学者福羽美静であったというが、明治天皇が儀式の一端に於て、これに右の御沓《くつ》をおかけになった事には、やはり大きな精神的意義が秘められていると思う。

明治維新の際の廃仏毀釈は、勿論、明治天皇の関知したまわざるところであるが、時の勢に便乗したおろかな国学者や神道家乃至儒学の徒などが、日本の歴史も、皇室と仏教との深い因縁も、さては仏教そのものの比類なく卓越した指導原理も一向深く省察せず、唯神道の敵、我国の古道に非ず位の理由で、貴重な文化財を片端から破棄し又は焼却する暴挙を敢てした。それが為め、歴代御即位の故例を記した貴重な文書もおほむね棄損されてしまったのは、返す返すも遺憾千万といわねばならぬ。然し昭和十年の頃、曽て高野山の金剛三昧院に秘蔵され明治末年頃、ある事情で高橋太華という人の所有に帰した曼荼羅寺成尊の「即位潅頂秘釈《しょくいかんじょう》」という古い巻物が発見され、それを文学博士林屋友次郎氏が学界に紹介したので、皇位継承史の一側面が明かにされた。それによると康平八年（一〇六四）成尊僧都が当時まだ皇太子であられた後三条天皇の為めに、即位潅頂の次第や意義を註解して献上したいわゆる「即位潅頂秘釈」なるものが明かになったのである。

即位潅頂というのは、皇室が深く仏教に御帰依になってから、我国の古式による即位式を終った後、再び仏教の儀式を以て即位式を行われる例となり、これを即位潅頂と称した。この即位潅頂の儀式では、天皇が、世界に於ける単なる一地方国家日本の君主であるという事以上に、天皇は天照大神の御子孫として、仏教で説く、世界の統一的聖君である転輪聖王《てんりんじょうおう》であるとの御自覚を開きたもうというので、世界地図をお踏みになる儀が行われたという。世界地図といっても今日のようなものではなく、印度支那朝鮮日本くらいのものがかかれていたのであろうが、世界地図たることにかわりはない。こういう皇室の内道場（お仏間）での即位潅頂は、大体、真言宗小野派の人々が考え出したところと思われるが、皇室にはそのような伝統的側面もおありになったのだから、水戸家献上の新式の地球儀を明治天皇即位の大礼にお用いになったことは、誰れの助言があったにせよ、結局は、天皇の裁可があって始めて可能なのであるから、やはりそこに若き日の否少年明治天皇の御意志のあった事に思を致さねばならぬ。即位の大礼に地球儀に右の御沓《くつ》をおかけになったことは、皇室御伝統のいわゆる転輪聖王たらんとされる御自覚、もしそんな仏教くさいものはいかんというのなら、八紘一宇の聖王たらんとするお考えが、どの程度にか、必ず天皇の御胸中に内在していたものと、私は解するのである。

即位式には即位の宣命《せんみょう》が渙発される。式中に陛下がお読みになる勅語であるが、一般の人が知っている漢文体の勅語、さては終戦後の口語体の勅語と異り、純粋の古い国語で書かれた一種独特の文体であり、この種の勅語を宣命体という。「現神《アキツミカミ》ト大八洲国《オホヤシマグニ》知《シロ》シメス天皇《スメラ》ガ勅命《オオミコト》ヲ親王《ミコタチ》諸臣《オミタチ》百官《モモノツカサ》人等《ヒトタチ》天下公民《アメノシタノオホミタカラ》衆《モロモロ》聞食《キコシメサヘ》ト宣《ノリタマ》フ」というのが冒頭のお言葉であるがこれは古今を通じて宣命文の定型だといってよいが、宣命のなかほどに「方今《イマ》天下《アメノシタ》ノ大政《オホマツリゴト》、古《イニシヘ》ニ復《カヘ》シ賜ヒテ橿原ノ宮ニ御宇《アメノシタシロシメシ》シ天皇《スメラミコト》ノ御創業《ミワザハジメ》ノ古ニ基キ」とあるのは、前年の慶応三年十二月九日の王政復古の大号令に宣示されたところを重ねて強調されたもので、明治維新の根本原理を明かにされたお言葉であるが、これについては後にくわしく書くつもりである。

目出たく即位の大典も終った。大正以後、法制諸般明文化の確立を見てからは、先帝崩御即日践祚、即日改元が例となったが、明治天皇即位の時には、そのような明文的制度が確立していなかった。それで、改元も遅れて即位式から二ケ月以上もたった慶応四年九月八日、はじめて改元仰せ出され、御代は「明治」と改まった。明治というのは、「周易」の『聖人南面シ、而シテ天下ヲ聴ク、明ニ嚮《ムカ》ッテ治ル』という古語によって御選定になったもので、実によく明治天皇の大御代を言い現わしている。明治という年号は支那にも無いではない。北宋の初、南詔の昭明帝がこれを年号とした事はあるが、維新の際の宮内官僚はそれに気付かず「易」の説卦伝から、此句を見出し、邵子《しょうし》が文王八卦《か》、後天の学と称したほどの勝れた内容を蔵しているので、感激して、勅裁を仰いだものと思われる。

元来、年号は天子の別号と称し、天皇の御別名の儀である。だから改元というものは御代替りに行われるのが本義だ。しかるに、さまざまな理由により御一代に何度も改元するような弊風久しきにわたってきたのを、明治天皇は、真に英断を以て、旧慣を打破し、御一代一号の大則を明文を以て確立せられた。明治元年九月八日改元の詔に「自今以後、旧制ヲ革易《エキ》シテ、一世一元、以テ永式ト為ス」と仰せになられたのがそれで、誠に、『旧邦ト雖モソノ命維レ新ナリ』の大革新であった。然も政府の布告文の中にはその理由を明記して「就ては是迄吉凶の象兆に随ひ屢《しばしば》改号有之候へ共自今御一代一号に定められ候」と見え、千古の迷信打破という強烈な革新的意義が明かにされている。

明治の大御代は愈々始まった。時に天皇は十六歳にましまし天皇の周囲もまた皆いずれも若かった。田中光顕二十六歳、品川弥二郎二十六歳、大山巌二十七歳、伊藤博文二十七歳、黒田清隆二十八歳、三条実美三十一歳、山県有朋三十一歳、大隈重信三十一歳、板垣退助三十二歳、榎本武揚三十二歳、井上馨三十三歳、木戸孝允三十四歳、大久保利通三十八歳、而して西郷隆盛四十歳、勝安房四十五歳など少数の者が不惑を越えていた。明治維新はこの意味で青年維新であった。

〈第三章〉

明治の皇后

初雁の御歌　はつかりをまつとはなしにこの秋は　越路の空のながめられつつ

初雁の御歌　（聖徳記念絵画館所蔵）

明治二十一年天皇北陸東海道巡幸の御留守に皇后は
赤坂仮皇居で初雁の飛ぶのを御覧になった。

孝明天皇の三年祭には明治天皇親しく後月輪東山陵に御参拝があったが、それを終って明治元年十二月二十八日、皇后入内の儀が行われた。

皇后として入内されたのは左大臣従一位一条忠香の第三女、御名を美子《はるこ》と申上げるが、御幼名は勝《まさ》子、その後富貴子、寿栄子と改められたが、入内の後は美子とお改めになった。御式は清涼殿に於て行われ、入内と共に中宮《ちゆうぐう》に立たれ、即日皇后宮の御宣下があった。一条烏丸東入一条桃華殿に於て嘉永三年四月十七日（太陽暦五月二十八日）御誕生、天皇より二歳の長であられた。はじめ女御の宣下があったがそれは慶応三年の五月二十八日であった。一条家には三人の娘があり寿栄姫は末子であられたが、美貌もさる事ながら才智といい人物といい一際目立って立派な方であった。私が最も心をひかれるのが、お二人の御見合である。慶応三年の六月二十七日御所の藤壺ではじめて天皇は将来の皇后となられる寿栄姫とお会いになられた。もちろん姫の父君である一条左大臣その他の者も陪席した。当日お見合に使用された御殿は飛香舎《ひぎようしや》であり、その庭にみごとな藤柵があり、それで藤壺ともいうのであるが、この時、天皇は寿栄姫と将棋をおさしになられたという。日本の将棋というものは、印度が起源らしいが、我国には遣唐使の手によって舶来され、奈良朝時代には宮中や貴族の間でも愛玩された。もっとも、現今の将棋とは多かれ少かれちがったところはあったが、百年打ちつづいた戦国時代に衰えてしまった。それが完全に復興されたのは徳川時代に入ってからのことで、幕府は、慶長年間に寺社奉行の直轄として「碁所」と「将棋所」を設けた。こんなわけで将棋というものは、どちらかというと碁とくらべ庶民的なもののように思えるのだが、それが宮中でも行われ、少年天皇すらもそれをたしなまれ、特にうら若き女性の身で将棋をたしなまれたということは一つのおどろきである。民間でも見合の時、何も話さず、何もせず、飲食だけしてつまらなくわかれる者の例が多いのに、この高貴のお二方は、普通にはちょっと思いもかけぬ将棋のお手合せをされたというのだから、古風に言えば何とも恐れ入ったことだし、近代風に言えば愉快至極である。明治の天皇と皇后の最初の御見合に、飛香舎の一室で、将棋のお遊びがあったということは、心あたたまるものがある。おそらく、お二人とも、それぞれに、相手の指す手打つ手を通じ、お互の心や性格というものを、ぢかに肌身にお読み取りになったろうと思われる。将棋の御製はないようであるが、碁については

打ちさしてまもりながらにほどふるはいかなる手をか思ひめぐらす

の御詠がある。いかにも実景躍如であるが、若き天皇が御見合の時、やがて立后したもうべき麗人と指す手引く手を競われたのは、一ぷくの絵にもしてみたいところである。

一条寿栄姫は、幼少の時から八田知紀《はったとものり》、税所敦子《さいしょあつこ》その他の教授をおうけになられたが、漢学は若江薫子という伏見宮家ゆかりの才媛がお相手を仕ったが、寿栄姫の漢学の御素養はなかなかに勝れたものがあった。

寿栄姫は、天皇の仰せ出しにより、数日飛香舎に御滞在になられたが、十六歳の少年天皇は、この世に類稀《たぐいまれ》な高貴の麗人に、すっかり御感動になられたものと思われる。寿栄姫——後昭憲皇太后こそは、聖天子の出現に天が下した先天の麗配であられた。明治十二年の皇后御歌に「夫婦有別」の御題詠で

むつまじき中洲にあそぶみさごすらおのづからなる道はありけり

の一首があるが、「夫婦有別」とは孟子の滕文公章句　上《とうのぶんこうのしょうくじょう》に出ているのであるが、お歌の中の「中洲にあそぶみさご」というのは、詩経の国風からおとりになったものである。皇后の漢籍についての深い御造詣を窺いうる一端であるが、その国風の詩というのは書き下しにしてみると

関関《かんかん》たる雎鳩《しょきゅう》は河の洲《す》に在り、窈窕《ようちょう》たる淑女は君子の好き述《たぐい》

という句である。関々《かんかん》とは鳥の雌雄が愛情にあふれた音声で呼びつ応《こた》えつすること、雎鳩《しょきゅう》はみさご、窈窕《ようちょう》とは奥ゆかしくしずかなこと、述《たぐい》とはつれあいであるが、この詩は、周の国民が、明君文王（君子）とその妃である太姒《たいじ》（淑女）の淑徳をよろこびたたえたものである。皇后さまは、文王・太姒をしのび、それに孟子の夫婦有別の道を御覧になっての御作であったろうが、この詩経国風の詩こそ、さながら、明治天皇・皇后両陛下のおん上のことといってよい。

明治の皇后――昭憲皇太后は、うわべのお世辞でなく、実に古今稀な淑徳高く才智又秀抜の女性におわし、明治大帝と共に日月ならびたもうが如き大后であらせられた。明治天皇が歌聖といわれる程のお方であられたばかりでなく、皇后もまた歌聖と申上げて差支えない程のお方であって、今日、われわれの拝誦しうる『昭憲皇太后御歌集』は、『明治天皇御製集』と共に切り離すことのできない一対の大歌集であり、小さく言っても明治文学史の、大きく言えば日本文学史の聖光輝く「詩経」である。或は礼を失するかも知れないが単に和歌そのものとして見れば、皇后さまの方が少しお上手のように思える程だ。

それらはさておき、明治天皇第一の内助者は皇后さまであられた。これは決して過言ではない。皇后の御生涯を通じての生甲斐は、皇妃として日夜親しく天皇にお仕えなされたことであり、それは

ためしなき此大御代にあひてこそ人と生れしかひはありけれ

の一首にわれらも感じとることのできる無上の幸福感にみちあふれたお作であって、昔、海犬養岡麿が「御民われ生けるしるしありあめつちの栄ゆる時にあへらく思へば」と歌ったのと好一対である。

皇后さまの御心は、宮居にもおん旅にも、明けても暮れてもつねに夫君たる大君のかたわらに侍し、寸時もお離れにならなかった。明治十年一月二十四日、天皇には皇祖神武天皇陵御参拝、孝明天皇御式年祭のため京都大和に行幸あらせらるべく、軍艦で横浜を御出港あらせられたが、風波高く、為めに二十五日鳥羽港に御仮泊、翌二十六日鳥羽の町に御上陸、風波の静まるを待って二十七日御発艦なされた事がある。此れは直ちに皇后宮の御許に報ぜられたが、皇后には御胸を痛め

鳥羽の海の波風いかで騒ぐらむなみなみならぬみゆきと思ふに

とお詠みになられた。

又次のようなお歌がある。

大宮のうちにありても暑き日をいかなる山か君はこゆらむ

これは天皇が明治十一年八月三十日北陸東海御巡幸の際のお作であるが、こうしたお作を拝見していると、私はいつの間にか「わがせこはいづくゆくらむおきつものなばりのやまをけふかこゆらむ」（万葉集当麻真人麿の妻）、「からころも着つつなれにし妻しあれば遥々来ぬる旅をしぞ思ふ」（伊勢物語）

などの古歌を連想するのであるが、お若い日の皇后宮は、さらに浜殿に出でさせられ

君のますあたりやいづこ白雲のたなびく方にみゆる山の端

と大君のいます方をおしのびになられた。何か彷彿《ほうふつ》として皇后宮の高貴のお姿に接するようであるが、こういうのを「聖《きよ》き愛」と申上げてはどうだろうか。聖上行幸の御旅路にあられる時は侍臣から日々の御行程など電報でお留守の皇后におしらせる慣しであるが、二十三年四月天皇は九州に、皇后は舞子の浜にそれぞれ行幸啓があった時、皇后は主上が玄海灘で海上の霧深く御召の船が下関へ引きかえしたとの報を舞子で御承知になると、万感をこめて

夢さめてみふねの上を思ふかな舞子の浜の波のさわぎに

とお詠み遊ばされた。

日和まつみふねのうちやいかならむ霧たちわたる荒波の上に

もその祈りの御詠である。皇后の御名は「美子」といわれるが、げに、お姿も、み心もこよなく美しい御女性《ごにょしょう》であらせられた。日本女性史上最高の華と申しあげてすこしも誇張ではない。明治皇后は、もちろん、明治天皇とは御夫婦であられるから、御夫婦の御愛情がこまやかであられても不思議ではないようだが、この御夫婦の御愛情も、もとをただせば大君に身心共に捧げきってお仕えになる御心から流露したものと思う。これは極めて大切なことで、通常人倫の上にもう一つ高く国体的人倫が虹のように美しい色彩を見せている。人は誰れしも、若い日に異性を恋し、恋がみのって夫婦として結ばれる幸福者もすくなくはない。だが、恋愛した男女が、生涯を貫いて、人恋しさに燃えるという例

は多くはないようだ。明治天皇が終生やさしく皇后をおいたわりになったことは後に少々ふれるけれど皇后さまがお上の事をお思いになる御心は、五十、六十の御晩年に及んでも尚、赤赤と燃える火のようであった。

君がためをらむとすれば黒髪のうへにみだれてちる桜かな

これは皇后さま三十歳の時のお歌であるが、丈なす黒髪もすくなくなり

櫛のはに余りし昔しのぶかな少なくなれる髪をときつつ

のお歌を詠まれた明治四十四年おん年六十一歳の時、「遅日」の御題で

きこしめすこと多ければ春の日もなほ短しとおぼしめすらむ

み園生の花はさけどもしづかにはみそなはす日ぞ少なかりける

と、ひたすら天皇のおん上にみ心を走せられている。聖上皇居にましますの日も、さては地方行幸のおん旅路にあらせられる日も、皇后さまの御心は天皇のお側に密着している。

大前の玉のすだれもおろさせむ月の夜風の寒くなりぬる

かり宮の窓の夜嵐さむからむしたしみたまへ埋火のもと

岩木たく大御車のみむかへにたちいでむ日はいつにかあらむ

御　題　鉄道そこなはれしため還幸御延引になりければ

風あらく雨たえまなき昨日より思ひしことのあふがわびしさ

皇后さまも時折は地方に行啓なされたが、そんな時美しい景色を御覧になってはすぐお上の事をお

思いになり

　此けしき見せまつらぬが惜しと思ふ処も多し旅に出でては

とお詠みになる。御旅寝の夢路はどうであろうか。

　大前にさぶらふとみる夢の間は旅の宿とも思はざりけり

これが皇后さま六十歳の時のお歌なのだからその御心の柔輭《にゅうなん》和雅にして若々しさのあふれているのに驚かない者はないだろう。

　時鳥《ほととぎす》の声をおききになると、泉の涌くが如く御感を歌いあげられた。

　わが君はきこしめさずや時鳥みはしに近き今のひとこゑ

　宮中に御用の井戸が掘られれば掘られるで

　大君のおものの為のほり井には清き水のみわきあがらなむ

又、園芸の係員が茄子を栽培すればするで

　そのもりがうゑし垣根の初茄子《はつなすび》おものとすべくなりにけるかな

とお考えになる。十三年の夏、天皇が三重県から京都に行幸のお留守に小笠原島から西瓜《すいか》が献上されてきた。皇后さまはお歌いになられた。

　御車の帰ります日の近からば待ちても君にささげむものを

「窈窕たる淑女は君子の好き逑」という詩経の言葉が又ぞろ思い出される。

　ことしおひの園の呉竹おほきみの千年の坂の御杖ともなれ

などただ千歳の祈りの御心のほとばしり出でたものであろう。

　みちのくに鳴きてやゆきし時鳥ことしは声の少なかりけり

　はつ雁をまつとはなしにこの秋は越路の空のながめられつつ

秋の日のてるにつけても思ふかな大御車のうちはいかにと

地方への行幸から宮城にお還りになる日が近づくにつれ、お淋しかった皇后さまには急に活気がみなぎってくるのが侍臣のたれかれにもよくわかった。

　帰りますほども近しときくの花うゑてまつこそ楽しかりけれ

そして、いよいよ還幸、ある雨の夕方であった。

　御車をまつま久しき夕やみにむねとどろかす雨の音かな

実にほのぼのとした御夫婦の愛情である。

　君がためえらびて折りし一枝に思ひしよりは花のすくなき

　御園よりをりてかへりしさくら花おまへの瓶にまづぞさしてむ

御后の御歌にはこの種のものが多いが、しかし天皇の御製の中にも皇后への御愛情のあふれた御作品がないではない。

　わがために枝をえらびて手折りけむ花の匂のふかくもあるかな

「花の匂のふかくもあるかな」の結句の何と余韻嫋々《じょうじょう》たることよ。

この世にも史にも類稀なる御夫婦愛は、然しながら、単なる夫婦愛だけではなくプラス何ものかがその奥にある。これは入内が定まった日に芽生えそして皇后の宣下を受けられた日から急速に伸びた内面的御自覚であったと思われる。皇后の地位は、至尊の正配として比類なく高く貴い。しかし、もしそれが単に皇后御一身の慶びであり誇であるに終れば、明治の皇后の如き、聖后はうまれないと思う。しかし明治天皇の皇后は、その数十年に亘る心の反映である数々の短歌、及びいくつかの御文章並びに立后以後崩御迄のさまざまの御行実を通して観察するに、もちろん女性として御自身の輝かしい誇もお感じになられたろうし、又無上の喜びもお感じになられたにはちがいないが、それにも増して、皇后としての尊貴な天職を御自覚になり、この御自覚に基いて、御夫君たる聖天子にお仕えになる忠誠無比の御心を養われたものであろう。それは又一面から言えば、万世一系の天皇、皇位というものに対する深い信仰的一如と、従って皇祖皇宗の神への信仰崇敬とも連るものでなければならぬ。古今集の序を引合いに出す迄もなく、歌ほど如実に人の心の奥底を語るものはない。上に掲げた皇后の御作歌は、ほんの僅かな例に過ぎないのだが、それらを拝見しただけでも、皇后の天皇に対されての御心は、決して通りいっぺんの、或は儀礼的なものではなく、人の心はもとより天地をも動かすていの「まことの心」のほとばしりでないものはない。このような御心境というものは決して、単なる男対女、夫対妻という相対的立場から生まれでることはできない。又単なる「夫は妻の君なり」式封建思想からも生まれえない。そこには、絶対的な何ものかがある。それは上から押しつけられた権威への盲従ではなく、皇后の内面的、自主的御自覚の上に把握された絶対であり、それ故に、御生涯を貫いての消ゆる時なき焔と燃える感激となったのであって、御歌の数々がそれを如実に反映している。

昔支那に周の姜后《きょう》という名后がおった。斉侯の女で宣王の妃となった。宣王が少し怠け者であったのを憂えて、身を退き、王が礼を失したり、遅刻して朝《ちょう》に臨んだりするのは、皆わたくしの不徳の致すところですと、后妃のかんざしや耳輪を脱し永巷に逃れて罪を待った。王もはじめて目醒め、我が不徳は決して夫人の罪ではないと慰め王宮に帰らしめ爾来、早く朝に出勤し夕べはおそく奥に帰るという勤勉ぶりとなり礼を重んじ、ついに中興の名君といわれた。ところが、明治天皇は十年のある日、皇后さまに「周姜后」という詠題を賜った。その時皇后がお詠みになって奉られたのは

身をつみてかざしの花をちらさずば朝日のかげも匂はざらまし

という一首であった。これを単に周姜后の故事を詠まれたものとは、私には考えられぬ。明治天皇も皇后の並々ならぬ女性であられる事を深く御認識になってわざとこの勅題を賜ったものであり、皇后も仰せを畏《かし》こみつつ、姜后の故事に寄せて胸中の御自覚をつつましさの中にも高々と歌いあげたもうたものと拝する。

かへりみて心にとはば見ゆべきをただしき道に何まよふらむ

とは「道」という御題詠であるが、道の自覚それこそ皇后の心の中に光り輝いた宝玉なのであった。

このような女神とも讃えたい皇后さまの上に明治天皇のおんいつくしみ、おんいたわりもまた殊のほかであった。天皇は、後にもふれる通り、御身を持したもうこと極めて厳であったが、御母后英照皇太后に孝養をお尽しになり又御配偶たる皇后のおん上に絶えずやさしい御心をそそがれた。それは何年何月にどういう事をなされたという事蹟風に述べるより、皇后宮のお歌で示すのがもっともよい

と思う。

さきみてるみそのの菊の花よりも大御詞の露ぞうれしき
大君の深き恵にこがねゐの花のさかりも今日みつるかな
御恵のあまりある身をなき親も苔の下にて畏こみぬらむ

表にこもりける頃内の御便に権典侍良子のまいりて
運動のことなどあつきおおせごとを伝えけるを承はりて
みつかひをたまはるだにもかしこきを大御詞《おほみことば》ぞ身にあまりぬる
おほけなき君が恵のかしこさは忘るるまなし老いにける身も
たまもののその品々に大君のふかきみ心こもるかしこさ

明治天皇崩御の後、皇后は皇太后と尊称せられ青山御所にお移りになったが、大正二年十二月御避寒のため沼津御用邸に行啓なされた。やや長期の御滞在であったが大正三年三月二十六日狭心症の御発作があり、全力をつくしての医療も甲斐なく四月九日御重態に陥り、御危篤のまま翌十日東京青山御所に還啓遊ばされたが、著者はその時十八歳で、新橋駅に於て奉拝し感深きものを覚えた。御年六十五歳、五月五日昭憲皇太后と御追号があり、同月二十四日大喪儀が行われ、二十五日東京御発、二十六日、明治天皇の伏見桃山陵に葬り奉り、伏見桃山東陵と称することとなった。まことに明治天皇の大内助者として、日本一高貴にして幸福なる御女性として千載欣慕敬仰の聖后でおわした。明治天皇は十万首の御製といわれるが、皇后は三万五千首の御歌をおのこしになったという。われわれの拝見したのはほんのその一端に過ぎないが、文字通り日月であり、双の翼であらせられたというのほか、言葉を知らない。

天皇崩御の後には、皇后を皇太后と敬称するのであるが、明治天皇の皇后でおわした皇太后の崩御の後、大正の時代には、昭憲皇太后とおくり名を奉られた。ところが、大正天皇の皇后にましました皇太后は崩御の後「貞明皇后」とおくり名が奉られた。つまり御生前は皇太后と申しあげていたが、崩御の後には、再び大正天皇の皇后であられた当時の御身分たる皇后の称を奉たわけである。昭憲皇太后の場合には、そうした御取扱いがなかったので、今以て「昭憲皇太后」と申上げるのが公式の御正称ではあるが、既に「貞明皇后」という新例の途も開かれたことであるから、公称はともかく、民間に於て「昭憲皇后」、或はもっと端的に「明治皇后」と申し上げても一向差し支えないようにおもう。

歴代皇后の中には、光明皇后のような慈愛の権化とも言うべきお方をも思いうかべることができるが、昭和の現代に最も近接した明治の皇后の御淑徳は、われらにとって極めて身近い感じがあり、およそ明治天皇の聖徳を仰ごうとする程の者は、皇后の御歌集をも必ずあわせ拝読すべきであろう。明治神宮は、言う迄もなく明治天皇と明治皇后をあわせおまつり申しあげた神宮である。

附記　此の箇所の初校を終った後、毎日新聞の夕刊（四二・一二・一五）を見たら、参議院議員迫水久常氏が「昭憲皇后」と改めてはとの考えから国会図書館に調査を依頼したこと、明治神宮でも昭和三十九年の昭憲皇太后五十年式年を期し「皇后」と改めて頂きたいと宮内庁に文書で願い出たが実現できなかったことなどを知りえた。

〈第四章〉

維新の精神

五箇條御誓文　（聖徳記念絵画館所蔵）

　明治維新の胎動は、すでに孝明天皇の御代にはじまっていた。異国船の来航といい、開港の要求といい、尊皇佐幕といい、公武合体といい、尊皇攘夷といい、孝明天皇の宸襟を悩まし奉った国内外の大渦巻きは、いわゆる維新の山雨到らんとして風楼に充つるものであった。維新は決して一朝一夕に起った歴史突変ではなく、来たるべくして来たり、勃発すべくして勃発した日本歴史の大節であった。

　日本の国というのは、日本人――日本民族が日本の国土の上に築いた生活の組織体であるが、この組織体は、その時々の種々な要因によってさまざまな変化現象を呈するから、時には烈しい変動もみられた。しかし、日本国という生活組織体は、生物学の用語でいえば、その組織体の根本に一つの核をもっていた。この核を平安朝以来の古い歴史を持つ言葉では「国体」といってきた。もちろん、敗戦後の浅薄なジャーナリズムが国民体育を故意に〝国体〟と略称した〝国体〟などとは縁もゆかりもなく、遠く支那の古語に由来し、そして日本独自の用法が発達して、ひろく国民の精神的生活の拠処とされた「世界無比」の「日本国体」のことである。この国体は、日本人の生活組織体である日本国の本質を永遠に同一生命体として維持し且つ発展させようとする日本人の顕在的並びに潜在的意志に支えられて形成され又定礎された国家の内質実体を意味するものであり、具体的にいえば皇位と皇統と皇道を要件とする天皇ということになる。天皇は、それ故、一方的、天降り的支配者とはわけが異り、日本人全体の心の凝結によって生じたものであり、今日流行の民主主義のような君民闘争の産物ではなく、本来純正の国民的、民族的基盤の上にそそり立つ大生命塔なのである。

明治維新は、単に権力を将軍から公卿や天皇個人の上に取戻したというようなものではなく、久しく埋没していた民族生命本来の大義を発掘蘇生せしめた空前の歴史変革なのである。

こまかい歴史的経過を敢て述べようとは思わぬが、維新は十五代将軍徳川慶喜《よしのぶ》の大政返上を以てその決定的節序と見なければならぬ。これは前にのべた「国体」という国家の核が、建国以来三千年にわたって生きていた証拠である。「国体」という語は、徳川時代に復興されたもので、しかもその復興は、水戸学派から始まり、次第に国学派もこれに倣《なら》うようになったもので、それに就ての学問的歴史的解説は、私がすでに旧著『国体の学語史的管見』の中に詳述した通りである。水戸藩は徳川三家の一で、副将軍などと称される幕府体制内では高き家柄であるが、藩祖頼房の第三子で二代藩主となった義公光圀が、尊皇精神に厚い人で、藩の大業たる『大日本史』の編纂を起したことはよく世に知られていよう。だから水戸の徳川家は代々父祖の学統、道統を継承し、将軍の有力なる一族でありながら極力国体尊皇の大義を高揚することにつとめたのであるが、水戸に弘道館を建て、その建学の趣旨を綴った『弘道館記』（執筆は命を受けた藤田東湖）に「国体ここを以て尊厳、宝祚（皇位）ここを以て無窮」の文字を留めた烈公徳川斉昭はその第九祖である。慶喜は宗家をついで十五代将軍となったが、実にこの徳川斉昭の第七子だ。尊皇の庭訓に育った生えぬきの、しかも水戸国体学の嫡流であることに、先づ眼をそそがなければならない。前将軍は十四代家茂であるが、彼は孝明天皇の皇妹和宮の御降下を仰ぎ、徳川幕府三百年の歴史に新生面を開かんとしたが、慶応二年征長の陣半途にして僅か二十一歳で病歿した。ここを以て適当の継嗣なく、一橋家から慶喜が迎えられて幕府最後の将軍に就任したわけである。その直接のきっかけをなしたものは公武合体派の雄土佐藩主山内容堂、その家臣後藤象二郎であった。慶応三年十月三日、山内容堂の名で大政奉還を幕府に建白し、将軍慶喜之を容れ、慶喜は同月十四日朝廷に奏上、翌十五日勅許があった。この大政奉還は、一方から見れば、武力討幕を避けるためであったろうが、実は薩長両藩の運動により十四日には討幕の密勅が下されたので、大政奉還運動はタイミングがちょっと遅れた感があり、出鼻を挫かれたわけである。

山内容堂の建白も徳川慶喜の奉還も、所詮は澎湃《ほうはい》たる維新への時代の大潮流に棹した一舟であるにしても、慶喜の功は没すべからざるものがある。若し、慶喜が足利尊氏のような人物であったとしたら、維新の大業も、かくたやすく成就はしていなかったろう。いかに薩長が雄藩であろうと、慶喜が朝廷の思惑や廷臣の空気など問題にせず、反幕者流は断乎討伐するという決意で起ったら、所詮は歴史の巨大な歯車の前に屈するとしても、容易なことで大政奉還は実現しえなかったろう。三百年恩顧の諸大名に総蹶起を命じ、尊氏流の、若しくは義時流の断行に慶喜が出たならば、事は、少くとも頗る面倒になった筈だし、到底、鳥羽伏見の一戦、上野彰義隊の一戦くらいではすむものでない。たとえ一時的にもせよ、天下は兵乱の巷となり、その被害も必ずや甚大であったろう。然るに此事なくして殆んど平静裡に、江戸の町も京都の町も兵火をまぬかれ、政権の大移動が恭順と平和裡に行われたに就ては、慶喜の功を過小評価すべきでない。一口に将軍の大政奉還といってしまうが、これは実に容易ならぬ事である。三百年の久しい伝統、強大なる三百諸侯支配網、江戸市民の将軍制への密着など種々な要素を観察しきたれば、将軍その人の不抜な大決意なくして、到底、平和的大政奉還は考え得ざる所に属する。だが将軍慶喜は幸にして尊氏でも義時でもなかった。由緒正しい水戸国体学の家の出身であった。私は慶喜の維新に於ける功は、殊勲第一級のものであったと思う。後、明治天皇は、彼を公爵に叙し、栄勲を授けたもうたが、聖君よく賢臣を知りたまうたものというべきであろう。

慶応三年十月十四日の大政奉還の奏聞《そうもん》は次のようなものであった。

臣慶喜謹シミテ皇国時運ノ沿革ヲ考ヘ候ニ、昔王綱紐《ヒモ》ヲ解キ、相家《シヨウカ》（宰相大臣となる家柄ここでは藤原氏を指す）権ヲ執リ、保平ノ乱政権武門ニ移リテヨリ、祖宗（徳川家の祖先）ニ至リ更ニ寵眷《チヨウケン》ヲ蒙リ、二百有余年子孫相受ケ、臣其ノ職ヲ奉ズト雖モ政刑当ヲ失フコト少ナカラズ、今日ノ形勢ニ至リ候モ、畢竟《ヒツキヨウ》薄徳ノ致ス所、慙懼《ザンク》ニ堪ヘズ候。況ヤ当今、外国交際日ニ盛ナルニヨリ、愈朝権一途ニ出デ申サズ候テハ、綱紀立チ難ク候間、従来ノ旧習ヲ改メ、政権ヲ朝廷ニ奉還シ、広ク天下ノ公議ヲ尽シ、聖断ヲ仰ギ、同心共力、共ニ皇国ヲ保護仕リ候ヘバ、必ズ海外万国ト並ビ立ツベク慶喜国家ニ尽クス所、是レニ過ギズト存ジ奉リ候。去リ乍ラ猶見込ノ儀モ之レ有リ候得バ申シ聞ケ可キ旨諸侯ヘ相達シ置キ候。之レニ依ツテ此段謹ミテ奏聞仕リ候。

これにより第百七代後陽成天皇の慶長八年二月（一六〇三）家康征夷大将軍に任ぜられてより慶応三年十月（一八六七）十五代慶喜に至り、二百六十四年、もしそれ源頼朝将軍任官の建久三年（一一九二）

より算すれば実に六百七十五年にして、武家封建の政治はその終焉《しゅうえん》を見たのであった。

朝廷は慶喜の情願を御嘉納になり御沙汰書を賜り、ついに慶応三年十二月九日「王政復古」の大号令が下ったのである。王政復古の大号令の全文は左の通りである。

徳川内府、従前御委任ノ大政返上、将軍職辞退ノ両条、今般断然聞コシメサレ候。抑癸丑《ミヅノトウシ》（孝明天皇嘉永六＝一八五三徳川幕府十三代家定、四月ペリー浦賀に来港した）以来、未曽有ノ国難、先帝（孝明）頻年《ひんねん》（連年毎年）宸襟《しんきん》（大御心）ヲ悩マサレ候御次第、衆庶（国民）知ル所ニ候。之レニ依リ叡慮《エイリョ》（天皇の思召）ヲ決セラレ、王政復古、国威挽《バン》回（回復する）ノ御基立テサセラレ候間、自今摂関幕府等廃絶、即今先仮ニ総裁議定参与ノ三職ヲ置キ、万機行ハセラルベク、諸事神武創業ノ始ニ原《モトツ》キ、縉紳《シンシン》（公卿）武弁（武家）、堂上（宮中で昇殿できるもの）地下《ちげ》（宮中で昇殿できぬ者）ノ別ナク、至当ノ公議ヲ竭《ツク》シ、天下ト休戚《キユウセキ》（喜びと悲しみ）ヲ同ク遊バサルベキ叡慮ニ付、各各勉励、旧来驕惰ノ汚習ヲ洗ヒ、尽忠報国ノ誠ヲ以テ、奉公致ス可ク候事。

これが有名な王政復古の大号令であるが、それは直接に天皇がお下しになる勅語という形でなく、新政府が勅を奉じ、勅旨を政府が国民に布達する形式をとっている。これを一種のクーデターと見る史家もあるが、それは西洋史的観念のあてはめで、必ずしも正鵠を射た観方ではない。なるほど大号令の出た十二月九日は薩、尾、越、土、藝五藩の兵で京都御所を警備したことはしたが、それは武力討幕を主張する諸藩の勇み足で、もちろん天皇の御意志とみることはできないし、御所を五藩の兵で武力警備したためにはじめて王政復古の大号令が可能になったものでもないのだから、クーデターなどと見るのは、ひとり合点にすぎない。幕府の最高権威者である慶喜の恭順忠誠が奏聞せられたことを天皇が御嘉納あらせられたことの自然の結果であって、五藩の兵などはむしろあらずもがなの、めいめい勝手の附着物であったに過ぎぬ。

この大号令の中に「諸事神武創業ノ始ニ原キ」とあったが、此の一句は、王政復古の、従って明治維新の魂である。

いったい「維新」とはどういう意味なのだろうか。近頃は文字の学が衰えてしまった上に生半可な西洋語の知識が浅薄な教養として身につけられるようになり、維新も革命も同じように乱用されているのは全く困ったことである。元来、「維新」というのは「革命」でないことを曰い、「革命」というのは「維新」とはいえないものを指すのである。維新は同一生命の連続の新発展を意味するものであり革命は古い生命を否定して、全く異る新生命として出発することだ。共に支那の古語で「維新」は『詩経』の大雅の文王篇に、「周ハ旧邦ト雖モ其ノ命《メイ》維《コ》レ新ナリ」とあるものが、そして「革命」の方は『易経』に「湯武命ヲ革ム」とあるものがその原拠だ。ここで「命」というのは「天命」ということで古代の支那では、王者というものは、すべて天の命令を受けて立った者であるから、必ず王道を以て民を治めなければならぬと考えたのである。ところが、天下の権力を掌に収め何事も意のままにできる帝王の地位に即《つ》いてみると、多くの者は、権力をもてあそび、私意を以て悪道におちやすい。そして、それが次第に悪化して万民その苦に堪え難くなると天（天帝ともいう、神といっても同じだが）は、その悪虐な帝王に下した命令を取消してしまう。従って帝王の地位からその王を追いおとすというのである。それが、天の命が革まる、即ち革命といわれるものだ。ところが、維新というのは、「これあらた」と訓み、旧いものが天命をつつしみ行うことこれつねに清新である。天命に恒に応《こた》えているはつらつたる王道的生命の新しさ、若々しさを意味する。日本には維新ありて革命なしというのがこれまでの歴史的鉄則で、かの大化改新なども維新であって革命ではない。戦後日本の憲法学者の中には八月革命説を唱える者も出てきたが、それは革命という語に対する無智と反天皇制的傾向との落し子であり、学問的にも事実的にも全く取るに足りぬ浮説であって、学説の名に価しないものである。明治維新も断じて革命ではなく維新であって、天の命をうけたまえる日本の天皇は万世一系皇統連綿であり、その使命は太古にして太新である、これを「御一新」とも呼んだが、維新というのが、歴史的公称になってしまったのである。もっとも日本では「天命」というよりは皇祖天照大神の神勅にもとづいて、という方がより固有であり且つ一般的であった。天照大神は、生年月日もなく崩御の月日もない「神」とされているのだから、或る意味では支那思想の「天」に相当する。支那では「天」とは何かといえば、結局、実証的には「民」だ、「民意」だと解している。日本でも神話的には「天照大神の神勅」というが実証的にいえば「民族の意志」「国民の総意」ということである。日本国憲法などは奥底のない、歴史伝統を無視した単なる現代的合理主義の上に立っているものだから、俗臭ふんぷんたる「国民の総意に基く」などといって民主がっているけれど、それは人間の形而上的尊厳を遠ざかった形而下の憲法に成り下ってしまったからである。

王政復古の大号令に於てひとたび『神武創業ノ始ニ原キ』とお示しになった天皇は、元年九月の即位改元に先き立ち、三月十四日、「五ケ条ノ御誓文」を渙発せられた。

一、広ク会議ヲ興シ万機公論ニ決スヘシ
一、上下心ヲ一ニシテ盛ニ経倫ヲ行フヘシ
一、官武一途庶民ニ至ルマテ各其志ヲ遂ケ人心ヲシテ倦マサラシメン事ヲ要ス
一、旧来ノ陋習ヲ破リ天地ノ公道ニ基クヘシ
一、智識ヲ世界ニ求メ大ニ皇基ヲ振起スヘシ
一、我国未曽有ノ変革ヲ為サントシ朕躬《チンミ》ヲ以テ衆ニ先ンシ天地神明ニ誓ヒ大ニ斯《コノ》国是ヲ定メ万民保全ノ道ヲ立ントス衆亦此旨趣ニ基キ協心努力セヨ

これがその全文であって皇祖皇宗の御霊の前にお誓いになられたものである。政権を返上した徳川慶喜はこの御誓文を拝して非常に感動したというが、この第一条の「万機公論ニ決スヘシ」との御一文は後の帝国憲法の母胎であり、第四条の「天地ノ公道ニ基クヘシ」は世界人類普遍妥当の道を尊ぶ国体の精華を発揚したもうたものである。

この二箇条は御誓文の拠って立つ根本原理を示したもうものであって、大号令の「神武創業ノ始ニ原キ」というものにほかならぬ。総裁有栖川宮の勅答のはじめに「勅意宏遠、誠ニ以テ感銘ニ勝ヘス」

と見えるが、深く読み遠く探れば探る程、簡潔の文ながら感銘に堪えないものがある。全く、日本の夜明けであって、庶民仰いで天日を見るが如き思いである。そしてこの御誓文と同日の三月十四日に「億兆安撫国威宣布ノ御宸翰」というものを賜った。これは、昔の事だから威厳ある漢文調ではあるが、実に切々として国民に訴えたもうた異例の勅語であるといってよい。例によって多少の語釈と必要なルビをつけてその全文を拝読したいと思う。

朕幼弱ヲ以テ、猝《ニワカ》ニ大統ヲ紹《ツ》ギ、爾来何ヲ以テ万国ニ対立シ、列祖ニ事《ツカ》ヘ奉ランヤト、朝夕恐懼《ク》ニ堪ヘサル也。窃《ヒソカ》ニ考ルニ、中葉朝廷衰テヨリ、武家権ヲ専ラニシ、表ハ朝廷ヲ推尊シテ実ハ敬シテ是ヲ遠《トホザ》ケ、億兆ノ父母トシテ、絶エテ赤子ノ情ヲ知ル事能ハサルヤウ計リナシ、遂ニ億兆ノ君タルモ、唯名ノミニ成リ果《ハテ》、其カ為ニ今日朝廷ノ尊重ハ、古ニ倍セシカ如クニテ、朝威ハ倍《マスマス》衰ヘ、上下相離ルル事霄壌《ショウジョウ》（天地）ノ如シ。カカル形勢ニテ、何ヲ以テ天下ニ君臨センヤ。今般朝政一新ノ時ニ膺《アタ》リ、天下億兆一人モ其処ヲ得サル時ハ、皆朕カ罪ナレハ、今日ノ事、朕自身骨ヲ労シ、心志ヲ苦《クルシ》メ、艱難《カンナン》ノ先ニ立《タチ》、古《イニシエ》、列祖ノ尽サセ給ヒシ蹤《アト》ヲ履《フ》ミ、治蹟ヲ勤メテコソ、始テ天職ヲ奉シテ、億兆ノ君タル所ニ背カサルヘシ。往昔列祖万機ヲ親ラシ、不臣ノモノアレハ、自ラ将トシテ之ヲ征シ玉ヒ、朝廷ノ政総テ簡易ニシテ、此《カク》ノ如ク尊重ナラサルユヘ、君臣相親シミテ上下相愛シ、徳沢天下ニ洽《アマネ》ク、国威海外ニ輝キシナリ。然ルニ近来宇内大ニ開ケ、各国四方ニ相雄飛スルノ時ニ当リ、独リ我国ノミ世界ノ形勢ニ疎《ウト》ク、旧習ヲ固守シ、一新ノ効ヲ計ラス、朕徒ラニ九重中ニ安居シ、一日ノ安キヲ偸《ヌス》ミ、百年ノ憂ヲ忘ルル時ハ、遂ニ各国ノ凌侮《リョウブ》ヲ受ケ、上ハ列聖ヲ辱メ奉リ、下ハ億兆ヲ苦シメン事ヲ恐ル。故ニ朕茲《ココ》ニ百官諸侯ト広ク相誓ヒ、列祖ノ御偉業ヲ継述シ、一身ノ艱難辛苦ヲ問《トウ》ス、親ラ四方ヲ経営シ、汝億兆ヲ安撫シ、遂ニハ万里ノ波濤《ハトウ》ヲ拓開シ、国威ヲ四方ニ宣布シ、天下ヲ富岳ノ安キニ置ン事ヲ欲ス。汝億兆旧来ノ陋習ニ慣レ、尊重ノミヲ朝廷ノ事トナシ、神州ノ危急ヲ知ラス、朕一度ヒ足ヲ挙クレハ非常ニ驚キ、種々ノ疑惑ヲ生シ、万口紛紜《フンウン》（乱れて流言を放つ）トシテ、朕カ志ヲナササラシムル時ハ、是《コレ》朕ヲシテ君タル道ヲ失ハシムルノミナラス、従テ列祖ノ天下ヲ失ハシムルナリ。汝億兆能能《ヨクヨク》朕カ志ヲ体認シ、相率テ私見ヲ去リ、公議ヲ採リ、朕カ業ヲ助テ神州ヲ保全シ、列聖ノ神霊ヲ慰シ奉ラシメハ、生前ノ幸慶ナラン。

一文にも一句にも大革新の生命が躍動し、一読感動を覚えさせるものがある。慶長八年二月徳川家康征夷大将軍任官の時、第百七代後陽成天皇、天盃を家康に賜うの詔があったが、「兵革速ニ治マリ泰平ノ基ヲ開クハ悉く卿ノ武略ニ在リ矣《イ》」という短文で、この短詔ありて以来、徳川二百五十年孝明天皇以前には殆ど全くといってよい程勅語の渙発を見なかった。孝明天皇に至りはじめて数々の詔勅を拝するようになったが、それはまだ徳川政権下に於てであった。今明治天皇出現せられてその御親裁の許大号令を拝し、御誓文を拝し、そして又つづいて億兆安撫の大宸翰を賜ったのは、全くいわゆる「空谷に跫音《きょうおん》（あしおと）を聞く」ようなものであった。

「神武創業ノ始ニ原キ」とは慶応三年十二月九日の王政復古の大号令のお言葉であった。そして翌慶応四年八月二十七日の即位の宣命の中で、天皇は再び「橿原ノ宮ニアメノシタシロシメシシ天皇《スメラミコト》ノ御創業《ミワザハジメ》ノ古ニ基キ」と重ねて仰せになった。二度迄も重ねて仰せになったことだけを見ても、容易ならざる重い意味のあることがわかるが、これは、天皇御自身の立場に約していえば、「神武天皇に還るぞ」ということであり、国民に対するお教え又は御命令という点から見れば、「神武天皇に還れ」ということにほかならない。だが、戦後のゆがめられ、汚れた歴史教育に育ってきた若い人々の大半には、神武天皇に還れなどということが、殆どわかるまいと思う。だが、これがわかるかわからないかによって、日本歴史の、従って国史教育の明暗がわかれる、といっても決して言い過ぎではないのである。

現代の歴史教育に育った人々は、神武天皇などといっても、その実在を客観的に証明する事は困難であって、多分に神話性、伝説性に包まれている、などと考えるにちがいない。それだから、神武天皇創業の始に原くということも余りピンと来ないだろうと思う。だがそれは歪められ、汚された教育のためであって、まず、そのような汚物を洗い流す必要がある。戦後の歴史教育は、日本の永久弱小化を目的とした占領軍の意図によって、神話や史話を非科学的の一語で葬り去ったもので、米国のようなまだ建国以来日の極めて浅い国の、極めて表皮的合理主義を至上のものと考えた国家観、歴史観のお粗末極まる落し子に過ぎないのである。記録にもとづく文書歴史に遠く先き立つ古い神話や史話を有するということは、それだけ歴史の根源、歴史の故郷が古いことを意味するのであって、そこには文書歴史以上に尊い民族生命の源泉があるわけだ。それこそ「その命維れ新なり」で、現代でも将来でも永く一国一民族の或は世界人類の歴史の原動力となるものである。日本に於ては革命というような不吉にして残虐な歴史は許されないのだ。神話や史話の中にはそういう貴重なものもあるわけである。自分の国の神話や史話を三文の価値もないものとして葬り去り忘れ去っている者が、オリンピックとなると目の色を変えて騒いだり感激したりしているのは、少々滑稽でさえある。オリンピックは、もともと古代ギリシャ人が彼等の信仰するゼウスの前で行った大祭がもとで、四年毎に初夏の五日間を神前に於て余興として各種の競技を催した事に端を発している。「聖火」などはその神話的、宗教的儀式の名残りで、何等科学性も合理性もないものである。現代のオリンピックは次第に世界的となり、一八九八年（明治三一）にギリシャのアテネで開かれて以来のものだが、ギリシャ神話に縁もゆかりもない東京オリンピックさえ開かれたではないか。

日本では六国史《りっこくし》の第一「日本書紀」以来、神代と人皇《にんのう》とを一往区別してきた。人皇第一代は、もちろん神武天皇であるが、このように、神代と人代とを一往区別し、神代には紀年を立てず、人皇の代に入ってから紀年を立てたということは、現代風にいえば、神話と歴史とを、その当時の認識に於て区別したものであって誠に立派な見識だといわねばならぬ。それが六国史第一の日本書紀の態度であり、この態度は多かれ少なかれ後に水戸の大日本史にもうけつがれている。今日の知識からいえば書紀の神武巻には尚ほ多分に神話的要素も含まれてはいるが、ありえた事実を反映した史話と見るべきものも少なくはない。今ここでくわしく私の神話論を展開する余白はないけれど、神話は単なる空想の産物でないことは明かである。それは多くの宗教性を含んではいるが純粋な宗教そのものではない。同様に多くの科学性を含んではいるが自然の事象を神格化するのだから科学そのものではない。又同様にありえた事実を反映する部分が多いけれど、その中の人物が実在性を立正できぬ点で歴史ではない。しかし多くの宗教性、科学性、歴史性、更に哲学性がまだ多く分化されずに内在総括されている古代人の心の世界である。神話はその内容に従って学問的にはいろいろ分類されているが、書紀や古事記に見える日本の神話は主として国家形成に関する物語、従って皇室発生の物語、一言でいえば国家神話であって、民間の伝承などは比較的少ない。これは古代の日本人の最大の関心がそこにあった事の反映であって、ある人々が意識的にそうした神話をつくりあげたと解するのは邪道である。

今日の厳密な学問に従えば、歴史とは記録にもとづいたものでなければならないから、まだ文字も無かった神武天皇時代にそのような意味の歴史のなかった事はいう迄もない。しかし西暦七一二年に古事記成り七二〇年に日本書紀三十巻が成り、現在伝えられている形での神武天皇伝が成立した事は疑いえない歴史的事実である。我が国人による国史の編纂は記紀よりもっと古い時代にさかのぼるけれども、それらは焼失その他によって今日に伝わっていないから、ここでは問題外として、記紀の出現により、人皇第一代即ち国祖は神武天皇であると信ぜられ、その上、天皇は両書の伝えるような思想の持主、行動の主体であられると信ぜられたということは歴史的事実である。記紀の記すところが客観的事実であったかどうかは、今日如何なる専門の歴史学者と雖も実証することも反証することも不可能である。歴史学者でも素人たる一般国民でも、誰れでもできることは、西紀八世紀の初頭に於て、はじめての国家公けの史書の中に、国祖神武天皇の建国はかくの如きものであったと書いた事実の認識だけである。それが客観的事実であろうと無かろうと、日本の正式な文書歴史は、遠くは天照大神の神話、近くは神武天皇の史話を記録歴史の故郷として、又母胎として書き起されたということである。つまり、八世紀初頭の時点に於て、口誦、伝承、及び若干の記録、文書を素材として、遠き建国の事態を、記紀所載の如きものとして国家的に確認したということである。この確認は単なる客観的事実がどうのこうのという問題以上に、建国の理念、つまり建国の精神の確認ということが中心である。記紀には多少の異りはあるが、大本的には一致しており、神話の根元に於て天照大神の天壌無窮の神勅を掲げ、史話の根元に於て神武建国の大詔を掲げ、永世無窮に我国の根本憲法たるものを確認しておる。帝国憲法第一条などは伊藤博文の明記した通り天壌無窮の神勅にもとづいたものであるが、明治天皇は「神武創業ノ始ニ原キ」と維新の根元を明かになされた。神武創業の始にもとづくとは何であるか。まず、われわれは、日本書紀により、神武創業がいかなるものであったかを、あらためて確認する必要が生じてきた。これを確認しない限り、明治維新は、断じてわからないからである。書紀は漢文で書かれているから、必要と思われる箇所を書き下しにして示そう。

我レ東征シテヨリココニ六年ナリ。皇天ノ威ニ頼リ、凶徒戮《リク》ニ就キヌ（世の中が平和になった）辺土ハ未ダ清《シズ》マラズ余妖《ヨヨウ》尚梗《タケ》シト雖モ（地方のはてはまだ平定されず反抗する者もないではないが）、シカモ中洲ノ地ハ復《マ》タ風塵無シ。誠ニヨロシク皇都ヲ恢《ヒラ》キ廓《ヒロ》メ、大壮《ミアラカ》ヲハカリツクルベシ。而シテ今運《トキ》ハ此ノ屯蒙《チュンモウ》（未開時代）ニ属シ、民心朴素ニシテ、巣ニ棲《ス》ミ穴ニ住スルノ習俗惟《コ》レ常ナリ。夫《ソ》レ大人ノ制ヲ立ツルヤ、義必ズ時ニ随フ。イヤシクモ民ニ利アラバ何ゾ聖《ヒジリ》ノ造《ワザ》ヲ妨《サマタ》ゲン。且ツ当ニ山林ヲ披《ヒラ》キ払ヒ宮室《オオミヤ》ヲ経営シテ宝位《タカミクラ》ニ臨ミ以テ元元《オホミタカラ》ヲ鎮ムベシ。上ハ則チ乾霊《アマツカミ》国ヲ授クルノ徳ニ答ヘ、下ハ則チ皇孫正ヲ養フノ心ヲ弘メ、然ル後ニ六合《クニノウチ》ヲ兼ネテ以テ都ヲ開キ、八紘《アメノシタ》ヲ掩フテ宇《イヘ》ト為サンコト亦可《ヨ》カラズヤ、夫《カ》ノ畝《ウネ》傍《ビ》山ノ東南橿原ノ地ヲ観レバ、ケダシ国ノ墺《モナ》区《カ》カ。コレニ治《ミヤコ》ツクルベシ。（日本書紀巻三）

としてその勅語の前の方に、御先祖方のことを述べられて「皇祖皇考、乃チ神、乃チ聖、慶《ヨロコ》ビヲ積ミ暉《ヒカリ》ヲ重ネテ、多ク年所ヲ経タリ。」と仰せになった、と書紀は記しているのである。これは速記術で神武天皇のお言葉を録したものでもないし、もちろん神武天皇がお書きになったものでもないが、日本書紀の多くの編纂官たちが討議を積み研究を重ねて、全員一致で承認した「神武建国の精神」にほかならぬ。此の書紀の記述にもとづいて私の父田中智学は明治三十六年に「八紘一宇」という語をつくり、又「積慶、重暉、養正」の三語を、神武天皇建国の三綱、又は国体の三綱などと呼んだのである。

明治維新頃、つまり今から百年も前の時代に、日本書紀神武巻の記述を全部歴史的事実だと信じても、それは少しも不思議ではないし、今の時点に立って考えれば、既に述べたような理由により、書紀が今から千二百年以上も前に、かくの如きものが日本歴史の源頭であると確信したことは、いずれも、区々たる客観的事実論などを尻目に、雄大にして深遠なる国家精神を神武天皇の御名に於て、又は神武天皇の御言行と伝承されてきたものを媒介として国家の大理念、歴史の大精神を探り出し確立した世にも尊いことである。

「積慶、重暉、養正」、それは三種神器の文字化したものであり、国家永遠の根本憲法たるにふさわしいものであるし「八紘一宇」はその精神を正当に拡充すれば、世界絶対平和、世界の平和体制確立に通じる大精神にほかならないではないか。一時、出来損いの、いかがわしい独尊排他の国体論などが横行したため、国民を誤り又世界的疑惑を持たれもしたが、世界の究極は、世界があたかも一大家族の如く争わず戦わざる絶対平和の世界秩序を確立するほか、人類が正しく幸福に生きる道はないではないか。幸にして、日本には神武天皇御創業の精神が史に確認されているのである。二月十一日は、国家の記録歴史学的誕生日を祝うというが如き時代錯誤のものではなく、書紀に明記された神武天皇建国の大精神を、古伝に神武即位の日とされた日を媒介として祝い、更に誓を新にするという、国家として、国民として最大の意義ある祝日である。明治天皇の仰せは、すなわち、神武建国の大精神に還れということにほかならず、これが明治維新の根本精神である。いかにも雄大、何とも深遠、日本人たるものを千古の歴史の根源に迄高めるお言葉というのほかない。

五ケ条の御誓文にもとづいて明治元年閏四月二十一日に発布されたのが世にいわゆる政体書であ

る。政治の根本体制、職制などを新しく改革的に定めたもので、維新政治の憲法のようなものである。それは全く御誓文の精神を政治的に実現しようとしたものであって、その最初に「大ニ斯国是ヲ定メ制度規律ヲ建ツルハ御誓文ヲ以テ目的トス」と宣言している。御誓文の精神を具体的に政治の上に建設しようという考えから、政体書が第一に掲げたのは、「天下ノ権力総テ之ヲ太政官ニ帰ス、則政令二途ニ出ツルノ患無カラシム、太政官ノ権力ヲ分ツテ立法行政司法ノ三権トス則偏重ノ患無カラシムルナリ」という一条である。太政官制は律令時代から起り、明治十八年内閣制度の誕生までつづいたものであるが、しかし、明治元年の政体書は、徒らに旧慣を復活墨守しようとしたものではなく、西洋近代の思想の影響をうけ、相当な革新的、つまり御一新的意気のもとに福岡孝悌と副島種臣が起草し、内奏勅許あり四月二十一日天皇親臨の下に政府当局にお下げ渡しあり即日公布されたものである。そして国家権力を立法行法（行政）司法の三権に分立させ、立法官と行法官とを兼ねることを禁じ、御誓文の公議を実施に移すべく議政官の制を立て以て議事を司らしめようとした。革新にはえてつきものの突飛な条定もあり、一般がこれに十分についてゆけず、明治二年七月にはやや復古的官制にとって代られはしたが維新の風貌を窺うに足るものがあり、後の立憲思想への一段階をなした点に歴史的意義がある。明治二年七月の官制改革があって後、行法立法の区別は無くなり、上局議会は廃止され、公議所は集議院と改名されたが、議案は太政官より下す事となっていて、この辺がやや復古的であるのだが、明治天皇は二年九月二十七日親しく集議院に行幸せられ議事を御垂簾でお聴きになられたが史上空前の事といってよい。明治二年九月十九日の御沙汰書の中に「今後天下衆庶ト共ニ衆庶ノ政ヲ為シ」と仰せになったのは、維新の天皇親政の心からの思召であって、後年の帝国憲法下の議会政治に遠く命脈を垂れている。

政体書の公布と相まって逸することの出来ない維新のはつらつ性を象徴するものは、天皇の幕府親征と、就中《なかんずく》東京遷都という史上空前の壮挙でなければならない。幕府親征といっても、天皇が江戸迄お下りになったわけではないが、近代皇軍の精神的発祥ともいうべきことであった。大阪城にあった将軍慶喜がその意に反して幕兵に擁せられ大阪から北上しきたり、官軍の立場をとった薩摩軍の反撃により潰走したのは慶応四年一月の事であったが、この時は仁和寺宮嘉彰《よしあきら》親王が、錦旗および節刀を賜り征夷大将軍に任ぜられた。しかし鳥羽伏見の一戦はあっけなく官軍の勝利に終り、嘉彰親王は京都に凱旋せられ、次で熾仁《たるひと》親王が東征大総督、西郷隆盛が参謀に任ぜられた。そこでこの東征の根本的総指揮を天皇親らなさり、この点でも神武創業の始に復するとのお考えで、慶応四年三月二十一日、天皇は京都を御発輦《ごはつれん》（天皇の御乗物の発車すること）になり、その日は石清水八幡宮に御参拝御一泊、二十二日大阪着御、二十六日天保山沖で海軍の操練を御親閲なされ、此時はじめて大海と軍艦とを御覧になった。そして四月六日には大阪城で陸軍の御親閲があり、次で各地の行事もあったが、このような事は久しく国史の上に絶えていたところであり、御一新の御一新たる意義が充実している。この時楠公父子の大忠を思召され湊川神社の神号を賜り、徳川に亡ぼされはしたが、徳川とちがって皇室には飽く迄忠順であった豊臣秀吉の偉勲を嘉《よみ》したまい、豊国祭《ほうこくさい》の復活御沙汰があった。この頃、あたかも東征大総督熾仁親王は西郷らを随え駿府城にお入りになったが、江戸が兵火の巷とならず、百万市民がその生命と財産の安全を保障されたのは、直接的、当事者的には、西郷の大腹と勝海舟の敵の腹中に信を置く大勇とによることは史眼の一致するところではあるが、しかし決して、単に勝・西郷の手柄だけではない。幕府方にあっては第一に将軍慶喜の忠誠恭順、第二に前将軍の室となられた孝明天皇の皇妹和宮の明治天皇への切々たる御情願、そして究極的には明治天皇の国体的御信念にもとづく「万民悉く大宝《おおみたから》」の臣民観にもとづいて、江戸は兵火から救われたのである。

一千年の古都を捨て遠く関東に聖居をお移しになるということは、実に容易なことではない。奈良朝以前の上古に於ては、むしろ御代替りの度びに皇居を新地にお移しになったようであるが、それはまだ文物極めて簡単であったからだろうと思う。文物大いに進んだ平安初期に桓武天皇の長岡京の遷都計画が立てられ今でも大極殿遺址が残ってはいるが、それは、新都造営の長官であった藤原種継の妻が、長岡の大豪族秦氏の出身であったという政治的経済的事情もあっての事であろうが種継が刺客の手に斃れ、遷都の業は廃絶に帰した。

京都御所の起源は第五十代の桓武天皇に発し、延暦十二年（七九四）遷都を賀茂社に告げられ、翌十三年十月車駕新京に移り、新京を平安京と号せられた。今の京都御所は平安京のそれとは全く場所が異るが京都が皇居の地と定まってから明治天皇即位大礼迄まさに一千六十四年、一国の都が一千余年の長きにわたって同一の土地に栄えたという例は全く世界的にも稀有の事であろうと思う。皇都一千余年連綿の歴史と伝統をくつがえすのは、実に容易ならぬ事であったにちがいない。さらでだに歴史と伝統旧慣を重しとする公卿堂上人にとって、いわば東夷の将軍の居住地であった関東の江戸などに遷都すると聞いた時の驚きは、趣こそ異れ大正時代の東京市民がその十二年の関東大震災で驚いた時の衝撃にも比すべきものがあったとでもいったら少しは適切に彼等の心理を言い表わし得るかも知れない。庶民の間ですら祖先墳墓の地といい、故郷には愛着の情を持つのが普通なのであるから、数多くの山陵を始め数えきれない程の歴史や伝統の遺蹟で埋っている京都を去るなどということは想像だにし難いことであったろう。公卿堂ばかりではない京都市民、大阪はじめ京都附近の市民だって誰一人まさか千余年の皇都が東遥に江戸に遷されるとは夢想だにしなかったところであろう。それを、明治天皇は、敢て御決意になり、そして忽然として断行なされた。維新とか御一新とか、又後世風には革新とかさまざまの言い方はあるが、明治天皇こそ、実に維新の君であり御一新の人でありそして第一の革新家であられたのである。遷都の案を切り出したのは大久保利通であったというがその遷都は大阪へということであった。いかに大久保が建白しようと三条一条が主張しようが、天皇のお心持ちが進まなければ遷都というが如き大事業ができるものではない。だから東京遷都は実に明治天皇のそれこそ並々ならぬ革新の英機によって始めて可能だったといわねばならぬ。

明治改元の四十余日前の慶応四年七月十八日、東京遷都の詔が発せられた。

朕今万機ヲ親裁シ、億兆ヲ綏撫《スイブ》（愛撫して安んずる）ス。江戸ハ東国第一ノ大鎮、四方輻輳《フクソウ》（あつまる）ノ地、宜シク親臨以テ其政ヲ視ルヘシ。因テ今ヨリ江戸ヲ称シテ東京トセン。是朕ノ海内一家、東西同視スル所以ナリ。衆庶此意ヲ体セヨ。

明治天皇が「神武天皇創業ノ始ニ原キ」と仰せられたことは、もうたびたび言及してきたところであるが、この東京遷都の詔は、その精神あたかも、神武天皇東遷の勅語に原《もと》づくが如き趣がある。「海内一家、東西同視」はさながら神武詔勅の「六合兼都、八紘一宇」にあたるではないか。「江戸ハ東国第一ノ大鎮、四方輻輳ノ地、宜シク親臨」は、書紀の「聞ク東ニ美地《ヨキクニ》アリ、彼地ハ必ズ当ニ以テ天業ヲ恢弘シ天下に光宅スルニ足リヌベシ……何ゾ就イテ都セザランヤ」と相通ずるものがあるよう拝せられる。

かくて江戸は東京と改まった。もっとも、これに就ては勅語に「東京トセン」とあって断定的、確定的に「東京トス」とないから、正式には今でも江戸が本称なのであって、東京は、京都を西京、名古屋を中京と称するが如き通称なのだという説を為す学者もあるらしいが、これは少し重箱の隅をつつくような議論といわねばならぬ。「トス」と「トセン」では、幾分ニュアンスの差の存するのは否定できず、そしてその事が、主として京都人の動揺に配慮したものだろうとの木村毅氏の見解は採るべきであるとしても、それだから、東京は通称であり正式には今日尚江戸だという論理は成り立たぬ。「トセン」が京都人の動揺を慮った為めの表現であったとしても、遷都という事実は、文章の「トセン」

を、事実的に「トス」と訂正したものである。明治天皇は上記の如く七月十八日に遷都の詔を出したまい、即位改元の後明治元年九月二日京都御発輦、十月三日に東京に御安着、十二月二十二日一先づ京都にお還りになられたが、翌二年一月四日政治始を行われた。そして一月二十三日には薩長土肥四藩の版籍奉還の上表があり、その翌二十四日、具体的に東京遷都の議を決せられ、太政官を東京に移される事となった。太政官の先行をまち、天皇には三月七日東京に向って京都御発輦、途中、十二日伊勢の神宮に御親閲、長途の御旅路も恙なく、同じき二十八日東京に御安着、東京城西の丸にお入りになった。ここに、東京は日本の首都として確定された。「トセン」は事実によって「トス」と改定確立されたのである。

汽車が東京横浜間に開通したのは明治五年であるから、天皇御東遷の明治二年には、まだ汽車はもちろんなく、それどころか馬車も無かった。だから江戸市中でも東海道でも交通は徒歩、駕籠《かご》、馬により、男子は皆チョンマゲで服装も洋服まがいのものを戦争に行く武士たちが用いただけで、武家は裃《かみしも》、貴族は烏帽子《えぼし》直垂《ひたたれ》であった。二年三月、天皇最初の東京行幸の後、はじめて英仏蘭伊米等の各国公使に拝謁を賜ったが、その頃の二重橋はまだ木造で公使らも、馬車のある者もあり馬車のない者もあり、馬車なき者は乗馬で参内するというありさまである。旧幕の本丸は既に焼失していたので謁見は西の丸で行われ、天皇は衣冠束帯、三条、岩倉その他百官は烏帽子直垂で、威儀を正し、徳大寺侍従長の先導で、金ピカ大礼服の各国公使が、一段高い玉座の前に進み最敬礼を捧げ、天皇から簡単なお言葉があり公使たちが御挨拶申上げて退下するという至極簡単なものであった。握手を賜るとか賜餐があるとかいうのは、もっと後の事である。もちろん拝謁には通訳官はいた。横浜の税関は運上所と呼ばれ、外務省は外国官、外務大臣は外国官知事と呼ばれ、東久世通禧、伊達権中納言が任命されていた。こうして、東京遷都と共に、早くも天皇おん自ら外国使臣を引見したもう例が開かれたが、これも御簾《みす》の中で臣下を摂見してこられた幾千年の旧慣を改められたものであって、よほど革新の勇気がなければできないところである。私の父田中智学はその著『日本国体の研究』の中で、日本書紀の神武紀を分析した結果、「神武天皇の八大主義」ということをいった。その八大主義とは㈠神人一如主義、㈡祭政一致主義、㈢中心統一主義、㈣報本反始主義、㈤克己内省主義、㈥積集膨張主義、㈦開発進取主義、㈧絶対平和主義の八目であるが、それはそのまま明治天皇の御生涯にあてはまるように思う。

明治維新はこの意味において、神武精神の復興であり、神武精神にもとづいた日本復興であったといっていい。

日本書紀第三巻に書かれている神武天皇の御行動やお言葉には、実証主義的いわゆる科学的歴史学者にいわせれば史実性は殆ど無いということである。しかし、古来の伝承が悉くウソであり或は後世のつくり話であるというのも何等実証しうることではないのであるから、今日のいわゆる歴史学的考え方も甚だかたよっているところがある。だが今その問題に深入りする余白を私は持たない。つまり「あった事実」又は「ありえた事実」かどうかを神武天皇に関する記伝として論究する余裕を持たないのである。しかし、「過去の事実」という問題を離れ、日本書紀撰進の当時の解釈として見れば、神武天皇建国の理念が記紀、特に後者に於て、そこに書き記されている通りのものとして解釈され、確信されたという事は、否定することのできない歴史的事実であるという点を、私は繰り返して強調したいのである、この事を確認するのが建国史研究の中心問題であるといってもよいのである。日本書紀によってのみ、神武天皇建国の大理想が闡明されているのであり、それは書紀の著者らが、古い伝承の中から発掘した偉大なる発見だったのであり、この先人の発掘した偉大な発見は、今日の時点に於ても、更に未来永劫を貫いても、われらの誇とするに足り、又、われら日本人が服さねばならぬ大なる軌範でもあるのだ。明治維新が神武創業の始にもとづくとされたことは、日本建国思想史上のルネッサンスと呼ぶにふさわしいものである。

尚、神武天皇の実在を疑ったり否定したりして科学がっている人々は、記紀に神武天皇の都として語られている「カシハラ」の地名が、皇紀二千六百年記念事業として橿原神宮の外苑造成の工事中、はからずも土中からたくさんのイチイガシの株根を発掘したことによって実証されたこと、又、ハインリッヒ・シュリーマンが、ギリシャ詩人ホメロスの『イリアス』・『オデッセイ』を実在した歴史と信じ、世の嘲笑を顧みずトロイを発掘しつづけたはて、ついに数千年埋没しつづけたトロイ文明を発見したことなどを、深く注意して考うべきであろう。

〈第五章〉

明治天皇の軍隊

陸海軍大演習御統監（聖徳記念絵画館所蔵）

維新により尊皇攘夷の時代を過ぎ、尊皇開国となったものの、三百年の鎖国は、日本を完全に近代国際社会から置去りにしてしまっていた。つまり非常な立ち遅れであった。その事は、嘉永六年（一八五三）ペルリの浦賀来港、文久三年（一八六三）の四国連合艦隊による下関砲撃事件、又同年の薩英戦争などを通じ、手痛い経験により優先的に統一的国防軍を建設することが火急の大事であった。明治となり新政府の下に巨歩の第一歩をふみはじめた日本は、明治元年閏四月陸軍編成の仰出から始まり、先ず一万石以上の大名に、一万石につき兵員十人（当分三人）を出さしめ、京都及び畿内の警備軍を編成し、別に石高一万石毎に兵員五十人を貢せしめて地方軍となし、又、一万石につき金三百両を上納せしめて兵員の給与に充て、兵員の年令は十七八歳以上三十五歳迄として一般に告知せられ、大国隆正派の神武必勝の武道など甚しくあやしくなってきた。そこへ、海外視察の報告もあり、日本が国際社会の一員として加った以上、何よりも応急喫緊の仕事は富国強兵を期することだとわかり、これが、日本の新国是とされた。富国は経済の事だが強兵は国防軍隊だ。

日本にはその頃統一的国防軍がなく、幕府直轄軍を始め諸侯の藩兵があったに過ぎないので、国防も頗る薄弱であった。だから、このような情勢を打破するため、明治三年太政官から徴兵規則を公布し、その後若干の改正もあったが、それらはさておき、明治五年十一月二十八日に至り始めて国民皆兵の制度が布かれ、兵農分離の長い歴史を終らせて、一挙に「神武創業ノ始ニ」還ることとなった。古い兵部省は廃止され、新に陸軍省海軍省が設けられ、軍隊は天皇これを親率したもうことになり、神武建国の古制に復したのである。詔書が渙発され、「今本邦古昔ノ制ニ基キ海外各国ノ式ヲ斟酌シ全国募兵ノ法ヲ設ケ国家保護ノ基ヲ立ント欲ス」と仰せられた。これは、成文である帝国憲法の「天皇ハ陸海軍ヲ統帥ス」（一一条）「日本国民ハ法律ノ定ムル所ニ従ヒ兵役ノ義務ヲ有ス」（二〇条）の基礎をなした憲法事実であるといってよい。この国民皆兵の詔に基いて発せられたのが同日附の太政官の「徴兵告諭」であるが、この告諭の中に有名な「血税」の文字が使ってある。八百年の長きにわたって、すべて武力の支配及び行使は武士階級の特権とされてきたものが、ここに於て完全に解除され、四民平等の権利と義務の上に立つこととなった。明治維新の特色ある一面である。廃藩置県もこれにつらなるものであるが、右の徴兵告諭の中の「四民漸ク自由ノ権ヲ得セシメント、是レ上下ヲ平均シ、人権ヲ斉一ニスルノ道ニシテ則チ兵農ヲ合一ニスル基ナリ、是ニ於テ士ハ従前ノ士ニ非ス、民ハ従前ノ民ニアラス、均シク皇国一般ノ民ニシテ国ニ報スルノ道モ固ヨリ其別ナカルヘシ」の一節の如き鋭気あふれるものあるを覚えしめられる。

かくて、着々と軍制を整備し、近代兵器の充実をはかり、いわゆる建軍の道を進んだのであるが時に波瀾なきにしもあらずであった。明治七年には佐賀の乱が、明治九年には萩の乱と秋月の乱が、そして明治十年には相当大規模な西南戦争が起った。それらは皆士族の者の叛乱であったが、結局徴兵による庶民出身の兵に破れ鎮圧されてしまった。ところが、西南戦争の論功行賞が本で、明治十一年八月二十三日夜、竹橋騒動というものが勃発した。それは皇居に近い竹橋に駐屯していた近衛砲兵第一大隊の兵二百六十名が、大隊長と週番士官を殺害し、砲をひいて兵営を出で、大蔵卿であった大隈重信邸を襲撃し、赤坂の仮皇居の門前で嘆願を行った事件である。それは間もなく鎮台兵が出動して鎮圧し、叛乱兵は悉く逮捕され、十月十五日陸軍裁判所は、兵五三名に死刑を、一一五名に流刑を、其他には軽罰を宣告し、死刑は直ちに執行せられた。これは他の鎮台にも若干の影響は与えたが大事には到らず、陸軍卿山県有朋は事件直後、「軍人訓誡」を頒布して、軍人の忠実、勇敢、服従を強調して誡告した。「軍人訓誡」は西周の起草である。その頃は、民権自由思想の盛な時であったから、国民皆兵や軍隊に対しても往々詭激な言動もなしとしなかったし、軍隊そのものがすでに徴兵制であるところから、いかなる思想の持主が入隊してくるかもわからなかった。そこで軍の首脳部は、軍の中立性を強く養い、統帥権の権威を能う限り絶対化し、兵員の服従思想を堅固にする必要を痛感するに至った。たまたま竹橋騒動あり、それに縁して軍人訓誡が出たので、百尺竿頭一歩を進めて、不動の軍人精神を樹立し、以て皇軍の基礎を磐石ならしめたいと願うに至った。かくて顕れるに至ったものが「軍人勅諭」にほかならない。

「軍人勅諭」は明治十五年一月四日に渙発され以後終戦時迄日本軍隊に於ける絶対の聖憲とされたものであるが、文章は、軍人訓誡の起草者西周が筆をとり、これに井上毅が参加し、更に福地源一郎が加り、文章を潤色し、軍部の首脳の全心全霊を傾けて成り、最後に天皇の御裁可を得たものである。爾来、軍隊精神の教育はもっぱらこの勅諭に依拠し、軍人はすべてこれを暗誦させられ、軍人精神の絶対基準がすべてここに求められた。宣命体や漢文体の在来の勅語と形式を異にした一種独特の国文体であり、珍しくも本文平仮名交り、漢字には振仮名つきであるのは徴兵による兵士の素質を大きく考慮に入れ、実効を期待したからであろう。

我国の軍隊は世々天皇の統率し給ふ所にぞある。昔神武天皇躬づから大伴物部の兵《つわもの》どもを率ゐ中国《なかつくに》のまつろはぬものどもを討ち平げ給ひ、高御座に即かせられて天下しろしめし給ひしより、二千五百有余年を経ぬ。此間世の様の移り換るに随ひて兵制の沿革も亦屢《しばしば》なりき。古は天皇躬づから軍隊を率ゐ給ふ御制《おんおきて》にて、時ありては皇后皇太子の代らせ給ふこともありつれど、大凡《おほよそ》兵権を臣下に委ね給ふことはなかりき。中世《なかつよ》に至りては、文武の制度唐国風《からくにぶり》に倣《なら》はせ給ひ、六衛府を置き左右馬寮《さうめりやう》を建て防人《さきもり》など設けられしかば、兵制は整ひたれども打続ける昇平に狃《な》れて、朝廷の政務も漸《やうやく》文弱に流れければ、兵農おのづから二に分れ、古の徴兵はいつとなく壮兵の姿に変り、遂に武士となり、兵馬の権は一向《ひたすら》に其武士どもの棟梁たる者に帰し、世の乱と共に政治の大権も亦其手に落ち凡《およそ》七百年の間武家の政治とはなりぬ。世の様の移り換りて斯《かく》なれるは人力《ひとのちから》もて挽回《ひきかへ》すべきにあらずとはいひながら、且は我国体に戻《もと》り、且は我祖宗の御制《おんおきて》に背き奉り、浅間しき次第なりき。降りて弘化嘉永の頃より徳川の幕府其政《まつりごと》衰へ剰《あまつさへ》外国の事ども起りて其侮《あなどり》をも受けぬべき勢に迫りければ、朕が皇祖仁孝天皇、皇考孝明天皇いたく宸襟を悩し給ひしこそ忝くも又惶《かしこ》けれ。然るに朕幼《いとけな》くして天津日嗣を受けし初、征夷大将軍其政権を返上し大名小名其版籍を奉還し、年を経ずして海内一統の世となり、古の制度に復しぬ。是文武の忠臣良弼《りょうひつ》ありて朕を輔翼せる功《いさ》績《お》なり。歴世祖宗の専《もはら》蒼生を憐み給ひし御遺徳なりといへども、併《しかしながら》我臣民の其心に順逆の理《ことわり》を弁《わきま》へ、大義の重きを知れるが故にこそあれ。されば此時に於て兵制を更《あらた》め我国の光を耀《かがやか》さんと思ひ、此十五年が程に陸海軍の制をば今の様《さま》に建定《たて》めぬ。夫《それ》兵馬の大権は朕が統《す》ぶる所なれば、其司《つかさ》々をこそ臣下には任《まか》すなれ、其大綱は朕親《みづから》之を攬《と》り、肯《あへ》て臣下に委ぬべきものにあらず。子々孫々に至るまで篤く斯旨《このむね》を伝へ、天子は文武の大権を掌握するの義を存して再《ふたたび》中世以降の如き失体なからんことを望むなり。朕は汝等軍人の大元帥なるぞ。されば朕は汝等を股肱《ここう》と頼み、汝等は朕を頭首と仰ぎてぞ其親《したしみ》は特に深かるべき。朕が国家を保護して上天《しょうてん》の恵に応じ、祖宗の恩に報《むく》いまゐらする事を得るも得ざるも、汝等軍人が其職を尽すと尽さざるとに由るぞかし。我国の稜威《みいつ》振はざることあらば、汝等能く朕と其憂を共にせよ。我武維揚《これあが》りて其栄を耀《かがやか》さば、朕汝等と其誉を偕《とも》にすべし。汝等皆其職を守り朕と一心《ひとつこころ》になりて力を国家の保護に尽さば、我国の蒼生は永く太平の福《さいわい》を受け、我国の威烈は大に世界の光輝ともなりぬべし。朕斯《かく》も汝等軍人に望むなれば、猶訓諭すべき事こそあれ。いでや之を左に述べむ。

一軍人は忠節を尽すを本分とすべし。凡《およそ》生を我国に稟《う》くるもの誰かは国に報ゆるの心なかるべき。況して軍人たらん者は此心の固《かた》からでは、物の用に立ち得べしとも思はれず。軍人にして報国の心堅固ならざれば、如何程技芸に熟し、学術に長ずるも猶偶人《ぐうじん》にひとしかるべし。其隊伍も整ひ、節制も正しくとも、忠節を存せざる軍隊は、事に臨みて烏合の衆に同かるべし。抑国家を保護し国権を維持《いじ》するは兵力に在れば、兵力の消長は是国運の盛衰なることを弁へ、世論に惑はず、政治に拘らず、只々一途に己が本分の忠節を守り、義は山嶽よりも重く、死は鴻《こう》毛よりも軽しと覚悟せよ。其操を破りて不覚を取り汚名を受くるなかれ。

一軍人は礼儀を正くすべし。凡軍人には上元帥より下一卒に至るまで其間に官職の階級ありて統属するのみならず、同列同級とても停年に新旧あれば、新任の者は旧任のものに服従すべきものぞ。下級のものは上官の命を承ること実は直に朕が命を承る義なりと心得よ。己が隷属する所にあらずとも上級の者は勿論、停年の己より旧きものに対しては、総べて敬礼を尽すべし。又上級の者は下級のものに向ひ聊も軽侮《けいぶ》驕傲《きょうごう》の振舞あるべからず。公務の為に威厳を主とする時は格別なれども、其外は務めて懇に取扱ひ、慈愛を専一と心掛け、上下一致して王事に勤労せよ。若《もし》軍人たるものにして礼儀を紊《みだ》り上を敬はず下を恵まずして一致の和諧を失ひたらんには、啻《ただ》に軍隊の蠹毒《とどく》たるのみかは、国家の為にもゆるし難き罪人なるべし。

一軍人は武勇を尚《とうと》ぶべし。夫《それ》武勇は我国にては古よりいとも貴べる所なれば、我国の臣民たらんもの武勇なくては叶ふまじ。況して軍人は戦《たたかい》に臨み敵に当るの職なれば、片時も武勇を忘れてよかるべきか。さはあれ武勇には大勇あり、小勇ありて同からず、血気にはやり粗暴の振舞などせんは武勇とは謂《い》ひ難し、軍人たらむものは、常に能く義理を弁へ、能く胆力を練り、思慮を殫《つく》して事を謀るべし。小敵たりとも侮らず、大敵たりとも懼《おそ》れず、己が武職を尽さむこそ誠の大勇にはあれ。されば武勇を尚ぶものは、常々人に接《まじわ》るには、温和を第一とし、諸人の愛敬を得むと心掛けよ。由《よし》なき勇を好みて、猛威を振ひたらば、果《はて》は世人《よのひと》も忌嫌ひて、豺狼《さいろう》の如く思ひなむ。心すべきことにこそ。

一軍人は信義を重んずべし。凡《およそ》信義を守ること常の道にはあれど、わきて軍人は信義なくては、一日も隊伍の中に交りてあらんこと難かるべし。信とは己が言を践《ふ》み行ひ、義とは己が分を尽すをいふなり。されば信義を尽さむと思はば、始より其事の成し得べきか、得べからざるかを、審に思考すべし。朧気《おぼろげ》なる事を仮初《かりそめ》に諾《うべな》ひて、よしなき関係を結び、後に至りて信義を立てんとすれば、進退谷《きわま》りて身の措《お》き所に苦むことあり、悔ゆとも其詮なし。始に能々事の順逆を弁へ、理非を考へ、其言は所詮践むべからずと知り、其義はとても守るべからずと悟りなば、速に止るこそよけれ。古より或は小節の信義を立てんとて大綱の順逆を誤り、或は公道の理非に踏迷ひて私情の信義を守り、あたら英雄豪傑どもが、禍に遭ひ身を滅《ほろぼ》し、屍《かばね》の上の汚名を後世まで遺せること其例尠《すくな》からぬものを、深く警めでやはあるべき。

一軍人は質素を旨とすべし。凡質素を旨とせざれば、文弱に流れ、軽薄に趨《はし》り、驕奢華美の風を好み、遂には貪汚《たんお》に陥りて志も無下に賤《いやし》くなり、節操も武勇も其甲斐なく、世人《よのひと》に爪《つま》はじきせらるる迄に至りぬべし。其身生涯の不幸なりといふも中々愚《おろか》なり。此風一たび軍人の間に起りては、彼の伝染病の如く蔓延し、士風も兵気も頓《とみ》に衰へぬべきこと明なり。朕深く之を懼《おそ》れて、曩《さき》に免《めん》黜《ちゅつ》条例を施行し、略《ほぼ》此事を誡め置きつれど、猶も其悪習の出んことを憂ひて心安からねば、故《ことさら》に又之を訓《おし》ふるぞかし。汝等軍人ゆめ此訓誡《おしえ》を等閑《なおざり》にな思ひそ。

右の五ケ条は、軍人たらんもの暫《しばし》も忽《ゆるがせ》にすべからず。さて之を行はんには一の誠こそ大切なれ。抑此五ケ条は我軍人の精神にして、一の誠心は又五ケ条の精神なり。心誠ならざれば如何なる嘉言も善行も皆うはべの装飾《かざり》にて何の用にかは立つべき。心だに誠あれば、何事も成るものぞかし。況してや此の五ケ条は、天地の公道、人倫の常経《じょうけい》なり。行ひ易く守り易し。汝等軍人能く朕が訓に遵ひて、此道を守り行ひ、国に報ゆるの務を尽さば、日本国の蒼生挙《こぞ》りて之を悦びなん。朕一人の懌《よろこび》のみならんや。

これは軍隊では単に「勅諭」、又は「軍人に賜りたる勅諭」などと呼んでいたが一般社会では「軍人勅諭」と称する者が多かった。他の勅語類とちがって、天皇おん自ら一人一人の将兵に向って、じゅんじゅんとしてお諭しになる趣があり、よく、建軍の精神を徹底的に明になされたものと思う。それに此の勅諭はまだ内閣制もできていなかった頃ではあるが、輔弼者の副署もない。その点では教育勅語と同趣で、軍の大元帥が、何等仲介者なく、直接に上は大将から下は一兵卒までに一人一人呼びかけたもう形式がとられている。大将も一兵も悉く一列一体大元帥の股肱として軍人と呼ばれている。教育勅語が上総理大臣から下は無名の民までひとしく「爾臣民」と情愛をこめてお呼びになったのと、広狭の差こそあれ君民直通という点では全く同呼吸である。今の自衛隊でも、これを直接奉戴ということになるとまたぞろわからず屋の民主主義者らが、あられもないことをわめき立て、それに拮抗して貫徹しうる真の勇者が無いだろうから、それはしばらく別として、すくなくも、曽て日本の軍隊にはこういうものがあったということ、殊に、五ケ条に就ては、是非、参考教育の資と仰ぐべきだと思う。

「軍人勅諭」は日本軍隊の公的心《しん》の御柱《みはしら》となった。軍隊の事だから、勿論、形式的には際立って厳粛な態度で勅諭を扱ったが、そういう形式も、勅諭を大切にする精神を養う上には大いに役立ったにはちがいないが、それより何より、将兵が一般に心からこの勅諭をたっとび、その大教に遵うことを心掛けたからであろうと思う。日清、日露の戦役に、日本軍の熾烈高邁な精神力、気品高き風格が国際的に高く評価されたのも、一にこの勅諭のたまものであったし、陸に海に、東郷平八郎、大山巌、児玉源太郎、乃木希典の如き風格ある名将を輩出したのもまたこの勅諭の力であったといってよい。勅諭は、近代的統一的国軍を建設指導し、そして確に、世界に冠たる日本軍隊を立派に育てあげた。これというのも結局は明治天皇が偉大なる聖皇にましましたからであるが、天皇は王朝時代武家時代と長い朝廷文弱の風を完全に克服せられ、もののみごとに大日本帝国陸海軍の大元帥として、御精励になられ、大演習には、将兵突撃の声こだまする山野に、或は怒濤荒れ狂う洋上に、統管部をお進めになって、大元帥の御任務をおはたしになられた。

曽て徳川征夷大将軍の周囲は譜代の大名と旗本によって固められていた。しかるに今や、国軍の大元帥たる天皇の幕僚は孟子の言った通り「樵夫《きこり》の者も往き獵師の者も往く」で、良材逸才ならばその出身が平民たると士族たると華族たるとを問わず、四民平等、真に一視同仁であった。何よりも皇居を護る近衛兵が象徴的で、それは全く地方の農民出身者が大多数であった。維新前には考えることさえできないところであって、徴兵制度で召された全国の青年、勿論比較的優秀な者を先発したとはいえ、いわゆる名も無く、氏素性も無い若者をして、天皇側近護衛の任に就かしめた事は、実に、明治天皇が「朕は汝等を股肱《ここう》(手足)と頼み」と仰せられたように、国民を天皇の赤子として信愛したもう大御心に基くものでなければならない。従って、国民や兵士の側からも、天皇を自分達の大元帥として仰ぎ見る情感が涌き出で、そこに君民水魚の国体が一層底礎される。皇軍という観念は、こうした日本国体の特殊性格から自然に形成されたものであって、これを封建思想だとか国軍の天皇私有化だのと解釈するのは、物の考方が浅く且つ卑しいからである。

皇軍つまり天皇の軍隊という観念は、明治天皇の建軍が、軍隊というものを私兵的存在から、完全に国家の軍隊へと止揚されたことであり、又、軍隊が何等の意味に於ても階級の兇器でなく、全民族、全国民のための存在であることを表現したものである。ただ国軍というだけでは、それが果して全民族的かどうか、真実に無私大公のものかどうかわからない。徳川時代には幕兵がすなわち国軍ではあったが、その国軍は武士階級のもので必ずしも超階級的、全民族的、全国民的とはいえなかった。又、これを現代史に見るに、ソ連や中共にはそれぞれ巨大な国軍が存在している。それらはそれぞれに国軍ではあるが、明白に労働階級の軍隊である。明治天皇の建設せられた軍隊を、いつの間にか皇軍と呼ぶようになったことは、こう考えてくると、極めて深い意義があったように思われる。しかしその皇軍が終戦時、大詔を拝して粛然承詔必謹（詔をうけては必ず謹しめ。聖徳太子十七条憲法の語）を地で行き一瞬さすがはという姿を見せただけで、終を完うしなかったことは千載の恨事であるが、それというのも、畢竟するに、「国体を忘れ勅諭に背けり」（終戦時著者が疎開地扇田で詠んだ漢詩の冒頭句）だったからである。軍人勅諭をまことに奉戴することによってのみ、まことの日本軍隊はありうるのである。勅諭は永遠に日本軍隊の燈台である。

皇軍には統帥権独立という思想があった。これは、国防の大事は区々たる国民の経済的政治的利害関係に左右されてはならぬ、従って政府部内に於ても経済や政治の利害と不可分の関係に立つ軍務以外の国務担当者に、軍統帥に干与させてはならぬという思想である。もちろんそれには一つの道理はあるようだが何事も過ぎたるは及ばずの諺通り、皇軍統帥権の独立は、行き過ぎてしまった。天皇の統帥権が不可侵であっても、その統帥権を輔弼する者たちが不可侵であるわけがない。それこそ「広ク会議ヲ興シ万機公論ニ決スベシ」でなければならないのだが、軍当事者は、統帥権輔弼を「統帥権そのもの」と混同し、軍の政治に対する優越感にひたり、その結果、次第に、いわゆる軍閥を形成し、軍人独裁の傾向を著大にした。形式に於て勅諭を絶対尊崇し、精神に於て勅諭を死《ころ》してしまったのである。昔、奈良の僧綱らと最澄伝教が法論を闘わした時、伝教は奈良の学僧を評して「法華ヲ讃《ホ》ムト雖モ還ツテ法華ノ心ヲ死《コロ》ス」といったことがあるが、大正期以後、特に昭和時代に入ってからの軍部は実に「雖讃勅諭還《げん》死勅諭心」であったといわねばならぬ。それだから軍内に××派○○派などと対立を生じ、下剋上の風を生じ、相沢事件の如きものも発生したし、「政治に拘らず」と口では勅諭を奉誦しながら二・二六事件の如き政治的叛乱も勃発したのである。「軍人は信義を重んずべし」と何百遍口誦してもそれは魂にしみ通っていなかったのだ。陸軍も海軍も兵営はある意味での牢獄で、古兵とか上官とかは下級の者に対し、日常茶飯事に凌辱虐待を事とした。「上級の者は下級のものに向ひ聊も軽侮驕傲の振舞あるべからず」の厳訓も馬の耳に念仏だった。支那事変大東亜戦に突入し、皇軍の、敢て全部とはいわぬが、すくなくも多くの部隊が戦地に於て抵抗力なき者に対し、しばしば残虐非倫の行いを為したのも、千古に輝く勅諭を奉戴しながらの事だから、何とも批評の辞に苦しむのである。勅諭には「遂には貪汚《たんお》に陥りて志も無下に賤くなり、節操も武勇も其甲斐なく世人に爪はじきせらるる迄に至りぬべし」とある、又「啻《ただ》に軍隊の蠹《と》毒たるのみかは国家の為にもゆるし難き罪人なるべし」とある。後悔臍を噛むも及ばずとはいうものの明治天皇在天の尊霊に対したてまつるとき、誠に申訳のない次第である。支那事変の実際に鑑み陸軍は「戦陣訓」を発布して全戦線の将兵に、あらためて皇軍の自負と節度を要求したがその内容の是非はともかく時既に遅し矣であった。狂瀾を既倒に廻さんとするが如きものであった。

もちろん、何百万という大兵を動かしての戦争であるし、徴兵制下の兵士は、道徳家ばかり集めるという事もできず、おまけに、彼我武器を執っての戦陣下であれば、多少の不道徳が行われることは、人間としてやむを得ないところに属するという点も十分に考慮に入れなければなるまい。おそまきながら戦陣訓を出して臨戦兵員に厳誡を垂れ、憲兵を増員して破倫の行為なからしめんとしたところに、軍人勅諭の反省があり、又皇軍の皇軍たる面目を回復しようとした皇軍最後の努力があったことは、公平に考えて認めなければならないところであろう。

〈第六章〉

明治天皇の憲法

憲法発布式（聖徳記念絵画館所蔵）

日本にヨーロッパ風の内閣制度が布かれたのは十八年であり、又ヨーロッパ風の、つまり近代的憲法が制定されたのは二十二年であるが、それは一足飛びにそうなったのではなく、王政復古の大号令、五ケ条の御誓文等を基礎に一歩一歩足許をふみ固めながら然し一刻の停滞もなく着実に進取建設がなされたのであった。しかもその進取も時には複雑な屈折を余儀なくされ、まだお若かった明治天皇の御苦労は並たいていのものではなかった。五ケ条の御誓文は極めて進取的意図に発し、我国空前の大改革を為さんとする大きな旗印であったが、建築工事が図面通りに施工されるようにはゆかないのが実際政治というものである。御誓文には強く立憲公議の思想が打ち出され、それにもとづいて革新又革新、廃刀令、断髪令、徴兵令、学制令など、八百年天下に支配階級として臨んできた武士は急速に職を、地位を、権威を皆ともに失って四民平等の近代思想の大海の中へ落ちこんで行った。これは追われる者の立場からは生活に関る一大事で安閑としていられるものではない。こんな不都合な改革をやるとは言語道断だということになる。御誓文に万機公論に決すとあるのだから、我々にも発言権を与えろという空気が強くなって有司専制を攻撃する風が強まってきた。

御誓文の公議思想は、古代的専制政治をカモフラージュしたもので真の立憲思想ではないという者もあるが、それはこの有司専制の一面だけしか見ないからであろう。若し、御誓文の公議を文字通りに制度化して、今でいう普通選挙に一足とびに飛躍したとしたら、まだ一般民衆の程度は低かったから、勝利を収めるのは圧倒的に武士階級乃至士族階級であって、忽ち鞏固な保守反動体制が固められたであろう。もしそうであったら、輝かしい明治維新の大業も、著しく趣を異にした準封建社会の永続となったにちがいない。大久保利通の如き硬骨漢があって、断乎、御誓文を奉じながらも一面適当な有司専制を維持したればこそ、却って帝国憲法を成功せしめたものというべきであろう。殊に士族の不平の勃発とも見られる西南戦争前後から、いわゆる有司専制、言葉をかえれば官僚専制が強化され、これに対する批判勢力として民権自由が抬頭してきたのである。しかし、この民権自由運動と雖も、それは近世以後諸外国（君主国）に見るが如き、王室の存在を人民幸福の一大矛盾として、これを、或は否定し、或は君権制限を行わんとしたものと根本的に異り、あくまでも皇位の尊厳不可侵を前提とし、むしろ真に聖旨を奉戴して民権確立有司専制の撲滅に向わんとしたものであって、そこに、民権自由運動がいわゆる革命でなく、やはり維新の一翼であったことを看破しなくてはならないと思う。西南戦争の如きは、その名の語るように西郷隆盛を総指揮者に戴いた武力的叛乱で、いわば歴然たる内乱であったが、萩の乱、佐賀の乱等すべてを含んで、いわゆる革命的行為ではなく、あく迄、単に政府を革新しようとしたものに過ぎない。されば隆盛以下皆一時的には賊名を附せられたが時の流れ去るに随い、いずれも汚名を除かれ却って栄典を追諡されたが、ここにも維新の維新たるゆえんがあるようだ。

こんな風に波瀾万丈を極めた維新の進行過程に於て、明治九年「国憲起草ノ詔」が渙発された事は、特筆大書されなければならない一大事であった。維新史専攻の史家、憲法史家、乃至憲法学者らは、皆一往はこの国憲起草の詔に言及するが、いずれも比重の置き方が軽きに失する。国憲起草の詔は、上記のような内部対立激化の一途にあった時、突如として、又、いわゆる民権自由運動激化に一歩先んじて、憲法案起草を命ぜられると共に日本憲法の基準を確立せられた大詔であって、日本憲法史上、明治維新史上、十二分に考察されなければならぬ大典である。

しかし、この国憲起草の詔に先き立って、明治八年四月十四日に出された「立憲政体ノ詔」を顧る必要がある。それは誠に情理を尽くされた詔であってその中には「朕今誓文ノ源ヲ広メ、大審院ヲ置キ、以テ審判ノ権ヲ鞏《カタ》クスヘシ、又地方官ヲ召集シ、以テ民情ヲ通シ、公益ヲ図リ、漸次ニ国家立憲ノ政体ヲ立テ、汝衆庶ト倶ニ其慶ニ頼ラント欲ス」というお言葉がある。そして時勢の大要を察して、「或ハ旧ニ泥《ナズ》ミ、故ニ慣《ナ》ルルコト莫《ナ》ク、又或ハ進ムニ軽ク、為スニ急ナルコト莫ク」というお警めもある。かくして、地方官会議や元老院が設けられ大いに漸進の体制が整い、この年十一月十日ロシアと千島樺太交換批准の詔が渙発され、その勅語に於て始めて「万世一系ノ帝祚ヲ践《フ》メル日本皇帝」という表現が見られた。

明治九年九月六日、元老院議長有栖川熾仁親王に対し、国憲起草の詔が下った。

朕茲ニ我建国ノ体ニ基キ、広ク海外各国ノ成法ヲ斟酌シテ、以テ国憲ヲ定メントス。汝等之カ草按ヲ起創シ以テ聞セヨ。朕将ニ之ヲ撰ハントス。

これがその全文である。僅かな短文ではあるが、これが、帝国憲法起草の土台となったもので、およそ帝国憲法、否、日本国の憲法を論ずる程のものなら、三思三省せねばならぬ最も基礎的な大文献といわねばならない。

この詔は我国の憲法を起草するについての二つの大きな基準を定められた。憲法起草を建築に譬えれば、この詔勅は、基礎を確立されたものである。然かも、基礎は二重構造だ。一番根底の基礎は「建国ノ体ニ基キ」である。「神武創業ノ始ニ原キ」とは歴史的表現であったが、「建国ノ体ニ基キ」は原理的表現であり、表裏相通一体である。急進的革新家の中には、内にわが国体国史を顧みるいとまなく、ひたすら欧米体制の模倣に急なる者があった。だがそのような進み方は、わが国家の体質を無視した単なる模倣に過ぎないものであって、国家の前途を誤る危険性絶大である。それと同時にそこには維新の名をかり、幕府を打倒して獲得したる政権を永く己が手に掌握すれば事足るとする者があり、それらの者は、不知不識の間に尊皇攘夷の再製版に陥り固陋なる神国思想にしがみつくのであった。それは何等「国体に基く」ものでもなく、「神武創業ノ始ニ原ク」ものでもなく、徒らに独尊孤立のこれ又大なる国害であった。すでに「建国ノ体ニ基ク」の根底一たび確立すれば、あとは、これにもとづいての大なる進取が要求されるだけである。詔は、あざやかにも「広ク海外各国ノ成法ヲ斟酌シ」と明示せられた。それは鎖国主義、固陋主義を排して限りなき向上発展と、極めて謙虚な国際主義的傾向を指したものである。孤高他を顧みずというが如き気宇狭少の独尊主義を許さない維新大精神の一片である。

「我建国ノ体」にもとづかなければ、憲法の主体性は壊滅する。マッカーサー憲法の如きものである。故に、憲法はその主体性、自主性を確保すべく、絶対に我が建国の体にもとづかなければならぬ。しかし主体性、自主性がいかに確立されても、それが無反省独尊、無批判排他であっては、これ又維新の精神に副うゆえんではない。御誓文に「旧来ノ陋習ヲ破リ天地ノ公道ニ基クヘシ」、「智識ヲ世界ニ求メ大ニ皇基ヲ振起スヘシ」との仰せを顧みれば「広ク海外各国ノ成法ヲ斟酌」する事は、同時に「皇基ヲ振起」するゆえんであり、従ってそれは独善を慎しむことにより固有の国体を強化するゆえんのものであるのだ。

帝国憲法そのものは、主としてこの大詔を根基として成立したものであり、現代から客観的に見て、果して輔弼《ほひつ》の責を完了しえたかどうかは別として、すくなくも当時輔弼の任に当った人々としては全心全霊を傾け、聖旨に副い奉らんとしたものであったことは疑をいれる余地がない。つまり維新当時の日本の叡智の最善を尽したものであることは寸毫の疑も無いところであって、歴史の客観性に於ていえば、日本人にはまだそれ以上のものをつくる能力が無かった、そして、日本の歴史的発展段階は、それ以上のものをつくり出す時代に属していなかったということである。

私は、ここで帝国憲法制定の経過や歴史をくわしく述べようとする者ではない。それはむしろ別箇の専門的仕事だからである。けれども話の順序上、読者の便利を慮って、ごくかいつまんで一往の経過だけは記しておいた方がよいように思う。

勅命を拝して、元老院はやがて憲法案の起草を開始した。元老院議官の中から、柳原前光、福羽美静、中島信行、細川潤次郎等が憲法取調委員に任命され、それらを以て憲法取調所を設け、鋭意調査起草の事に従った。そして十二年に至り、漸く成稿することはしたのであるが、余りに直訳的であった為め議長から修正を命ぜられた。然しその再治したものですら、猶ほ天皇に捧呈するにはまだあまりにお粗末であり、殊に、岩倉具視の言によると「我カ国体ト相符ハザル所アルヲ以テ未タ進奏スルニ至ラス」という風であった。そこで更にこれを訂正修治して十三年十二月に漸く上呈の運びに立ち到り、議長大木喬任はその上書の中で「庶幾《コイネガワク》ハ聖旨ノ所謂建国ノ体ニ基キ海外各国ノ成法ヲ斟酌スル者ニ於テ大ニ戻ラサランコトヲ」と自信の程をほのめかした。ところが、それですら伊藤博文は岩倉あての書簡の中で「各国の憲法を取集焼直し候迄にて我国体人情等には聊も注意致せしものとは察せられず」と酷評し去ったような出来栄えのものであった。

その頃、民間から盛に憲法案の発表が行われた。これを私擬憲法というのであるが、大別してフランス流、プロシャ流、イギリス流とわけうるであろうが、例えば、フランス流の土佐立志社の「日本憲法見込案」の如き、「皇帝ハ叛逆ノ外ソノ位ヲ失フコトナシ」などという条文を含んでおり、全く直訳の甚しいものであった。しかし、私擬憲法が続々と現れるということは、政府に対し何より大きな叱咤となり愚図愚図してはいられないという緊迫感を与えるに十分であった。国憲起草の詔は、これを受けて起った第一期の元老院案としては全く失敗に終ってしまったが、これより、岩倉を中心とする第二期、次で岩倉歿後伊藤博文を中心とする第三期に進むのであるが、この頃民間には逐次国会即時開設の論が、自由民権思想と相まって高まってきた。それは、官僚の尊大主義、或は権力絶対主義を以てしても到底放置できない事態となったことを、政府もついに天皇に奏上せざるをえなくなった。かくて政府の奏請にもとづいて下されたのが有名な「国会開設ノ勅」であって、明治十四年十月十二日の渙発である。天皇は、この勅語の中で明治二十三年を期し国会を開くとの宣言をなされた。いわば公約である。これによって、荒れ気味であった政界の波も鎮まり、これより、挙国、憲法制定に神経を集注するに至るのであるが、国憲というのが、その頃上下に好んで用いられた表現であった。

上に記した通り、政府の憲法起草準備は、西南戦争以前から開始され、第一期は元老院中心の時代であった。しかしながら、これはまだ十分な成果をあげるに至らず、折角できた案も、重大な理由の下に、天皇に進奏するに及ばず日の目を見ずして流産してしまった。

岩倉具視は憲法起草史第二期の中心人物である。彼は中納言堀川康親の第二子で岩倉具慶の養嗣子となったが、憲法起草には大功のあった人だ。プロシャ憲法を範とする方針を確立し、伊藤博文を厚く信頼して欧洲に派遣する策を立てたが、不幸、伊藤の帰朝を待たず五十八歳で早世した。伊藤は岩倉無き後、自ら憲法起草の立役者となったが、欧洲から帰国したのは十六年八月であった。

憲法制定への巨歩を進めるに随い、西欧的形式の内閣制の設立の必要が痛感されるに至った。しかしこの内閣制についても大隈重信の如きは熱心に政党内閣を主張したけれど、藩閥勢力はそれをむしろ危険と考え、絶対主義的傾向の内閣を欲した。かくて十四年の政変で大隈は下野し、やがて議会の誕生は必然ではあるが、藩閥官僚の支配し易いように仕組まれて行き、明治十八年十二月、太政官を廃し、内閣が誕生し、伊藤は初代の内閣総理大臣を拝命した。そこで、憲法の方は伊藤が統裁し、その下に憲法及び皇室典範には井上毅、議院法には伊東巳代治、選挙法及び貴族院令には金子堅太郎をそれぞれ主任に命じ、これにミュンヘンの人ヘルマン・ロエスレル、ポーゼンの人アルバート・モッセその他の外国人を雇員として登用、研究討議紆余曲折はあったがロエスレル案、甲案試草、乙案試草などを経て最終決定案を得、二十一年四月、表と共に天皇のお手許に捧呈した。国憲起草の詔が下ってから足掛けまさに十二年目の事であった。

そして二十一年五月から翌年一月末迄八ケ月の長きにわたり、天皇親臨の下慎重審議が行われたが、此の間に於ける明治天皇の御精励と御謹厳とは周く知られている通り尋常一様のものではなかった。当時の内閣総理大臣は黒田清隆、伊藤博文は枢密院議長の職にあった。第一に議せられたのは皇室典範で、五月八日から六月十五日迄七回に亘って開かれた。第二は憲法で、六月十八日から七月十三日まで、十回の会議を重ねたが、天皇は一回も御欠席なく、定刻には寸秒のちがいもなく玉座におつきになり、玉座は肘掛椅子であるにも拘らず終始唯の一回も肘をおつきになったことがない。夏の事で、焼けつくような西日が真正面から玉座に射しこんできても暑いともおっしゃらない。殊に、二十一年一月十二日、衆議院議員選挙法の審議中一人の侍従が入ってきて伊藤議長に何事かを耳打ちし、伊藤立って低声に陛下に奏聞したが、天皇は御顔色も変らず議事をお進めになった。会議が終了して入御の後、博文が一同に報告した事により、事情がはじめて明かになったが、それによると、皇子昭宮親王殿下が薨去なされたので博文は会議中止の上入御をお願いしたところ此一条の審議を終ってから入御なさるという御意志であったということであった。一同は恐懼もしたが感激もその極に達した。偉大といってしまえばそれだけだが、国家至高の地位にいます天皇おん自ら率先して公の事のためには私事を後にすべきことを御垂範なされた御心の深さには、誰一人として心から感激を覚えぬ者は無かった。

古代でも中世でも近世でも将た又現代でも将来でも、およそ国家と名のつくものは、すべて法のかたまりだと思えば間違いはない。その法は、自然の法則とちがって、法にもとづく強制力を伴うものであって、それを権力という。権力とは法の力ということであって、ただの暴力や制圧力とは性質を異にするのはいう迄もない。国家は、各種の集団や個人を統一し、一定のルールの上に立って円満平和な生活運営を期するためにうまれてきたものであるから、それは、人間理性の所産だといってよい。だから国家は法のかたまりだといったのだが、法にもいろいろあり、局部的なものもあれば全体的なものもあり、大きなものもあれば小さなものもある。ある時期だけのものもあれば、長い時間を一貫しているものもあり、又根本的なもの、枝末的なものという風に、いろいろな角度から眺めることができる。このように、国家の法の中にもいろいろなものがあるのだが、国法の中の根本である法、短くいえば国の根本法を、古来「憲法」と称している。しかし、この憲法にも、文字で書き示した成文法もあり、又文字となっていない法、即ち不文法もあり、更に不文法の中にも器物によって法を示した器物憲法もあれば、風俗習慣が法と考えられている慣習法といわれるものもある。

こういう風に見てくると、日本の憲法はどういうことになるだろうか。日本には太古文字がなかった。ではその時代にはどんな憲法があったか。否、果して憲法はあったろうか。日本には文字による記録歴史の起る前に、神話、伝承というものがあった。これは八世紀の初頭に編纂された古事記、日本書紀によって、文字として残され、又、ついで、古語拾遺だの旧事記だの各地の風土記などによって、記録歴史以前の貴重な文化財が伝えられた。これらの資料、及び皇室古来の伝統的行事を通して見ると、日本の最古の憲法は今日なお厳然として存在する三種神器(鏡玉劔)であるといわなければならぬ。それは皇祖天照大神がお授けになったもので、天照大神の精神を象徴したものとして語られており、しかも、歴代これを絶対神聖として伝持され、一日も之を欠く事のできぬものとされ以て昭和の今日におよんでいるのである。これは世界に全く類例のないところで、日本歴史最大の誇りである。神器に次で、天照大神の神勅、神武天皇建国三大綱の如きものが、神話及び史話の中に伝えられていることは、いずれも、記録歴史より遥かに古い時代から日本には国の根本法すなわち憲法があったという事実を物語るものである。これらは皆、不文憲法である。文字を以て、これが国の根本法だと示された最古のものは、推古憲法でこれは聖徳太子の憲法、十七条憲法などともいわれる。第三十三代推古天皇の御宇十二年、西紀六〇四年のことであって、書紀に先き立つこと百二十二年、これを我国成文憲法の最初とするが、「和ヲ以テ貴シト為ス」（第一条）、「大事ハ独リ断ズ可カラズ、必ズ衆ト論ズベシ」（第一七条）など特に有名であるが、その精神は今日の時代にも生きている。これら古代の不文憲法や成文憲法で今日に生きているものは決してすくなくないのであり、これを貫史憲法という。推古憲法以後では奈良初期の大宝律令、鎌倉時代の貞永式目、徳川時代の禁中並公家諸法度なども皆当時の成文憲法であった。

ところが、これらの憲法は、多く国家の権力や国民の義務を規定したものであって、未だ国民の私権や公権に対し十分な保障をしたものではなかった。それは日本だけではなく世界のどの国にも共通した特色である。ヨーロッパでは、このような憲法の性格から、王権、従って国家の権力が無制限となり、各国の国王はつねにその権力を濫用し、国民はいつも生命財産の不安におののきつづけた。そこへもってきて、ルネッサンスの運動が起り人間の自覚ということが次第に強調され始めた。王室の暴逆なる悪政と、この人間の自覚とはついに対決の歴史的時を迎え、フランス革命が勃発した。自由、平等、博愛の三大標語を掲げたフランス革命は、世界の国々に波及し、ついに、無限君権主義は破れ、近代的憲法の成立を見るに至った。国民の公権、私権が明記され、国家の権力といえども無暗に国民の権利を侵害することは許されず、万一、誤って国が国民の権利を侵害した時は、国民は堂々と国に対して救済の責に任ずることを要求しうるというのが近代憲法である。

八百年の長い封建政治、又八百年の長い武家政治、つまり、天皇が国家権力の座から離れておられた。八百年という長大な歴史が突如天皇親政の維新となり、いわゆる王政復古とはなったが、ひとたび鎖国を撤して門戸を万国に開放してみれば、そこには思いもよらなかった伏兵があったわけだ。ただ、進歩した兵器が入ってくるとか、便利な生活用品が後から後から輸入されてくるとか、発達した航海術、医学薬品がとり入れられるとかだけで、あとは依然として、八百年武家専断の政治を天皇に移し代えて行われるというわけにはゆかなかった。自由民権の叫び、立憲公議の要求も亦、先行のいかなる時代にも、日本に於ては未だ曽て見なかったものであった。この重大なる時勢に対処せられた天皇は、五ケ条御誓文に於て「我国未曽有ノ変革ヲ為サン」とも「天地神明ニ誓ヒ」とも仰せられたが、以上に述べたような近代憲法を制定することは、まさに、その未曽有の変革の中心をなす大業でなければならぬ。しかも天皇は、徒らに欧米各国のいわゆる進歩に眩惑せられる事なく、よく、わが貫史憲法の厳として存する事に思い及ぼされ、既に述べた通り、二大基準を親定されて国憲起草を命じたまい、輔弼の臣僚又最善を尽して、ついに、堂々たる帝国憲法と皇室典範を制定せられ、明治二十二年二月十一日、厳粛盛大なる憲法発布の大典を挙行せられた。

ここでちょっと注意しておきたいのは、明治に於ける憲法と典範との関係である。今日の日本国憲法と皇室典範との間には上下の関係がある。日本国憲法はその憲法自らがいう如く「国の最高法規」

（九八条）であり、皇室典範は単なる一法律に過ぎない。しかし、明治の憲法と典範とには両者の間に何等の上下、先後の関係がなく、法としての成立は全く同日同時刻であるから、授権する、授権されるという法上の関係がない。それは共に日本の根本法たる憲法であり、一は「大日本帝国憲法」という名の憲法であり、一は「皇室典範」という名の憲法である。この法理に暗い者は「大日本帝国憲法」だけが憲法であって「皇室典範」は憲法ではないと考え勝ちだが、それは根本的に誤りである。

　憲法発布の日が二月十一日であることは、十分に注意しなければならないところである。二月十一日は、いう迄もなく、もとの紀元節今の建国記念の日であって、これは、日本書紀の記す神武天皇即位の日を太陽暦に換算したものである。明治天皇が特に神武天皇御即位の日を簡《えら》んで典範憲法を発布なされた事は「神武創業ノ始ニ原キ」ての御精神であるのは多言を要しないところであるが、誠に意義深い限りといわねばならぬ。

　典範発布の大典は、二月十一日、その日は夜来の雨変じて雪となり、千代田の皇城をはじめ満都一色の銀世界となった。人々は憲法発布の瑞雪で目出度い限りだと考えた。

　当日は御束帯に立纓《りつえい》の冠を召され、午前九時賢所《かしこどころ》（温明殿ともいい、天照大神の御霊代《みたましろ》である神鏡が奉安してある、内侍所ともいう。）に御参拝、恭しく「告文《こうもん》」をお読みになった。つまり、憲法典範が制定されこれを今日発布するについて、先ず、皇祖皇宗の神霊にお告げになったのである。ここに日本の古道が存し国体の尊厳が存するのである。ヨーロッパ君主国などの到底模倣しえない我国独自の古風である。ヨーロッパは勿論、今日アフリカでも東南アジアでも乃至その他のいずこでも、いやしくも、近代憲法を制定公布する程の国ならば、たとえその国が君主国であったとしても、それは必ず第一に国民に告げなければならぬ。国民を後廻しにして王室の先祖につげるなどということはおそらく考えられないところであろう。

日本では、国の大事は、第一にこれを皇祖皇宗の神霊に報告するという慣習が一種の不文憲法として成立しておった。これを敢て破棄したのは、国体に反し祖法を無視したアメリカの占領憲法たる日本国憲法である。だが明治の憲法は、完全な自主独立的制定であるから、堂々と皇祖皇宗の神霊に第一に奉告された。この告文に於て天皇は仰せられる。

皇朕《スメラワ》レ天壌無窮ノ宏謨《コウボ》ニ循ヒ、惟神ノ宝祖ヲ承継シ、旧図《ト》ヲ保持シテ敢テ失墜スルコト無シ。顧ミルニ世局ノ進運ニ膺《アタ》リ人文ノ発達ニ随ヒ、宜ク皇祖皇宗ノ遺訓ヲ明徴ニシ、典範ヲ成立シ、条草ヲ照示シ、内ハ以テ子孫ノ率由スル所ト為シ、外ハ以テ臣民翼賛ノ道ヲ広メ、永遠ニ遵行セシメ、益国家ノ丕《ヒ》基ヲ鞏固ニシ、八洲民生ノ慶福ヲ増進スヘシ。茲ニ皇室典範及憲法ヲ制定ス。

我国固有の貫史憲法の厳存と、ならびに、時代の変遷に伴う必要が明白に指摘されており憲法制定の原拠と時代的背景が浮掘りにされている。しかも、告文は更にこれを念釈して「惟フニ此レ皆皇祖皇宗ノ後裔ニ貽《ノコ》シタマヘル統治ノ洪範ヲ紹述スルニ外ナラス」と、もののみごとに憲法の継続性を強調されておる。五ケ条御誓文のいわゆる『我国未曾有ノ変革』はあくまで変革であって、断じて「革命」でないこと、しかして「朕カ躬《ミ》ニ逮《オヨ》ヒテ時ト倶ニ挙行スル」——「維新」たることが最も厳粛明白に宣言せられている。

次いで天皇には皇霊殿、神殿御拝があって一旦入御、大元帥服に御召替の上、午前十時、正殿に出御、舎人、式部官、侍従長その後に従い、皇后又皇族妃を従えて御着、天皇には玉座に御着座あり、内大臣三条実美が恭しく憲法発布の勅語を捧呈、天皇には玉音朗々と百官最敬礼中に勅語を国民に賜った。

朕国家ノ隆昌ト臣民ノ慶福トヲ以テ中心ノ欣栄トシ朕カ祖宗ニ承クルノ大権ニ依リ現在及将来ノ臣民ニ対シ此ノ不磨ノ大典ヲ宣布ス

というのがその最初の御文章である。

「不磨」というのは、すりへって無くなることのない事であり、従って永久に存在する意味である。だが、昭和二十一年十一月を以て、この「不磨の大典」は僅か五十八年の短命を以て終りを告げた。しかも、改正という美名にかくれて事実上は破棄ともいうべき終り方であった。マッカーサーの意図は破棄であり、日本の政府はその命これ重しとして、輔弼の道に於て聊か狂いがあったように思うが、それでも、事実においては、帝国憲法を全面的に破棄することはできず、帝国憲法の根幹的部分は、形を変えて、新憲法の中に温存されているといわなければならない。これについては、やがて公刊する筈の拙著『天皇法の研究』の中で学問的に立証するつもりである。帝国憲法及び皇室典範には右の告文、勅語のほか上諭という勅文がついており、この三つを三誥《こう》と呼ぶが、これらは単なる説明文ではなく、憲法の一部であり、法であることに注意すべきである。かくて、「大日本帝国憲法」という名の憲法は七章七十六箇条「皇室典範」という名の憲法は十二章六十二箇条の条文を具備して発布せられた。憲法は枢密院議長伊藤博文が之を捧呈し、天皇には之を親しく内閣総理大臣黒田清隆に授けたまい、伶人が雅楽君が代を奏し、議員最敬礼の中に皇后と共に入御あらせられた。次なるは明治四十三年に「折にふれて」と題して憲法制定を回顧なされてお詠みになった御製である。

さだめたる国のおきてはいにしへの聖のきみのみ聲なりけり

「天の声」という言葉があるが、憲法は明治天皇にとって「聖の君の御声」すなわち皇祖皇宗の御声にほかならないのであった。そしてその皇祖皇宗の御声はやがて億兆国民の声でもあるわけだ。かくて式典終ってその午后明治天皇には供奉員《ぐぶ》を従えて宮城を御出門、青山に行幸あり、近衛、第一両師団の観兵式にお臨みになったが、その行幸に際し東京市内の小学生が、はじめて『紀元節の歌』を合唱した。『紀元節の歌』は、高崎正風が作詞し、伊沢修二が作曲したもので、四段から成っている。

雲に聳ゆる高千穂の　高根おろしに草も木も
なびきふしけん大御代を　あふぐけふこそたのしけれ
海原なせる埴安《はに》の　いけのおもより猶ひろき
めぐみの波に浴《あみ》し世を　あふぐけふこそたのしけれ

あまつひつぎの高みくら　千代よろづよに動きなき
もとゐ定めしそのかみを　あふぐけふこそたのしけれ
空にかがやく日のもとの　よろづの国にたぐひなき
国のみはしらたてし世を　あふぐけふこそたのしけれ

これより年々歳々二月十一日には、全国の小学生は教師と共に、奉祝の式典場で、声を限りにこの歌をうたったもので、著者などもその例外ではなかった。おごそかでもあり、のどかでもあり、心温まる思出はつきない。

前にも記したように、帝国憲法は、当時の日本の最高叡智を傾けて作ったものであり、一方には、憲法を制定する事は国体を危険に陥れるものだとの主張があり、一方では又ヨーロッパ直訳の憲法思想が流布するあり、又他方独逸皇帝の如き、日本を立憲化することはよろしくないとの忠言さえあり、保守と進歩と、国体と政体と相対立してこんとんたるものさえあった中で、とにもかくにも一大異色ある憲法ができあがったのは、むしろ不思議の感さえするのであって、結局は明治天皇の聖徳、国体の稜威のしからしめたところと表現するのほかない。事実に於ては、敗戦占領の結果としてこの憲法は廃棄せられはしたが、内容的に見ると、やはり不磨の大典というのほかない。不磨は決して不変ということではない、変るべきところがいくら変っても、本質的なものは変らないということだ。帝国憲法は決して憲法を全面的に固定化しようとしたものでないことは、上諭と第七十三条に改正の規定を設けていることによっても明かである。

一知半解の徒は、帝国憲法を以て封建的、前近代的、非民主的などと罵る者が多いが思わざるの甚しきものである。いかなる憲法であろうと、歴史進行の一時点に於て作成される以上、その作成時の社会状態、乃至その近き将来の展望に制約されないものはありえない。革命は完全なる過去の否定と破壊の上に立脚するが、革命家は革命の結果の成功不成功については何等の責任をとらない。失敗すれば消されて無くなるだけである。ソ連や中共の革命に、それぞれ一千五百万人とか二千万人とかいわれる程の多数の非革命的人民が虐殺されても、それらの国の革命政治家は、それに対して何の良心の呵責も感ぜず又何人によってもその罪を問われない。事程左様に無責任である。しかるに、革命なき維新の国日本に於ては、過去の否定すべきものと温存助長すべきものとを見わけ、否定すべきものは否定するが温存すべき美点はこれを助長育成する純正なる弁証法的無限発展を主義とするから、それは過去に対しても将来に対しても、極めて良心に充ちた責任主義となる。認むべき過去を認めるから将来への旺盛な責任感もうまれ出るのである。智能の足りない、そして責任を取る道を知らない単純な急進主義を警める王道哲学もそこに指導的意味があるのである。

日本の社会がまだ鞏固な封建的殻の中に閉じこもっており、その解消には、すくなくも数十年の時間がかかるだろうとの長期展望がなされれば、封建主義的なものを一挙にして撲滅し去ろうとすることは却って破国的矛盾となるわけである。帝国憲法には、そうした配慮が意識的及び無意識的に働いている。従って、そこには尚、封建的残滓が見られるのは自然の理であって、そういう風にこの憲法をあらしめたことは、いうならば日本民族の生命弁証法的はたらきであった。悪質な寄生虫を駆除する場合、病人の体質や健康状態に頓着せずいきなり強烈な薬を大量に与えれば寄生虫がまいると共に病人その者の生命も保障されない。同じ道理である。

しかし、憲法は、その内部に、ある程度制定当時の必要として若干将来の矛盾となるような要素をとりいれていたとするも、解釈の正純な発達と運用の妙によって、その矛盾は十分に防止しうるし、時機円熟すれば、憲法の定めた要件に従って改正を断行することも出来るのである。いかに進歩的憲法であるとしても、日本国憲法の下に於て、国会も混乱し、教育も四分五裂し、外交すら不一致を極めている事をよく冷静に考えれば、思いなかばに過ぎるものがあるであろう。

又、帝国憲法は非民主的だ、反近代的だなどとぬけぬけという者があるが、それは帝国憲法の恩恵を忘れた亡恩思想だ。帝国憲法は立派に近代的性格を有するもので、言論の自由その他多くの自由を国民の権利として確認している。このようなことはフランス革命を経なければ生まれてはこないものだ。すると、しかし、それは『法律ノ定ムル所ニ依リ』という制限つきではないかと反論する者があるだろうが、日本国憲法のような無制限自由は、自主独立の憲法には絶えてないところで、これこそ日本永遠弱小化の当の曲者《くせもの》だという事に気づかねばならぬところだ。法律によって定めるか、憲法自身が規定するかはとにかくとして、自由権には必ずどれだけかの制限を附けるのが通常なのであって、日本国憲法の方が異常なのである。

帝国憲法は大綱主義といって憲法自身に於ては極く大綱だけを定め、細部は一切法律に委任する建前であった。その事は、憲法を不磨のものたらしめる必要から来ているのであるが、これによって、頗る柔軟性に富んだ憲法であった。だから時代が変遷しても、解釈や運用さえ憲法精神に副うて発展的であれば時勢に適応した新しい法律を制定し、国民の要望に応えられた筈なのである。だが、解釈や運営そのよろしきを得なかった為めに、もう一つ極言すれば憲法精神を恒に不断に発展的に把握しなかったばかりに、いろいろ遺憾な傾向を生み出すに至った。

一二の実例で私のいおうとするところを明かにしよう。帝国憲法はその第二十八条に「日本臣民ハ安寧秩序ヲ妨ケス及臣民タル義務ニ背カサル限ニ於テ信教ノ自由ヲ有ス」と定めていた。それは今これを読み返してみてもいかにも尤もなことで、安寧秩序を妨げたり、臣民たる憲法上の義務に反したりする信教の自由を、国憲が認める道理はない。この二つの制限要件は、もちろん実定法にもとづき、事実的には客観的根拠にもとづかなければならないものである。ところが、満洲事変以後急激なファシズムの時流に乗った極端な右翼思想が独尊排他の神国思想と合流し、何等実定法にもとづかず、客観的事実根拠にもとづかずに独断的主観的に「不敬」「反国体」というが如き幻の犯罪を意識し始め、仏教や基督教などに得手勝手な汚名を冠らせ、政府官憲までこれに踊らされて、中世的闇黒史に顚落した。それは、憲法解釈、憲法運用の誤り、従って政治や思想の誤りであって、何等帝国憲法の罪ではない。ところが戦後の今日になってみると、堂々たる憲法学者でさえ、それが恰も帝国憲法の封建性の結果であるといい出すのである。

又もう一例を示そう。帝国憲法第十一条には、「天皇ハ陸海軍ヲ統帥ス」という規定がある。これは、単に天皇が陸海軍を統帥することを定めたもので、それ以上でもそれ以下でもない。この第十一条から、統帥を輔弼する者は現役の陸海軍将校でなければならぬとか、統帥事項に国務大臣は輔弼してはならぬとかいう意味を引き出すことは不可能である。帝国憲法第四条に「統治権ヲ総攬シ」とあるが統帥権は、統治権総攬に包摂されるものであって、統治権総攬の外にこれと対立する統帥があるわけのものではない。又第五十五条に「国務各大臣ハ天皇ヲ輔弼シ其ノ責ニ任ス」とある。そして国務に関する詔勅にはすべて国務大臣輔弼の責任を明かにする意味に於て国務大臣の副署を要すると定めてある。国務と統帥とは前者が包括的で後者が分析的であることは明かだから、統帥は国務の中の一部門であって、国務と統帥とが対立しているわけではない。憲法の明文はかく判然としている。しかし、その解釈と運営を誤ったため統帥権独立という思想を生じ、ついに統帥権は一般国務外に存するかの如くに解され運用され、国務大臣は天皇の統帥権を輔弼できず、これを為しうる者は陸軍の参謀総長と海軍の軍令部総長のみという一種の慣習憲法の如きものをつくりあげてしまった。それは帝国憲法そのものの誤りではなく、解釈と運用の誤りであった事明々白々である。だが戦後には、あたかも憲法そのものが軍国主義であったかの如くいう者が多くなった。

戦後の言論自由の波に乗り、多くの憲法学者や政治評論家など、得たり賢しとばかり矛をさかさまにして、帝国憲法は大権絶対主義であった、神権主義であった、絶対主義的天皇制であったなどと口を極めて帝国憲法の非民主性を罵り立てているが、卒直にいって、笑止千万である。それは、実は、帝国憲法時代の憲法学者、政治家、政治評論家、新聞記者らの誤れる憲法解釈と誤れる憲法運用と、その誤れる解釈や運用をあたかも憲法そのものの規定であるかの如く再誤解した者たちのたわごとに過ぎないのである。

第一に、帝国憲法は神権主義だというのは「皇祖皇宗ノ神霊」などという『神』をばその神の実体を研究せずに、これを基督教の神と同じだと考えてしまった粗忽極まる誤解であって、全く滑稽というのほかない。神権主義なるものは西洋中世の国王とローマ法王との対立摩擦からうまれてきたものであって、日本の「皇祖神」などとは全然関係のないもので、絶対に類型を異にするものである。日本にはそんな神権主義などあとかたもないのであって、従って、帝国憲法にも、かかる神権主義は絶対にない。あるのは、唯、人間神である皇祖神のみで、皇祖天照大神が国を授けたということの科学的、客観的意味は、日本民族が天皇を決定し奉戴したということにほかならない。だから神曰くとは民族曰くということ、或は国民曰くということなのである。

第二に、絶対主義的天皇制というものも帝国憲法には影も形もない。それは赤い幻にすぎない。「此ノ憲法ノ条規ニ依リ」、「国務各大臣ハ天皇ヲ輔弼シ其ノ責ニ任ス」、「朕カ現在及将来ノ臣民ニ卒先シ此ノ憲章ヲ履行シテ愆《アヤマ》ラサランコトヲ誓フ」など、いずれも皆絶対主義でないことの証拠でないものはない。絶対なら憲法の条規に依る必要はない、国務大臣の輔弼などという小うるさいものも必要はない、まして臣民に率先して履行する事を誓うというような自己束縛などするわけがない。いったいどうしてこんな間違いが十重二十重に日本を取り巻いたのかというと、私にいわせれば第一に解釈即ち学問の誤りに基因している。くわしい事は私の多くの別著に譲り、要を以て之をいわば次の如きものである。

帝国憲法には、第一条と第四条とに、次のようなちょっとまぎらわしい文章がある。

第一条　大日本帝国ハ万世一系ノ天皇之ヲ統治ス

第四条　天皇ハ国ノ元首ニシテ統治権ヲ総攬シ此ノ憲法ノ条規ニ依リ之ヲ行フ

ところで、明治大正時代のみならず現代でも五十歩百歩だが、わが憲法学者の学問の仕方、従って憲法の解釈は、欧米の学問、解釈を基準とする風であった。だから洋書と首っ引きで外国学者の解釈を学び、その解釈にもとづいて日本の憲法を解釈するというのが通常の行方だったのである。ところが、帝国憲法の第一条は、伊藤博文自ら解説している通り、非常に固有重大な事態であるから、各国憲法は参照せず、唯、日本書紀の天壌無窮の神勅にもとづいたものだし、第四条は、これ又、伊藤博文が明記した通り、バイエルン憲法その他各国の憲法条文を参考斟酌して書いたものである。しかるに日本の憲法学者はその事を忘れ、又は深く注意せずに、欧米憲法学の知識でこの第一条及び第四条を解釈しようとした。ところが、第四条の方は、外国憲法に類似の条文がいくつもあり、殊に独逸のバイエルンやザクセンの憲法には、この第四条と殆んど同文の条文がある。けれどもわが第一条に相当する条文は、世界中どこにもない全く独自のものである。だが、その独自の条文に独自の決意があるということに思い到らず日本の学者は皆ドイツ流、フランス流などの学問思想でこれを解釈しようとした。そこに一切の禍源がひそんでいたのである。そして日本の学者は、とうとう、第一条と第四条とは、大体同じことであるが、重大なことなので重複の煩をいとわずに掲げ、第四条に於て第一条を更に敷演《ふえん》（詳しく述べる）したのであると考えてしまった。まことに分析力貧困というのほかない。そうすると、第一条の「統治ス」をくわしくしたものが第四条の「統治権ヲ総攬シ」ということになり、本質的には第一条も第四条も同じだとの判断となる。これが、まちがいの本であった。

第一条と第四条とは異る。第一条は「我建国ノ体ニ基キ」たるものであるが、第四条は「広ク海外各国ノ成法ヲ斟酌シテ」制定されたもので、両条はその根源を異にする。第一条は天皇の「統治実」を明かにしたものであり第四条は天皇の「統治権」を規定したものだ、両条には勿論密接な関係があるが、一往厳密な区別をしなければならぬ、これが私の学説の要点で、昭和五六年頃からこれをいいはじめ、昭和十三年に一往学説を大成して学界の批判を求めた。

統治権の「権」という字は、カリ、イキオイ、チカラ、方便、手段、臨機応変の処置というような意味であって、それ自体変遷性、移動性、伸縮性のものであるから、それを固定化したり絶対化したりすることは誤りである。すべての権力を超えた精神的社会的統合が天皇の統治実なのであるが、学者はそこまで掘り下げず、徒らに現実的権力の面に於てのみ天皇を眺め、おまけに政治家らは、天皇大権を絶対化した。憲法は少しも天皇を基督教風の神格化をしていないのに、憲法学者や政治家や軍人などが、しきりに、大権絶対、つまり天皇神格化をしたがったのである。しかし、大権絶対ということは、之を分解して見れば、輔弼者や官僚の絶対化ということにほかならないのである。天皇大権絶対の美名にかくれた大臣官僚軍人乃至その取巻連中の絶対化をまねいたのである。これが、昭和時代に入って、ついに積弊の極まるところ、亡国一歩前迄国を顚落せしめた一大原因であって、正しい学問がいかに必要であるかを痛い程に実物で教訓されたものといってよかろう。

天皇の本質は権力には存しないで、むしろ権力を超えて民族国民の精神的拠り所となり以て民族国家を窮極的に統合し、安泰ならしめ、無窮なる民族生命発展の中心となられることに存する。これが天皇の本質であるのみならず天職である。そのことを、憲法第一条は遠く神勅以来不断の民族国家の根本大法として「大日本帝国ハ万世一系ノ天皇之ヲ統治ス」と表現したのである。だからこれは統治実であって統治権ではなく、天皇がかかる統治実の主体として、従って国家国民の主師親として、日本国を御一身に体現せられる体法が国体である。この国体を根基として帝国憲法は、「世界各国ノ成法ヲ斟酌シ」、「世界ノ進運ニ膺リ人文ノ発達ニ遵ヒ」「時ト共ニ挙行」すべく、天皇が国家元首として此の憲法の規定により、君民闘争の結果人民によって大権を制限されるのでなく、むしろ国体の本義から発して大権を自働的に権限化し以て統治権即ち国家権力を総攬（統合）される政体を定めたのである。それが憲法第四条の規定であって、第一条とは深浅広狭おのづから区別すべきものがある。

明治二十三年（一八九〇）十一月二十九日、帝国議会開院式が行われた。天皇は午前八時宮中三殿（賢所、皇霊殿、神殿）に御拝があって、十時二十分聖駕貴族院に着御、十一時開院式を挙行せられた。時の内閣総理大臣は山県有朋であったが、開院式に賜った勅語の中には「庶幾クハ皇祖皇宗ノ遺徳ニ倚リ卿等ト共ニ前ヲ継キ後ヲ啓《ヒラ》キ憲法ノ美果ヲ収メ」たいものであると仰せになったが、事ある毎に皇祖皇宗の神霊の前にその証拠を仰ぎたもう大孝、継前啓後の大精神は、一朝一夕の権力階級などと日を同じうして語るべきところでない。そしてこの勅語の最終に於て、天皇は参列の国務大臣、議員らに対し「従来ニ継クヘキノ模範ヲ貽サンコトヲ望ム」と仰せられた。そして第一回の帝国議会は、翌二十四年三月八日に閉会した。この日議会に勅語を賜ってその労を嘉尚せられたが、天皇には更に侍従富小路敬直を勅使として、岩倉具視、大久保利通、木戸孝允の墓前にお遣わしになり、お前達の励精奉仕の結果であるとのお言葉を賜り、御弊帛御饌等を備えしめ、厚く彼等の霊を慰めたもうた。彼等の霊も定めて地下に感泣せざるをえなかったであろう。実に美しい君臣の御情誼である。

この憲法の発布について特に一言しておきたいのは、明治天皇の憲法厳守についてである。天皇は、告文に於て、勅語において、そして上諭に於て、朕自ら率先してこの憲法を履行厳守すると仰せになったが、その御生涯を通じ、天皇はこの憲法に最も忠実という点で、日本中に並ぶ者がなかったといってよい。閣議の決定以前に於ては、時に天皇御自身のお考をおのべになることもあり、不審の点については主任の大臣に、御得心のゆく迄くり返して御下問になることはしばしばであったが一度閣議決定して奏上した事に対しては必ず御裁可を賜った。又輔弼者の職責権限を尊重される事厳格を極められた。明治三十一年十一月関西大演習の時、供奉官から軍艦八重山に乗御をお願いしたところ、天皇はうんとおっしゃらなかった。そこで今度は陸軍の元老山県有朋が奏請に及んだ。だが天皇は之に対してもお聞き捨てになっただけであった。そこで、関係者も漸く気がつき、あらためて海軍軍令部長から軍艦乗御をお願いしたところ、はじめて即座に御聴許になった。

そういう風であったから、天皇の御治世には、宮中府中の別厳然として守られ、宮内大臣でも侍従長でも政治に容喙する事は絶対に許されず、まして女謁内奏の如き、徳川幕府以来政治の常習とさえ見られた大奥政治の弊は全く根絶されてしまった。諸外国では日本に果して立憲政治がうまくゆくかどうかを疑う者が多かったが、明治天皇は憲法を遵守し立憲政治を軌道に乗せた第一人者であられる。

一口に憲法を遵守するといっても、実は仲々困難なことである。殊に権力の座に在る者としては、とかく権力を悪用して、自己の政策に都合のよいように憲法をまげて解釈し易いものである。たとえば、大東亜戦下、東条政府は翼賛選挙を行ったが、これなど、明治の憲法精神に反するものであるのはいう迄もないところであった。日本国憲法の第九条の解釈でも自民党政府のいうところは、いろいろな矛盾を含んでいる。さりとて、社会党の憲法擁護は、憲法論としてはとにかく、憲法よりもっと根源的、高次的見地に立って考えると、到底これを是認するわけにゆかない。日本は現実こうした大きな矛盾の上に立っているのであるが、明治天皇の憲法は、日本国憲法とちがって完全な自主的憲法であるから日本国憲法のような矛盾はなかった。それでも、流動する実際政治の中にあって、いついかなる時でも、憲法を遵守し通すということは頗る困難なところであったにちがいない。各大臣などの意見や行動などには憲法違反と思われるような点がいくつかあった。にも拘らず明治天皇は、憲法告文、憲法発布の勅語、憲法上諭等に於て御宣言になった通りに、御自身常に衆に率先して憲法を厳格に遵守なさったのであるから、この点からだけでも、日本国民は、いやしくも憲法政治を語る以上、明治天皇の御垂範をかえりみて、われらの教訓と仰がざるをえないのである。

〈第七章〉

明治天皇の御研学

花そののあやめ夏ぎく文机《ふづくえ》のうへにささせてみるぞたのしき

ともしびをかかげさせてはさらにまた昼みし書をよみかへしつつ

日本とはことかはりたる西洋のものも物にはよるべかりけり

明治天皇御幼少時の御修学については、さきに少々記しておいたが、御生母慶子、外祖父中山忠能が初歩の御手引をしたこと、御生母がなかなか厳しくおしつけになったことなど、その折に書いた通りである。就中、御生母には御勉強に当っては、課業をちゃんとおすませにならない限り、昼時になっても御食事をさしあげず、習字の如きも毎日二十枚綴りの草紙二冊を書き終られない限り、食事のお許しがでなかったという。

　手ならひをものうきことに思ひつるをさな心をいまくゆるかな

という御製には、御幼少時の師母に対する限りなき敬慕の情にじみ出るものがあり、又、天皇御自身の御幼少時の偽らざる御気持もはっきりしている。

天皇が御幼少時から御成人後乃至御晩年迄にお読みになった書物を悉く明かにすることはわれらには不可能であるが、われらの知りうる諸記録の中から、主要なものを拾いあげてみよう。

大学、論語、孟子、中庸、孝経、易経、詩経、書経、春秋、礼記、史記、資治通鑑、唐鑑、帝範、大学衍義、古事記、日本書紀、皇朝史略、順徳天皇の禁秘御抄、御水尾天皇の年中行事、神皇正統記、保建大記、建武年中行事、公事根源、公卿補任、国史纂論、西国立志篇、輿地史略、仏国政典、万国通史、国法汎論

などがそのおもなるものであろうが、別に、短期間ではあったがドイツ語を学習せられた。このほかに、多くの歌書をお読みになったり或は太平記その他をお読みになったことは推測に難くない。又、欧洲の書物から飜訳した千七百年末から千八百年中葉に至る憲法史の進講もお聞きになっておられる。又

明治九年十一月木戸孝允は米国グラント将軍に関しおはなし申上げ、明治二十年十二月から二十一年三月にかけては藤波言忠がシュタインの憲法学説を御進講している。

又明治二年から御講書始という儀式が毎新年正月に行われることとなり、御不例、御出征等により、明治四年、二十四年、二十八年、二十九年、三十年、三十一年、三十四年の七回お欠きになったほかは御在位中ずっと行われた。それは学者をお召しになり、和漢洋の書物について原則として国書、漢書、洋書という風に三分し、各三四十分位の時間で御進講申上げるならわしであった。天皇御読書の最後にあげておいたブルンチュリーの国法汎論は、この御講書始にもえらばれ、加藤弘之が明治五年一月七日に御進講申上げている。ブルンチュリーはスイスのチューリッヒの人、後にハイデルベルク大学の政治学教授になった人である。天皇の御研学は、常侍又は之に準ずる学者により、或時は毎日、或時は日を定めてという風に、御年齢や、政務の御都合で種々変化はあったが、別に御講書始というものが明治二年から行われることとなった。常侍の者の御進講は、純然たる個人的意味のものであるが、御講書始には公の意味があるよう思われる。これは歌会始も同じであるが、年頭にあたって、天下の碩学をお召しになり内外の書物の御進講を天皇おん自らお聴きになって学問をなさる、それが、やはり「天皇之ヲ統治ス」の統治の一面なのである。学問を軽視し、学問に不熱心な国は、文明史上の落伍者となるのほかない。学問は興国の一大要道である。この意味において、新年の御講書始は国家国民にとって大きな象徴的、精神的意義がある。歌会始の儀が一つの立派な儀式であるように、御講書始も一種の儀式的講義であるから、式講とでもいうべきものであるが、この式講が、天皇統治の大切な一面であることに注意する必要がある。

御講書始は明治二年一月二十三日にはじめて執り行われた。その御生涯を通じ、御不例、御出征等特別の事故のあった時以外、最後迄毎年正月には必ずこの御講書始の式講が催された。そして明治二年には天皇はまだ十七歳の少年であられた。御講書始の一覧を掲げよう。

〔時〕	〔書　名〕	〔進講者〕
二・一・二三	国書『日本紀』	玉　松　操
		平　田　鉄　胤
	漢書『論語』	東　坊　城　任　長
		中　沼　了　三
三・一・二三	国書	福　羽　美　静
	漢書	中　沼　了　三
五・一・七	漢書『書経』堯典首二節	元　田　永　孚
六・一・七	洋書『国法汎論』	加　藤　弘　之
	国書	福　羽　美　静

			本居豊穎《とよかい》
	漢書	『大学』明明徳	元田永孚
	洋書		加藤弘之
七・一・七	漢書	『帝鑑図説』李泌優待ノ条	元田永孚
八・一・七	国書		福羽美静
	漢書	『書経』大禹謨首章	元田永孚
九・一・七	国書		福羽美静
	漢書	『論語』為政首章	元田永孚
	洋書		西村茂樹
一〇・一・一二	国書		福羽美静
			近藤芳樹
	漢書	『大学』湯之盤銘	元田永孚
	洋書		西村茂樹
一一・一・七	漢書	『論語』第五章	元田永孚
	洋書	亜米利加学士希穀著『修身学』ノ国政篇	西村茂樹
	国書	『古事記』	近藤芳樹
一二・一・七	漢書	『論語』顔淵樊遅問仁	元田永孚

	洋書	モンテスキウ『政体論』	西村茂樹
	国書	『日本紀』孝徳紀二年	近藤芳樹
一三・一・七	漢書	『詩経』国風篇関雎	西村茂樹
	漢書	『易経』泰卦	西村茂樹
一四・一・一〇	漢書	『書経』舜典	元田永孚
一五・一・六	漢書		元田永孚
	漢書	『礼記』坊記	西村茂樹
	漢書	『礼記』曲礼	西尾為忠
	国書	『万葉集』藤原宮役民歌	池原香穉
一六・一・六	漢書		元田永孚
	漢書		西村茂樹
	国書		高崎正風
一七・一・七	漢書	『中庸』首章	元田永孚
	漢書	『論語』子路	児玉源之丞
	国書	『万葉集』	池原香穉
一八・一・七	漢書	『益稷』末章	元田永孚
	国書	『令義解』第四巻	福羽美静

一九・一・七	洋書	『英国文明論』	西村茂樹
	国書	『日本紀』崇神紀四年	福羽美静
	洋書	リーベル『政道学』	西村茂樹
	漢書	『周易』	根本通明
二〇・一・七	漢書	『周易』	元田永孚
	国書	『続日本紀』文武紀	物集高見
二一・一・六	漢書	『周易』	元田永孚
	洋書	『普国王フレデリック二世略伝』	西村茂樹
	国書	『続日本紀』	物集高見
二二・一・七	漢書	『大学』	元田永孚
	国書	『万葉集』元正天皇御製	高崎正風
	洋書	ウールジー『公法便覧』	西村茂樹
二三・一・七	漢書	『周易』	元田永孚
	洋書	ウエルテル『万国史独逸史』	西村茂樹
	国書	『続日本紀』慶雲四年四月詔	物集高見
二五・一・六	洋書	ダルケン著『普王弗勤得力二世の事蹟』	西村茂樹
	漢書	『詩経』周頌清廟	川田剛

二六・一・九	国書	『日本書紀』巻六	本居豊穎
	洋書	『英国志』第四約翰紀	西村茂樹
	漢書	『礼記』礼運	川田剛
二七・一・七	国書	『万葉集』賀陸奥国出金長短歌	物集高見
	洋書	露国歴史ペートル帝微行ノ事蹟	細川潤次郎
	漢書	『易経』繫辞下伝	川田剛
三二・一・七	国書	『出雲国造神賀詞』末文	本居豊穎
	洋書	米国憲法制定当時ノ景況	細川潤次郎
	国書	『日本紀』雄略紀	本居豊穎
三三・一・六	漢書	『周易』泰卦	三島毅
	洋書	フレデリック二世ノ逸事	細川潤次郎
	国書	『万葉集』不尽山歌	本居豊穎
三五・一・七	漢書	『大学』	三島毅
	洋書	英国国会改革顚末	細川潤次郎
	国書	『神武紀』	本居豊穎
三六・一・六	漢書	『書経』大禹謨	三島毅
	洋書	プレスコット著『フエルヂナント及びイサベラ女王史』コロンブス請願の項	細川潤次郎

国書　『古事記』三貴子　本居豊頴
漢書　『中庸』首章　南摩綱紀
三七・一・一八　洋書　ヒューム『英国史』　細川潤次郎
漢書　『論語』顔淵　木村正辞
国書　『万葉集』藤原宮役民歌　木村正辞
三八・一・六　洋書　クリミヤ戦史　細川潤次郎
漢書　『詩経』　重野安繹
国書　『万葉集』　木村正辞
四〇・一・九　洋書　伊太利統一ノ歴史　細川潤次郎
漢書　『尚書』虞書堯典　重野安繹
国書　『万葉集』大伴家持喩族歌　猪熊夏樹
四一・一・六　洋書　『ハムラビ法典』ノ概要　穂積八束
漢書　『中庸』　重野安繹
国書　『古事記』　猪熊夏樹
四二・一・九　洋書　『ジュスチニヤン法典』ノ詔　穂積八束
漢書　『易経』　重野安繹
国書　『禁秘御抄』上巻　猪熊夏樹

四三・一・一二　洋書　タキトウスノ『ゲルマンヤ』　穂積八束
漢書　『論語』泰伯　三島毅
国書　祝詞式祈念祭　猪熊夏樹

四四・一・一〇　洋書　希臘羅馬古典ノ祖先崇拝　穂積八束
漢書　『周易』大有ノ卦　三島毅
国書　『出雲風土記』国引条　猪熊夏樹

四五・一・一〇　洋書　アリストテレス『政治書』　穂積八束
漢書　『周易』　星野恒
国書　『古語拾遺』　猪熊夏樹

以上が御講書始の略目次であるが、御講書始を欠かれたのは既述の通り明治四、二四、二八、二九、三〇、三一、三四年の七回だけであった。この御講書始の講題から見ただけでも、明治天皇の学問がいかに広いものであったかがわかる。

しかし、天皇の学問は、単に広いというだけに止ったのではなく、深かった、実に深かった。天皇は非常に読書がお好きであられたことは明治十一年以前の御製に

秋の夜のながくなるこそたのしけれ見る巻々の数をつくして

とあるのによっても拝察できるところであるが、漢書、洋書ひろく眼を世界に拡げ、御誓文に『智識ヲ世界ニ求メ』と仰せになったところを御自身率先して行われたわけである。しかし、天皇の読書学

問は、一つの根本、一つの中心が定まっていた。それは勅語でいえば『皇祖皇宗ノ遺訓』であり、和歌風にいえば『いにしへの文の林』である。単に智識欲に燃えての読書とか、趣味による学問とかいう類ではない。そこが天皇の天皇たるゆえんであられるわけだ。天皇の御研学の根本中心は、いいかえると国体にあったということになる。国体こそ天皇御研学の大本であった。

かみつ代のことをつばらにしるしたる書をしるべに世を治めてむ

天皇の御学問は、いわば天皇の天職を完了したもうためであって、憲法第一条の『大日本帝国ハ万世一系ノ天皇之ヲ統治ス』というその統治のための御学問であった。「かみつ代のことをつばらにしるしたる書』とは、古事記や日本書紀を指したまえること明かである。国書、漢書、洋書とさまざまにお読みになっても、その根本、中心は、つねに記紀等のわが古典の上にお置きになり、殊に列聖統治の大法を学びたもうことにあった。

いにしへの文の林をわけてこそあらたなるよの道もしらるれ

古を知るという事は、単に過去の出来事を知るに止まるのではない。いわゆる「ふるきをたずねて新しきを知る——温故知新」で、新しき時代の開拓創造の原動力を歴史と国体の中に求められたのである。だから、古きを学ぶということは、常に無限の自己批判、内省に連ってゆく。そのことを

いにしへのふみ見るたびに思ふかなおのがをさむる国はいかにと

とおうたいになったのである。崩御の前年である明治四十四年の御製に

よむ文の上に涙をおとしけり昔の御代のあとをしのびて

とあるが、実に感動的御作といわねばならぬ。此時、天皇の宝算は六十歳であるが、古事記か日本書紀か、それとも続日本紀かそれはわからないが、わが古典をひもといてお読みになっているうち、皇祖皇宗の御苦心、或は輝かしい御治世などをお思いになって、思わず御落涙になられたことを、率直にお詠みになったのである。六十歳にして尚皇祖皇宗の御治世をおしのびになって御落涙なさるということは、天皇が純真神の如きお方であったからにはちがいないが、その涙の一滴こそは世を、国を、そして世界人類をうるおす大孝の泉でなければならない。同じような御製がもう一つある。

文みれば昔にあへるここちして涙もよほす時もありけり

だが、天皇のお流しになった読書の涙は、決して感傷的懐古観より出たものではない。それは、皇統連綿万世一系の日本国をのこさせたもうた大恩に対する感恩の涙であった。人間祖先の宏恩を思うて涙を流すほどに深化すれば、殆んど神であり聖である。明治天皇という方は、人間として見てこのような深さ測り知り難き偉聖であられたのである。

天皇は某日元田永孚が陛下は列聖のうち何天皇を最も敬慕したもうかとおたずねしたところ、天皇は言下に、神武天皇と景行天皇であるとおっしゃったと伝えるが、就中神武天皇には、最も深く景仰の念を捧げられたようである。それは、第一祖であるという事以上に、神武天皇建国の大理念、壮大な宏謨を以て範とせられたからであることは、王政復古の大号令その他を拝しても明かであろう。天皇の御学問は、故に、根源的に国体の学問であったといわねばならぬ。

天皇の御研学に、さまざまな機会にお相手を仰せつかった者の中で天皇に最も影響を与えたと見られる者は、元田永孚であろう。彼は、熊本出身の儒者で朱子学を修めた人だが、かの横井小楠の友人であった。明治四年、大久保利通の推輓で、天皇の侍読に任ぜられた。元田のほかにも、加藤弘之、西村茂樹、福羽美静、平田鉄胤、副島種臣、中沼了三等当代の碩学大家が各自その忠誠と学力とを傾けて御輔導の任に当った。実のところ元田は明治天皇に堯舜たらん事を求めた。然し、天皇は神武天皇に一切の根拠を求められた。元田はもとより一世の碩学であり帝王の師たるの人格と学力とを具備した人であったが、その学問は朱子学を出でなかった。明治天皇は元田の指導により朱子学を学ばれ、堯舜の徳を学ばれたが、ついに朱子学を超克し堯舜を超えて、皇祖神武天皇に還り、そして神武天皇に一如せられた。明治天皇が多くの和漢洋学者から智識を吸収されつつ、いわば綜合的に、将た開顕的に、その君器を大成された学道は、きびしくけわしいものではあったろうが、日本の学問の世界に一つの巨火として永遠に歴史の鑑となるであろう。或いは明治天皇における独特の人間形成の学問とも見うるであろうが、通常の人間の及びもつかぬ天皇の学問、帝王の学問という点を軽視すべきではあるまい。

明治天皇の御研学を結ぶに当って私は天皇が侍講の副島種臣に賜った優詔に言及せずにはいられな

い。副島は佐賀の出身で伯爵を賜っているが、父南濠は藩校の国学教授、兄神陽又藩校に教鞭を執り大隈重信、大木喬仁、江藤新平等は皆その門に出た。皇道至上主義の人で、兄神陽の死後藩校を牛耳ったこともある。侍講を拝命したのは明治十二年四月の事であるが、彼は御進講に際し往々政治問題に関しても彼の批判的見解を申上げたりするので、政府当局は之を喜ばず黒田清隆の如きは副島を排斥するに至った。このような情勢であった為め、副島は累を至尊に及ぼすことを恐れたのであろう翌十三年に至り謹しんで辞表を奉った。これに対し、天皇は直ちに副島に対し次の宸翰を賜った。

卿ハ復古ノ功臣ナルヲ以テ、朕今ニ至テ猶其功ヲ忘レス。故ニ卿ヲ侍講ノ職ニ登用シ以テ朕ノ徳義ヲ磨ク事アラントス。然ルニ卿カ道ヲ講スル日猶浅クシテ、朕未タ其教ヲ学フ事能ハス。此日来、卿病蓐《ジヨク》ニ在テ久シク進講ヲ欠ク。仄《ホノカ》ニ聞ク、卿侍講ノ職ヲ辞シ、去テ山林ニ入ラントス。朕之ヲ聞テ愕然《ガクゼン》ニ堪ヘス。卿何ヲ以テ此ニ至ルヤ。朕道ヲ開キ学ヲ勉ム。豈一二年ニ止マランヤ。将ニ畢生ノ力ヲ竭《ツク》サントス。卿亦宜ク朕ヲ誨《ヨシ》ヘテ倦ム事勿《ナカ》ルヘシ。職ヲ辞シ山ニ入ルカ如キハ、朕敢テ許サル所ナリ。更ニ望ム、時々講説朕ヲ賛《タス》ケテ晩器ヲ遂ケシメヨ

副島は聖旨に感泣し、引きつづいて御用をつとめ、後に枢府の副議長に或いは内務大臣に任じたが三十八年七十八歳で逝去した。明治天皇程の偉大なる聖者から、かくの如き優諚をいただいた副島は実に光栄なる男であった。この宸翰を拝読するに、天皇の学問に於けるやそれは直ちに求道の学であった。へんぺんたる才智の学でなかった。「将ニ畢生ノ力ヲ竭サントス」、何という偉大な学問への

御決意であろうか。又副島辞職の報をおききになった時の御心持ちを、極めて率直に「愕然ニ堪ヘス」と御表現になった。心から驚かれた情況が如実に現れている。学臣を愛し良師を敬慕される御心情をつくして余すところがない。天皇は天皇御自身の必要にもとづいてこのお手紙をお書きになったのであって、当の相手の副島以外の何者にお示しになったわけでもない。だが、これを今日拝読してわれわれの感ずることは、天皇の一進一退が、すべて道に通じ、学問そのものになりきっておられるということである。後に記したいと思っているが、天皇は、一般に風流好みと思われている和歌ですら、「月花のもてあそびと」は思はぬ、直ちに日本の道であると信ずると仰せになっておられるが、副島への宸翰は、天皇の学問に対する御内観が、道即学という窮極の高処に立っておられたことを物語って余りある。

天皇は一面では大元帥であられるのだから国軍を統師なさらなければならない。しかしそれは唯机上の観念的統帥であるべきではないとのお考えから、小隊教練乃至大隊教練のようなものまで御習得になられ、又陸海軍の優秀な教官を召して軍事学の御研学にも頗る御熱心であられた。明治四年十二月、西郷隆盛は同郷の椎原与三次に手紙を送って次のように書いている。

（前略）後宮へあらせられ候儀至て御嫌ひにて、朝より晩迄始終御表に出御あらせられ、和漢洋の御学問、次に侍従中にて御会読もあらせられ、御寸暇あらせられず、修業のみにあらせられ候次第にて、中々是迄の大名などよりは一段御軽装の御事にて、中人よりも御修業の御勉励は格別に御座候。然る処昔日の主上にては今日はあらせられず、余程御振替遊ばされ候段、三条、岩倉の両卿さへ申し居せられ候仕合に御座候。一体英邁の御質にて至極御壮健、近来はケ様の主上はおらせられずと公卿方申し居られ候次第に御座候、御馬は天気さへ能候得ば毎日御来り遊ばされ候て、両三日中より御親兵を一小隊づつ召し呼ばれ、調練遊ばされ候御賦に御座候、是よりは隔日の御調練と申す御極りに御座候、是非大隊を御自親に御率ひ遊ばされ、大元帥は自ら遊ばさるとの御沙汰に相成、何共恐入候次第、有難き御事に御座候。

〈第八章〉

明治天皇の教育

東京帝國大学行幸（聖徳記念絵画館所蔵）

明治維新の一つの焦点は軍隊である。そして第二建設は憲法であった。千古にとどろく大建設の天業は、今や進んで教育となる。時代全体が猶ほ新旧交錯して何となくざわめいている時、動的というよりはむしろ静的なる教育に於ける革新も容易ならざる大業というべきであった。教育の維新は、これを二面から観察せねばならぬ。一は教育の制度、施設の面、他の一は教育の根本精神の面これである。

日本の旧幕時代の教育は各藩に藩校がありこれは主として家中の武士の青少年教育を司った。又幕末になると公家の教育機関としての学習院も創立された。庶民教育の機関としては所在にいわゆる寺小屋があったが、これは我国では元来寺院の司るところであった。鎌倉時代には各地の大寺が僧俗二者の教育機関であって、武士もそこに学んだのであるが、室町時代の末期から、武士教育が寺院を離れるようになった。寺院が教育の機関であったため、その学童を寺子、学舎を寺子屋、入学を寺入など称したのであるが、寺院以外に武士や町民の教育が行われるようになっても、寺子屋の称はそのままつかわれた。徳川時代の末期には寺子屋の数も全国で一万五千を算するに至り、教科は読み、書き、そろばんが主体であったが、現代風に分類すれば、修身、社会、理科、実業などを教授したようである。寺子屋の数が一万五千にも達したといっても、もちろん今日の義務教育はなく、いわば有志の者だけが学んだのであるから、社会にはいくらも文盲がいたわけである。この文盲を無くして我国を高き文明国家にするためには教育の普及と確立にまたねばならず、これが維新の大業の重要な一であることは多言を要しない。

小学校という語は江戸時代にも無いことはないが、これが国家の教育制度となったはじめは、明治二年二月五日の諸府県施設順序の仰出しの中に『小学校ヲ設ル事』とあるものであろう。小学校は義務教育でなければならぬ。明治五年に学制が発布されたが、その太政官布告は華士族、農工商、婦女子の別なく「邑に不学の戸なく家に不学の人なからしめん事」を規定し、文盲退治を期したが、同時に「幼童の子弟は男女の別なく小学に従事せしめざるものは其父兄の越度たるべき事」といい、後の義務教育の基礎を開拓した。王政復古と共に教育も大いに復古せねばならぬという思想が起り、学問の大本は皇学にあり之に配するに漢学洋学を以てするという考えで初期教育はこの思想に基く制度であったが、欧米の文物が潮の如く流入するに及び、次第に皇学漢学は保守の学問として敬遠され、洋学ひとり陽のあたる学問となり、教育の風潮もまた自然西洋学風になびいて行った。

かかる時、五年の学制発布となったのであるが、これはその前年に出版され当時としてはいわゆるベストセラーとなった福沢諭吉の実利主義の『学問のすゝめ』の影響を多分に受けているが、大体においてフランスの制度を基本とし米英の制度を斟酌したものである。その文盲退治はそれでよいのだが、「士人以上ノ稀ニ学フモ動モスレハ国家ノ為ニスト唱ヘ身ヲ立ツルノ本タルヲ知ラス」、「学問ヲ身立ツルノ財本」であると強調したものであるからいわゆる皇学の如きものは漸く影をひそめる気配であった。修身科の教科に於て教材として指定されたものは、享保十二年に刊行された青木輔清の『民家童蒙解』五冊だけが日本人の著作で、しかもそれは時代的に相当のズレがあり、新時代の教育に適切なものとはいえないものだ。その他は英国チャンブル著福沢諭吉訳明治五年三月出版の『童蒙教草』

五冊、仏蘭西ボンヌ著箕作麟祥訳明治四年刊行『泰西勧善訓蒙』十一冊、米国ウェーランド著阿部泰蔵訳明治五年六月出版の『修身論』二冊及び和蘭国畢洒林口授、津田真道、西周筆記、神田孝平訳明治四年刊行の『性法略』一冊等で『性法略』はオランダの法律書である。ちょっと終戦直後の教育を連想させるものがあるが、五箇条の御誓文の精神を逸脱するところがあるので、明治五年十一月に、中学、小学の教科中に国体学の一科を加え、行き過ぎの西洋主義を多少是正し、太田秀敬の著『国体訓蒙』を採用している。

或る意味で明治初年の教育を風靡した福沢諭吉は「我が邦の古事記は暗誦すれども、今日の米の相場を知らざるものは、これを世帯の学問に暗き男といふべし」といい、そのほか経書史類の学問でも洋学でも「文学の問屋」「飯を食ふ字引」であって「国のためには無用の長物」「経済を妨げる食客」だと罵った。学制はこの思想の感化を受けたものであったが、幾程もなくその行過ぎに気付き、前記の通り、やや復古的傾向を見せたが、日本主義と西洋主義、復古主義と革新主義とは、この後も尚久しく混乱低迷の中に相剋の道を歩むのである。

既に見てきたように、明治天皇は、革新を必要とするものに対しては、断乎革新の先頭にお立ちになった。しかし、教育の大本に就ては、「教育」の御題で

わがしれる野にも山にもしげらせよ神ながらなる道をしへぐさ

とおうたいになった通り、断乎として、「建国ノ体ニ」基くべしとの御信念であった。ところが、教

育行政に従う者や、それらの採用する教師らは、ややともすれば、天皇の御精神とは逆に「神ながらなる道をしへ草」を忘れ、或は固陋のものと考え、滔々として欧米化に走り、彼等の活動するところおい茂るものは外国の教え草ばかりという傾向が高まるばかりであった。明治新政府は、小中学校のほか師範学校、大学なども懸命に設置の努力をつづけたので、教育も急速に普及し、明治十二年には、小学校二万八千三十五校、就学児童二百二十一万六六百七人に達し、まさに我国教育史上画期的な盛況を呈するに至った。因《ちなみ》にこれは学制頒布の明治五年に比すれば、一万五千四百六十七校、就学児童百二万七千六百三十九人の増加であるから、僅か七八年間に驚くべき膨張を見たわけである。だから形式的意味においては、一人でも文盲のいないようにせよとの聖旨に着々として答えてきたとはいえる。天皇は教育には非常に御熱心で、明治五年三月十三日大学東校に行幸ありしを初めとして、各地に行幸の際にも、小中学校師範学校等にしばしばお臨みになり、親しく生徒の授業情況などを天覧になり、学業奨励の為め御下賜金があったことも一再ではなかった。

明治天皇が最初に学校への行幸を仰せ出されたのは明治三年四月二十日の大学行幸であった。しかし当時の大学は皇漢学派と西洋学派が対立し軋轢《あつれき》紛争を続けていた最中で、行幸は差汰止みとなり、七月には大学は閉鎖されてしまった。しかし、大学南校（開成）と東校（医学校）の二分局は残った。そこで、天皇は明治五年三月十三日、東校即ち医学校に初めて行幸なされた。当時学校は神田和泉町の旧藤堂邸にあった。次で日を改め、神田錦町の旧幕府開成所跡にあった南校へ、三月二十九日に行幸された。明治の大学は、旧幕時代の三校を綜合したものだが、その三校とは、第一が五代綱吉の創立した本郷湯島の昌平黌《こう》、第二が安政四年蕃書取調所として発足し後改称して開成所といったもの、第三が文久元年従来の種痘所を改称して医学所といったものである。明治政府は二年六月に至り、これを根幹として大学校を開設した。昌平黌校が大学本局であり、開成学校、医学校及び兵学校を大学校分局三所と称した。そして明治三年二月に発布された学制により大学と改称され、教科、法科、理科、医科、文科の五分科としたが、教科が大学本科とされた。天皇は外国の文物学芸を摂取することにおいて人後に落ちぬ進歩的考を持っておられたけれど、それは唯外国文化崇拝というが如きものではなく毅然として拠るべき自己原理の存在を御確信になってのことで「国」の御題詠

　よきをとりあしきをすてて外国におとらぬ国となすよしもがな

の御製が最も端的にそれを示している。取善捨悪する権能は我れにあるのであり、盲従でも乱採でもないぞというお考えである。それは、憲法起草の詔にいわゆる「建国ノ体ニ基キ」という自己認識があればこそで、この建国の体、すなわち国体こそ、何が善であり、何が悪であるかの認識と判断の根拠であり、この根拠に立てば自然に何を取り何を捨つべきか惑なく決定される。だが教育学問の道はけわしく、ややともすれば建国の体を忘れ、従って批判的判断を欠いた欧米追随に堕し易い。天皇は深くこれをお心配になり、明治十一年、侍講の元田永孚におお考をおのべになり、元田は聖旨にもとづき「教学大旨」なるものを筆作した。天皇は某日これを当時の参議兼内務卿であった伊藤博文にお示しになり、教育の弊風の原因、その刷新の方法などを御下問になった。伊藤は数日の猶予を乞い熟慮

沈思し「教育義」と題する奉答を行った。それはさして長い文章でもないが、要するに、維新以来人情軽薄となりさまざまな矛盾を生じたが、これをひとり教育の責任に帰することは誤りであって、主たる原因は封建破れて人心自由放恣となりそこへ過激な民権自由が流れこんだためである、だがこれを急激に改めようとして再び反動的教育を行うのはむしろ不可であるというような趣旨である。この奉答は天皇が元田に御内示になったとみえ、元田は再び筆をとって伊藤の考を駁正する一文を奉った。しかし天皇はこのいきさつの中から重大な事をお学びになったと思われる。というのは、教育の行政は元より政府の責任において行わるべきだが、教育の大本は天皇おん自ら親しく国民にお諭しになることが肝要であるという一事であった。これが、憲法発布の翌年に教育勅語が渙発されるに至った遠因だと私は思う。

天皇は御自分の手で直接なしうる事を先にしようというお考の下に、間もなく元田永孚をお召しになり聖意の存するところを詳細にお示しになって一書を編むべきことを御下命になった。これが「幼学綱要」である。元田は謹しんで命を受け、高崎正風、仙石政固、児玉源之丞等を助手とし、孝行、忠節等二十の徳目をえらび、少年読本として執筆し、松本楓湖をして挿絵をえがかせた。説明材料は必ずしも歴史に限定されることなく、各国にその資料をとってある。印刷製本の成ったのは明治十五年七月であったが、その編纂については天皇親しく度々御発言もあり、成稿は一々天皇親閲したもうたという。くだいていえば、天皇が企画から進行課程迄一貫して御監督になったのである。天皇はこの本を皇族、大臣、文部卿、宮内官、学習院に下賜され、更に日をおいて地方長官一同に勅諭と共に御下賜に相成った。その勅諭の冒頭の語に『彝倫《イリン》道徳ハ教育ノ主本』というお言葉がある。彝とはツネで常に易らない人の道ということが彝倫である。つまり、学問の大本を明かにされたのであって、才智芸能技術経理の業をのみ学問とする世の風潮に対する一つの大きな批判であったのである。

元田は幼学綱要編纂の由来をその序（漢文）の最初において「明治十二年夏秋ノ間、臣永孚経筵ニ侍ス、皇上親諭シテ曰ク、教学ノ要ハ本末ヲ明カニスルニアリ、本末明カナレバ則チ民ノ志定マル、民ノ志定マツテ天下安シ、之ヲ為ス幼学ヨリ先ナルハ莫シ、汝文学ノ臣ト宜シク一書ヲ編ミ、以テ幼学ニ便スベシト、臣誠恐、勅ヲ奉ジ謹ミテ聖意ノ在ル所ヲ審カニス」と述べている。大正天皇の御生母で二位局と呼ばれた柳原愛子談話によれば、この書発刊当時天皇には毎晩御膳が終ると年少の女官等をお召しになり、おん自ら懇切丁寧に御講義をなさったということであり、又、明治十八年皇太子嘉仁親王が七歳に達せられると、元田に命じて時々幼学綱要の御進講をせしめられたということだから、この書に対して非常に御熱心であられたことがわかる。

幼学綱要とあわせ記さねばならないのは、皇后の思召によって成った『明治孝節録』及び『婦女鑑』の二書である。『明治孝節録』は四冊から成り明治十年六月宮内省で出版したが編者は侍講であった福羽美静と文学御用掛の近藤芳樹である。『婦女鑑』は西村茂樹が主となり二三の者が参加し、やはり松本楓湖の絵画入り、明治二十年七月皇后宮大夫杉孫七郎の序文を附して発行された。これよりさき明治十八年皇后は華族女学校を設立せしめられたが、此書はこの女学校の教科書とされた。皇后は天皇の思召しのあるところをお察しになり、皇后のお立場からこの思召に少しでも叶うようにと、女子教育に御心をおくだきになったわけである。

明治十九年十月二十九日、明治天皇は東京帝国大学に行幸なされた。天皇は大学各科の施設や授業などつぶさに御覧になられたが、法、文、理、工、医、農と整然たる分科にも拘らず国体や和漢の道徳を教授する設備全く見るに足るもののなきを看破され、深い御不満で還幸の後元田を召し、聖意のあるところをおはなしになった。十一月五日の事であった。これを元田が『聖喩記』と題して手記しておいたものが、後学界に知られ、天皇の教育に対する深き大御心が一層明白になったのである。これは非常に重要な文献であるから左に全文を引用しよう。

聖　喩　記

十一月五日午前十時例ニ依リ参内既ニシテ

皇上出御直ニ臣ヲ召ス臣進テ　御前ニ侍ス　皇上親喩シテ曰ク朕過日大学ニ臨ス　十月十九日設ル所ノ学科ヲ巡視スルニ理科調査植物科医科法科等ハ益々其進歩ヲ見ル可シト雖モ主本トスル所ノ修身ノ学科ニ於テハ曽テ見ル所無シ和漢ノ学科ハ修身ヲ専ラトシ古典講習科アリト聞クト雖トモ如何ナル所ニ設ケアルヤ過日観ルコト無シ抑大学ハ日本教育高等ノ学校ニシテ高等ノ人材ヲ成就スヘキ所ナリ然ルニ今ノ学科ニシテ

政治治要ノ道ヲ講習シ得ヘキ人材ヲ求メント欲スルモ決シテ得ヘカラス仮令理化医科等ノ卒業ニテ其人物ヲ成シタルトモ入テ相トナル可キ者ニ非ス当世復古ノ功臣内閣ニ入テ政ヲ執ルト雖モ永久ヲ保スヘカラス之ニ継クノ相材ヲ育成セサル可カラス然ルニ今大学ノ教科和漢修身ノ科有ルヤ無キヤモ知ラス国学漢儒固陋ナル者アリト雖モ其固陋ナルハ其人ノ過チナリ其道ノ本体ニ於テハ固ヨリ之ヲ皇張セサル可カラス故ニ朕今徳大寺侍従長ニ命シテ渡辺総長ニ問ハシメント欲ス渡辺亦如何ナル考慮ナルヤ森文部大臣ハ師範学校ノ改正ヨリシテ三年ヲ待テ地方ノ教育ヲ改良シ大ニ面目ヲ改メント云テ自ラ信スルト雖トモ中学ハ稍改マルモ大学今見ル所ノ如クナレハ此中ヨリ真成ノ人物ヲ育成スルハ決シテ得難キナリ汝見ル所如何臣謹テ対テ曰ク

陛下ノ言此ニ至ル皇子生民ノ幸ナリ臣曩ニ命ヲ奉シテ徳大寺ト共ニ大学ヲ巡視シ　十月十八日窃ニ感覚スル所アリ徳大寺先ニ既ニ反命スルヲ以テ臣未タ敢テ陳セス謂ラク臣敢テ言ハスト雖モ陛下一タヒ臨御セハ必ス　叡心ニ覚ル所アラント今　宸勅ヲ奉スルニ果シテ臣カ見ル所ノ如シ臣嘗テ大学々科ノ設ケヲ聞クニ修身ノ学科ナシ和漢ノ学ハ文学科ニ和漢文アリト雖モ僅カニ和漢ノ文章ヲ作ルノミ哲学科ニ東洋哲学アリト雖モ是亦僅カニ経書聖賢ノ墓碣ヲ述ルノミ加之《シカノミナラズ》僅カノ時限ヲ以テ匆々《ソウソウ》ニ経過スレハ和漢修身ノ学ハ僅カニ名ノミニシテ其勢将ニ廃棄セラレントス其ノ教科ニアル教官ハ物集高見・島田重礼等僅々タル一二員ニシテ其余ハ皆洋学専修ノ徒而シテ此人タルヤ大抵明治五年以来ノ教育ニ成立シタル者ニシテ西洋ノ外面ヲ　《もほう》シ曽テ国体君臣ノ大義仁義道徳ノ要ヲ聞知セサル者共ナリ彼ノ某等ノ著書ヲ一見シテモ其放言スル所ニ依テ其思想ノ赴ク所

ヲ概見スヘシ此等ノ脳髄ヲ以テ生徒ヲ教導セハ後来ノ害実ニ恐ル可キナリ今ニシテ此ヲ停止セサレハ挽回スヘカラス今

陛下ノ真衷ヨリ発シ徳大寺ヲ遣ハサレ渡辺総長ニ詰問ヲ賜ハラハ

皇道ノ興張果シテ此ヨリ生ルヘキ也臣誠恐深ク

陛下ノ此言ニ感仰欽敬ス臣敢テ一身ヲ顧ミス唯

陛下ノ命スル所森大臣渡辺総長ニ向テ問難スル所アラントス然トモ臣窃ニ自ラ量ルニ臣カ漢学者流ニシテ

陛下ノ左右ニアルハ衆目ノ視ル所ナリ故ニ臣カ言ヲ出サハ

陛下真衷ノ　勅語モ故ハ臣カ上言シテ作為スル所ト疑ヲ容レンモ知ルヘカラス是臣カ謹ンテ敢テ自ラ任セサル所ナリ抑々教育ノ重大ナル夙ニ

陛下ノ深ク慮ル所幼学綱要ノ欽定アリシヨリ漸クニシテ米国教育ノ流弊ヲ救正シ世上再タヒ忠君愛国ノ主義ニ赴キ仁義道徳ヲ唱フル者アルニ至リシモ去々年ヨリ又復洋風ニ傾キ昨今ニ至リテハ専ラ洋学ト変シ和漢ノ学ハ将ニ廃絶ニ至ラントスルノ勢有志ノ士皆大ニ憂慮スル所ナリ但国学漢学ノ固陋ナルハ従来教育ノ宜キヲ得サルニ因ル其忠孝道徳ノ主本ニ於テハ和漢ノ固有ナリ今西洋教育ノ方法ニ由テ其課程ヲ設ケ東洋哲学中ニ道徳ノ精微ヲ窮ルニ至ルノ学科ヲ置キ忠孝廉恥ノ近キヨリ進ンテ経国安民ノ遠大ナルヲ知得スルコトヲ務メタランコト真ノ日本帝国ノ大学ト称スヘキナリ今ノ設ケノ如クシテハ

聖喩ノ如ク名医ハ多人数成就ナルモ政事ハ執ルコトハナルマシク法学ニテ君徳ノ輔佐モ充分ナラス理化植物工科等ニテ其芸ニ達シタリトモ君臣ノ道モ国体ノ重キ脳髄ニ之無キ人物日本国中ニ充満シテモ此ヲ以テ日本帝国大学ノ教育トハ云ヘカラサルナリ自今以往聖喩ニ因テ和漢修身ノ学科ヲ更張センニハ其道ニ志アル物集島田等ノ如キ聊モ国学ニ僻セス漢学ニ泥《ナツ》マス西洋ノ方法ニ因テ教科ヲ設ケ時勢ニ適応シテ忠孝道徳ノ進歩ヲ生徒ニ教導センコト何ノ難キコトカアラン其風気ノ及フ所必ス国学漢学者中ニ奮発シテ国用ニ供スル者出来ルヘキ也当世ノ風潮ハ面々各々其弁ヲ震ヒ其腕ヲ伸ハシ唯進ンテ取ルコトヲ要スルノ時ニ際シテハ自分一歩モ退クヘカラス素ヨリ彼等ニ抵抗スルニモ及ハス唯地歩ヲ占メテ進ム時ハ一歩モ抜カサス吾道徳仁義ヲ進入セシムルヲ以テ当世ノ著眼トナスヘキナリ是臣カ平生ノ見ル所深ク陛下ノ勅喩ヲ敬承賛美シ速ニ徳大寺ニ命セラレテ渡辺総長ニ下問アランコトヲ希フ所ナリ更ニ宜シク伊藤大臣吉井次官等ニモ

聖意ノ在ル所ヲ　御示喩アランコトヲ欲ス右謹ンテ上言スル処

聖顔喜色麗シク更ニ又反復懇喩アリ一時間余ニシテ退ク

元田永孚謹記

明治十九年丙戌十一月五日

いかに明治天皇が深く我国の教育について御軫念になられたかがわかるが、翌二十年五月十三日、侍従長徳大寺実則は命を奉じて大学各科を参観視察した。渡辺総長は徳大寺の質問に対し、支那には易経、印度には仏教がありこれらは哲学といえるが日本には固有の哲学がないというように答えているが、当時の進歩的学者の頭は、おおむねこの程度を出でなかったのである。東京帝国大学、今の東京大学が国立筆頭の大大学でありながら、その中に累代反国家的、反国体的学者を巣くわさせ、心ある国民の反撥を招いている一種の伝統は、その起源かくの如くに遠く、遥かなるものがあるのである。「国学漢儒固陋ナル者アリト雖モ其固陋ナルハ其人ノ過チナリ其道ノ本体ニ於テハ固ヨリ之ヲ皇張セザルベカラズ」で天皇の御見解、御確信は、後の教育勅語の「古今ニ通ジテ謬ラズ中外ニ施シテ悖ラズ」に通ずるものがある。時の文部大臣は森有礼《ありのり》、帝国大学総長は渡辺洪基であった。森は二十二年二月十一日憲法発布式に参列するため永田町の官邸を出ようとした時刺客西野文太郎の刺すところとなったが、このわざわいも、先きに伊勢神宮に参拝の折、冤罪《えんざい》ではあったが不敬の事があったというわさが流れたためであった。森有礼その人は一面国体主義教育の興隆にも志の無かった人ではないが、滔々たる欧化主義の時流に押し流され、殊に東京帝国大学を抜本的に粛正することができなかった。その非業の死は、彼個人としては何等罪無きも一国文教の府の長官として、管下の教育失敗の罪を一身に負い謝罪を表せしめる天意であったかも知れぬ。

明治天皇の教育における天業恢弘は、教育勅語の渙発を以てその大宗とする。幼学綱要に端を発した天皇の御慈念は、凝ってついに教育勅語となった。それは、まさに明治維新の完成というべきものであり、憲法発布の翌年である明治二十三年十月三十日を以て、何等国家機関の法上の輔弼など用いられず、天皇が直接に現在及び将来の国民のすべての一人一人に対しお呼びかけになったものである。すでに帝国憲法も発布された後の事であるから、すべての国務すなわち政治上の活動は、必ず国務大臣の輔弼を以て行われなければならない時であった。それが、教育勅語には、唯一名の国務大臣の輔弼もない。もちろん、事実に於ては、天皇が直接この文章をお書きになったわけではない。天皇は明治二十三年二月に時の文部大臣榎本武揚《たけあき》に教育に関する「箴言《しんげん》」を出したいから草案を起草せよと御下命になっておられる。しかるに榎本は、命を果すに至らずその五月事により辞職をしてしまったので、替って文相に親任された芳川顕正に親任式の後、首相山県有朋と共に拝謁の際、天皇は又親しく芳川に教育上の箴言を起草せよとの大命をお下しになった。

いったいその頃日本の状態はどんなものだったかというと、後年芳川が勅語起草拝命当時のことを告白した文章によると「海内国民の精神は四分五裂した」といっているし、二三月の頃内務省が地方官会議を召集した時の議題も、それに対処する道如何というような議題が重要事項となっていた。これは、民権自由の運動が一方に盛に動き、藩閥政治に対する不満が日につのって行ったが、それは、大局的には憲法の発布によって一往は鎮静したと見られる。しかし国民の精神の底流は、封建思想の濃厚な残滓、進歩的自由思想、神道、仏教、儒教、加うるに新興の基督教思想、更に欧米の経済本位の人生観など、実に複雑を極めて渦を巻いていた。そこには、統一がなく四分五裂であった。あたかも、昭和敗戦後の今日を思わせるようなものがあった。政治の面では、憲法も確立し一往立憲政治が軌道に乗りはじめたけれど、国民の精神生活は乱雑混沌を極めていたのであった。明治天皇が御心配になったのは、憲法ができ国政が有道となっても憲法の基盤となる国民の精神がかく四分五裂の状態では、国の将来が案じられてならぬという点にあったものと思われる。国家を一つの建築物にたとえると、憲法は上部構造、すなわち家である。それは骨組みも頑丈であるし、良材も用いてあるし、間取も上出来だし、室内装飾も申し分なく出来あがったが、基礎工事の方がまだ不十分である。急速に基礎を堅固にしなければ、折角の憲法という大建築も将来崩壊しないとはいいきれない。現に、憲法という建物の下では、国粋主義と外国崇拝とが争い、仏教と基督教とがいがみあい、権威主義・官僚主義と民主主義が闘争し、いわば折角憲法は出来たけれどもその家は、不断の地震に脅かされているようなものであった。だから、憲法に底を入れることが絶対的必要であることを、明治天皇は誰よりも敏感に、そして誰よりも熱心にお考えになったのである。

教育勅語は、文字通り、明治天皇の御発意によってうまれたものであるが、但し、その文章は古来の格式通り、奉勅の文臣筆をとってこれを起草したものである。最初の文案は敬宇中村正直がその大任に当った。中村は東京帝国大学教授をしたこともあり漢学にも洋学にも造詣のあった学者であるからその蘊蓄を傾けて沈思黙考文を練って書いたにはちがいないが、山県首相、芳川文相、共に満足するを得なかった。それで中村の文筆を時の法制局長官であった井上毅《こわし》に附し、その修正を求めた。

井上毅は、熊本藩士出身だが梧陰と号し、これまた漢学洋学に達し、憲法制定に参与したことは読者の既に知られる通りである。だが井上は最初、教育に関する勅語を出すことには余り賛成でなかった。しかし山県首相自らの懇望に対し我を枉げて文筆の起草を試み、これを首相に送ると同時に元田永孚にも送って意見と修正とを求めた。井上は元田の修正を斟酌して自稿を更に慎重に補訂して、これを山県に提出した。そこで山県は自らも熟読し、更に芳川文相にも謀って、一往天皇内覧に供することとなった。しかし、天皇はこれを御覧になって十分の御満足がなく、元田を召し、この案の首尾はこれでよいと思うが、中間の徳目の条は更に再考を要すると考える、よく熟慮して修正せよとの御沙汰をお下しになった。そこで元田は大命を畏《かしこ》み、井上の文案に筆を加えたが、元田が井上に送った連絡の書簡の中には「当世之風潮ニハ決シテ御顧念無之」とか「文人風ノ繊巧手段ノ嫌ヲ避ケ」とかいうこまごまとした意見を申し送っている。

とにかく、起草のいきさつは大略右のような次第であったが、根本に於て明治天皇の御発意、御指導によって、はじめて教育勅語の大文字は成ったのである。事実に於てはこのように総理大臣も文部大臣もその他の者も、教育勅語の成立過程には参加しているけれども、それは決して天皇の政治的大権を発動されたものではない。だから憲法上でいえば、第四条の統治権総攬とか、第五条以下のいわゆる大権事項とかいうことでなく、むしろ、権力を離れた統治実すなわち第一条の「大日本帝国ハ万世一系ノ天皇之ヲ統治ス」から直接流露したものとみなければならない。それだから、準備過程にあっては多くの者が聖旨を奉じてお手伝い申上げたけれども、いざこれを渙発という段になると、憲法上の大権行使と異るものであることを明かにするため、全く国務大臣の副署を用いず、天皇単独の御名御璽だけとされた。実に甚深の用意といわねばならぬ。

教育勅語は、文部省の手で数箇国語に訳されている。私の見たのは漢訳、英訳、仏訳、独訳、の四種であって、その他の外国語に訳されているかどうか私は知らない。西独の首相であった故アデナウワーの如きは、教育勅語に対する多大の感銘者であったと聞いているが流石はアデナウワー程の人物だけのことはある。文部省は、よろしく、まだならロシア語訳、イタリア語訳、トルコ語訳、ギリシャ語訳、アラビア語訳、スペイン語訳、オランダ語訳、その他主要外国語訳をつくり、これを各国の識者に贈呈して意見感想を求め、そして広く日本国民にその声を知らしむべきであろう。左に教育勅語の全文を奉掲しよう。

朕惟フニ、我カ皇祖皇宗、国ヲ肇ムルコト宏遠ニ、徳ヲ樹ツルコト、深厚ナリ。我カ臣民克ク忠ニ克ク孝ニ億兆心ヲ一ニシテ、世々厥ノ美ヲ済セルハ、此レ我カ国体ノ精華ニシテ教育ノ淵原亦実ニ此ニ存ス。爾臣民父母ニ孝ニ、兄弟ニ友ニ、夫婦相和シ、朋友相信シ、恭倹己レヲ持シ、博愛衆ニ及ホシ、学ヲ修メ、業ヲ習ヒ以テ智能ヲ啓発シ、徳器ヲ成就シ進テ公益ヲ広メ、世務ヲ開キ、常ニ国憲ヲ重シ、国法ニ遵ヒ、一旦緩急アレハ、義勇公ニ奉シ、以テ天壌無窮ノ皇運ヲ扶翼スヘシ。是ノ如キハ独リ朕カ忠良ノ臣民タルノミナラス又以テ爾祖先ノ遺風ヲ顕彰スルニ足ラン。斯ノ道ハ実ニ、我カ皇祖皇宗ノ遺訓ニシテ子孫臣民ノ倶ニ遵守スヘキ所、之ヲ古今ニ通シテ謬ラス、之ヲ中外ニ施シテ悖ラス、朕爾臣民ト倶ニ、拳々服膺シテ咸其徳ヲ一ニセムコトヲ庶幾フ。

明治二十三年十月三十日

御名御璽

私は明治三十六年の四月に鎌倉師範学校の附属小学校に入学したのだが、当時の日本人は今より遥に律義であった。入学式、卒業式、修業式、元旦の式、紀元節の式、天長節の式など、学校の式もいろいろあったが、そういう式典には校長が必ずこの教育勅語を捧読したものだが、その場合校長は例外なく礼服を着用していた。その頃はまだ一般に礼服といえばフロックコートの時代であったが、それに山高帽をかぶって登校するのは校長であった。式場の高壇で勅語を捧読する校長は白い手袋を用いた。その頃の鎌倉は今とちがって極めて静かな田舎町であったし、庶民の生活は今とくらべだいぶ低かった。児童も洋服を着用している者は全校で二人か三人で、あとは男女共に和服であった。和服といってもカスリかシマの着流しの者が圧倒的に多く、少々は袴を常用していた。ところが式典日となると断然袴をはいてくる児童が多く、冬期、たとえば元旦とか二月十一日の紀元節などには黒木綿の紋付の羽織をきている子供もチラホラあった。私などもその一人で、紋付の羽織を着せられて登校したものである。校長はフロック、教師の中にもやや古参や上席の人の中にはフロック着用者が多かった。そして平素は袴をはかない子供迄袴着用者が多く、おまけに黒の筒袖の紋付の羽織に威儀を正している児童さえチラホラいて、号令一下最敬礼中に、教育勅語はおごそかに捧読されたのである。こういう雰囲気のうちに教育勅語は培養の土壌を築き、おごそかで静かでしかも非常に清らかな感じを与えられた。道徳教育には、理解説得を重視する半面に、やはりこうした儀式的方法で、一瞬身のひきしまるような訓育が甚だ重要なのであろう。

教育勅語は、現実の直接的対象としては、教育上の観点から小学校児童を対象としたが内容的には全国民を対象としたものである。唯、与え方に於ては小学校児童を媒介としただけのことである。そしてこの勅語の最も著しい特色は、これまで日本の倫理教育の上に大きな役割を果してきた宗教宗派的要素を人倫関係からは超越的なものとし、実際生活における人間倫理を達成の目標に置いたことである。宗教宗派的倫理は一面に於て人類性、世界性、普遍性を有しつつも、その表現や観念の仕方に於て閉鎖的であり特殊的である為めに、普遍性をマイナスにする面もあった。内容的には神の愛というも仏の慈悲というも一面普遍性を有することは確実であるが、しかし、一般にはその普遍性は覆われ、特殊性の方が遥に強く感じられる。仏教信者にとって仏の慈悲といえば抵抗なしに受け入れられるが、神の愛といえば異教的感情を刺戟される。基督教信者の場合にしても道理は同じである。統一国家が、統一的教育を施そうとする場合、これは極めて不便であり好ましくない。神道が高天原、仏教が浄土、基督教が天国というものも、客観的には理想世界に関する観念である点で共通性があり、普遍性もあるのだが、実際にはそこに上記のような問題がひそんでいて、観念には対立を感じるわけである。高天原と天国などは全く類型的であるにも拘らず、神道で観念するものは高天原であって天国でないし、基督教で観念するものは天国であって高天原でないというのが現実の事実である。

そこで教育勅語は、神とか仏とかいう宗教上の観念は個々の国民のそれぞれの因縁にまかせ、この勅語では人間、及び人間であるところの日本国民という観点にしぼり、これを徳目を立てる照準と定めている。ひとたび宗教の領域に入れば、同じ日本人でも仏教を信ずる者もあれば基督教その他を信ずる者もあり、又無神論もないではない。又、仏教といったところで周知のようにいろいろ宗派があって同一には取扱えない。それらを統一して国教を定めようとする考もあるが、それらは国家の、或いは国の教育の直接関与すべき問題ではない。すでに、ここに着眼した帝国憲法は他の多くの政教分離の憲法を参考斟酌して、第二十八条に信教の自由を規定した。教育勅語は、この信教自由下に於ける教育であるから、それは当然に、信教を教育問題の外におくのである。それ故、勅語も、古来国教の如く取扱われてきた宗教宗派としての神道にすら一言半句の言及もなく、すべてを、人間関係、人間である日本国民関係にしぼってしまったのである。それが、この勅語の普遍性を大きくしているわけである。それにも拘らず、再び宗教宗派としての神道を国教化しようとする傾向が、昭和前期に抬頭しきたり基督教、仏教、就中日蓮宗、大本教などに対する国家権力による弾圧や一部右翼の迫害などが起ったことは、憲法の上からするも、教育勅語の上からするも遺憾とすべきところであった。つまり倫道の基礎を超宗教的に追究することを精神とした教育勅語を神道の宗教的信仰で解釈し、その信仰と相容れないものを斥けようとするのは、教育勅語を奉ずるが如くであって、実は教育勅語を死《ころ》すようなものであった。

又教育勅語は男女の格差、男尊女卑的思想を否認し、男女を根本的に平等なものとして認めているのも、大きな特色の一である。とり立てて男女は平等であるとは書かれてはないから、勅語を単に文上から浅く見れば、男女平等だとは気のつかない人があるかも知れないが、義の上からは明白に男女が平等のものとして扱われている。これが「夫唱婦随」とでも書かれていたら、どうにもならぬ封建思想だということになるのであるが、教育勅語には明白に「夫婦相和シ」と書いてある。相和には、一方が主で他が従であるという思想が前提となっていない。それは根本的には対等のものとして相和というのである。夫婦はそうあるべきなのであって、それは古今を問わず、中外を問わない。夫婦の根本原理である。実際には夫唱婦随の場合も逆に婦唱夫随の場合もあろう。夫婦同唱同随の場合もないとはいえない。しかし要するに、相和が夫婦の原理であることは疑を容れえない。

教育勅語は終戦後〝民主憲法〟と称するマッカーサー占領憲法の制定につれ、〝民主教育〟の立場から排除され、今では一つの古典的存在とされている。しかし、この勅語は明治天皇御慈念のしたたりであるばかりでなくその内容から見て、やはり古今に通じて謬らず中外に施して悖らざる人倫の大道であり、又日本の国民道徳として不滅の光輝を放っている。戦後の言論自由に便乗して、或は克忠克孝などとは封建主義道徳であるといい、或いは一旦緩急あれば義勇公に奉じというのは軍国主義であるとなし、天壌無窮の皇運を扶翼すべしとは皇室の利益に資するものであるという等、さまざまな批判を加える者があるが、それらはおおむね浅見か偏見か邪見かを出でざるものであって、教育勅語を正解しえたものとはいいえない。たとえば、父母に孝という勅語は、文字こそ孝であるが、勅語の孝が封建であると断ずるのは、勅語の論理をよく見ず、孝は封建的道徳であるとする己れの独断的前提に立って、勅語の論理を追ったもので、いわば自己の先入見におどらされたものに過ぎない。教育勅語には、孝、友、和、信等さまざまな徳目はあげてあるが、孝とは何であるとか、友とはこれこれしかじかとか、総じて徳目の説明や概念的規定がない。すべて文字にはそれぞれ固有の基本的意味と、それの派生的時代的意味とがある。

教育勅語が、忠でも孝でも一つも文字の意味を解説していないのは、すべて、文字本来固有の基本的意味に於て用いているためだと思う。これが教育勅語の文字を解する基準である。忠は「中心のマゴコロ」が基本的意味である。しかし中心のまごころも、時代によりその対象に変化が起ったり、そのつくし方に相違がないとはいえぬ。封建時代には三代承恩の君の御馬前に腹かっさばくのが忠の帰結のように信ぜられた。それも歴史的に見れば一つの大きな忠の在り方である。又、もう少しひろく、忠とはいかなる君命であれいやしくも君命ひとたび下らばこれに絶対服従することともされてきた。だが、教育勅語には、そういう忠が採用されているとは思われぬ。何となれば、封建的君臣観はすでに帝国憲法に於て原理的且つ制度的に完全に否定されている。その憲法発布の翌年に渙発された勅語、おまけに「常ニ国憲ヲ重ジ国法ニ遵ヒ」と立憲国民の対国家的道徳を明かにした勅語に、憲法国法に反する忠が強調されているなど思うのは、自己の浅見にもとづくもの以外の何者でもありえないだろう。孝にしても同断である。私はここに教育勅語をくわしく解説しようというわけではないが、戦後現代の浮薄な教育勅語論の根本的な部分に対しては筆誅を加えておく必要があると思うだけである。

一旦緩急あれば義勇公に奉ずるということから軍国主義を引出してくるのは魔法使いに過ぎない。それは戦争をも含んで国家浮沈の大事、或いは社会死活の大事の起った時は、まことの義勇心をふるい起して公の為めに尽すということであるから、いやしくもこの地上に国を営み社会生活をしている人間は、洋の東西、時の古今を問わず、従わねばならぬ道である。一旦緩急義勇奉公を軍国主義だというが如きは、全く以て話にならぬ大邪見というほかない。かりに昭和時代に入ってからの日本に軍国主義的傾向があったとしても、それは教育勅語と何の関係もないことだし、むしろ教育勅語に反したものだとはいいえようが、教育勅語が軍国主義だということはできない。

天壌無窮の皇運を扶翼すべしでも、それを皇室の利益に資するものというが如きは、実に卑しい解釈であって、唯物史観の階級闘争主義などを金科玉条にしているからの邪見である。まして、人民を奴隷化するものだなどというに至っては、雲助的根性であって、健全な理性を有する日本国民の到底承認することのできないところである。日本国民は各自第一義的に自己自身のために存在しているが、天皇皇室は第一義的に日本国のために存在しておられるのであって、天皇自身、皇室自身のために存在してはおられぬ。日本中唯一人天皇だけが姓氏を有せられないのは、かかる社会的、国家的基盤から解さなければならない。天皇、皇室を古来オオヤケ（公）と称してきたのは、天皇皇室が天皇皇室の必要と利益によって存在するのでなく、日本国の必要として、又、日本国の利益として存在しておられるという存在の大公性を、日本民族が先祖代々子々孫孫確信してきたからにほかならない。

皇位は、天皇となられた個人、又は天皇となられるであろう個人の必要や利益のためにあるのでなく、日本国をして日本国たらしめるため、つまり、公の必要と利益とにもとづいて設定された地位である。それだから、皇運を扶翼することが国民的、国家的必要となるのであり、又、国家的、民族的軌範ともされるのである。われら日本人の祖先が代々積み重ねてきた尊厳な命《いのち》の軌範が「天壌無窮ノ皇運ヲ扶翼スヘシ」という至上命令の形で書かれているのである。しかも、皇運扶翼は卒然突如としてできるものではない。個人も家庭も社会もそれぞれの人倫を尊重し、又国民としてはよく国家秩序を堅持し、国際人としても博愛及衆の精神に誇高く生き、それらのすべての人倫を全うすることにより、日本人は尊き命を積み重ねてゆくべきものだから皇運を扶翼することに帰結せねばならぬ。父母に孝であっても皇運扶翼をしないのなら、それは無国籍の人間倫理を守っているだけで日本国民としての人間関係を無視した者である。皇運扶翼は、日本人が単なる人間という角度以外、国家的関係に於て人間の画竜点睛をとげる究極の倫道というべきである。これは、日本の歴史が築きあげたものだし、教育勅語は日本国民を対象として渙発されたものだから、「天壌無窮の皇運扶翼」という特殊の表現がとってあるが、しかし、その具体性を除いて、内容の論理を見れば、いかなる時代のいかなる国家にも妥当するものである。何となれば、凡そ国家の存するところ何等かの形で、建国の体と見做すべき国の根本原理がある筈である。ソ連にもある、共産制がそれである。英国にも勿論ある、立憲君主制がそれである。米国にもそれがある、人民の、人民による、人民のための民主主義がそれである。しからば、ソ連にあっても英米乃至その他の国に於ても日本に於ける「以テ天壌無窮ノ皇運ヲ扶翼スヘシ」に相当する根本的軌範がある筈だ。してみれば、「天壌無窮ノ皇運ヲ扶翼スヘシ」という具体的な表現は、そのまま各国に通じないのは当然であるが、そのこれを掲げた論理は、世界各国に通じるものであることがわかる。これ明治天皇が声高らかに、古今に通じて謬らず中外に施して悖らずと御宣言になられた所以にほかならぬ。

天皇は、憲法典範の発布に当って、朕は衆に率先してこの憲章を履行してあやまらないように期すると仰せになったが、教育勅語においても、「朕爾臣民ト倶ニ拳々服膺シテ咸其徳ヲ一ニセンコトヲ庶幾フ」とある。それはこの勅語を単に一方的天降的強制として与えるのでなく、親しく『爾臣民』と呼びかけながら明かにされた「斯道」は、ひとり被治者たる臣民のみが服すべき道ではなく、治者たる天皇も亦服さなければならないところであるとして、「朕爾臣民ト倶ニ拳々服膺シ」そして、天皇も臣民もひとしく、その徳を一にして、我国を輝く道徳国家にしたいものだといわれたのである。

明治維新の進展を通観すると、事の起りは王政復古の大号令、次いで五ケ条御誓文の渙発に存することは何人も疑わないところであろう。それによって、幕府政治、士農工商の階級その他一切の封建体制が破廃揚棄せられた。新しい四民平等、天皇政治は万機公論に決すべきものであるとの大方針が樹立され、維新の黎明が訪れた。第二に、維新の大業の中核中枢が帝国憲法、皇室典範の顕発に存する事もまた万人の認めるところであろう。万機公論の大方針が示されても、万機公論とは果していかなる原理のものか、又、いかなる体制のものかが明示されるに至らなければ、雷鳴しきりなるも雨降らざるが如きものである。

帝国憲法皇室典範は、万機公論とは、天皇統治は即《そく》輔弼協賛政治である事を明かにし、はじめて千古の国体の上に立った新しき政体を確立した。しかしながら憲法は国家と国民との間における権力・服従の法体系であり、又同時に国民と国家との間に於ける権利・義務の法秩序ではあるが、それは、人間生活に欠く事のできない道徳法秩序を明かにしたものではない。法の従って国家の窮極的基盤は人間の又国民の道徳秩序でなければならぬ。維新の大業は、ついにこの窮極的基盤にメスを入れ、教育勅語として建設せられた。教育勅語の出現により、維新の事はその帰結に達し事を竟《おわ》った。すなわち維新史の系譜はその要を撮《と》っていえば

王政復古の大号令・五ケ条御誓文（起）――帝国憲法・皇室典範（顕）――教育勅語（竟）

となる。だから明治維新は

大号令・御誓文に事起《おこ》り、憲法、典範に事顕《あらわ》れ、教育勅語に事竟《おわ》る

といえるであろう。つまり、教育勅語は、明治天皇の天業恢弘たる明治維新に於ては、その最終の完成を告げたものと見なければならないのであって、維新史の研究には、教育勅語渙発の意義を発見することが一つの重大なポイントであろうと思う。

〈第九章〉

明治天皇の戦争

日露役旅順開城（聖徳記念絵画館所蔵）

世の中には何となく戦争の好きな者と戦争の嫌いな者とがある。それは一つにはその人々の個性にもとづくものであるが又一面時代の風潮に左右されるものでもある。戦争とは、組織された戦闘員、つまり集団的戦闘部隊が武器を行使して、相手方の意志を挫折させる行為であるが、闘う領域、闘う対象などから国内戦と国際戦とが分けられるし、闘う目的から防衛戦と侵略戦という区別ができよう。相手から国家存立の基礎を危くせられるに及び武器をとれば防衛戦であり、相手国を武力で屈服せしめて政治上、経済上の権益を獲得拡大しようとする戦争は侵略戦といわれる。防衛戦は正当なる権利の戦争、侵略戦は不正邪悪の戦争である。侵略戦争は起すべきでない事多言を要しないが、世界歴史の現実は、いろいろな理由や事由により、戦争の絶えるいとまがなく、此書を執筆している時機に近接したものだけでも、ベトナム戦争があり、中東戦争があり、そして又中印戦争があり、世界平和ということを一方では高唱しながら現実には各地で戦争が頻発している。人類窮極の目標は、世界から戦争を駆逐し絶滅することに存し、現代はまさにそれへの第一歩をふみはじめた時であって、今後相当の長期にわたりあらゆる紆余曲折を経て、最終的には世界各国が、同時にひとしくあらゆる国際戦争遂行の手段を解体抹消させ、人類史上空前の世界的新秩序が誕生するにちがいない。

今ここに記すのは明治天皇の戦争である。天皇の御一代にはいくつかの戦争があったがこれは二大別することができる。すなわち、国内戦と国際戦である。まず国内戦の方から見よう。

すでに簡単にふれておいたが、明治天皇御登極の後、徳川幕府親征の事があった。その政治史的分析や個々の戦争の詳述は今必要がないが、御親征ということは名分であった。又明治七八年から十年にかけては、これも上記の通り萩の乱、佐賀の乱、西南戦争その他いくつかの内乱が起り、新しい国軍は大命を奉じてこれらを伐ち平定した。これらは皆国内戦争であった。明治以前には、殆んど国際戦がなく、大体国内戦ばかりだった。神武天皇以来、日本にも随分と戦争は行われたが、鎌倉時代と豊臣時代に二回の国際戦——一度は純然たる防禦戦、一度は明白な侵略戦——はその例外である。かように国際戦こそ殆んど無かったが、そのかわり、国内では戦争のない時代は無かったといってよいくらいである。それが明治十年の西南戦争を最後に、日本から日本人相戦う国内戦が完全に絶滅してしまった。この意味で明治天皇は国内戦争を終焉せしめられたのである。徳川三百年の太平などといっても、それはいつ何時国持大名が謀反しはしないかと絶えざる不安と警戒の連続であった。しかし明治維新によって日本は全国的一体化が高度化し、国内戦可能の体制を全く廃止し、軍隊は国軍に一本化したため、永く内戦を断絶することとなった。

次に国際戦であるが、これはいう迄もなく日清日露の両戦役である。終戦後の進歩のレッテルをはった言論の中には、日清日露の両役をも軍国主義だの、侵略戦争だのというものがある。多くは共産系の者であり、或いは共産系学者の影響を受けたものであるが、彼等が若し真実にそう考えているとするならば、いわゆる唯物史観なるものの破綻だといわざるをえぬ。唯物史観の科学性の問題でもある。明治天皇は厳粛に神勅を奉戴し信仰しておられた、神勅には「豊葦原ノ瑞穂国ハ是レ吾ガ子孫ノ王タル可キノ地ナリ」とあり、天皇統治の対象を葦原瑞穂国即ち日本古来固有の領土に限定してある。苟くも神勅に忠実であられた天皇が、神勅の掟にそむいて、外地を領土にしたいとか、異民族を征服したいとかいう帝国主義や侵略戦争など夢想だにされるわけがない。

元来朝鮮と日本とは太古から交通のあった間柄で、文化的、地理的、民族的、経済的、政治的どの角度から見ても、日本にとって朝鮮は他のいかなる国よりも親密な関係にあった。明治になってからも時の情勢で西郷隆盛らの征韓論まで飛び出しはしたが、それも事無きを得、日韓の国交は太古さながらに親密を加え貿易取引きなども極めて盛であった。ところが、一方清国も朝鮮とは古来の国交があり、しかも、支那的習僻として、弱小国はこれを属国扱いしたがる傾向があった。これは必ずしも何も明治に始ったことではなく、支那四千年の歴史を通じて、しばしば見られるところである。十三世紀に世界を震撼させた蒙古は、日本に来寇する足掛かりとして高麗を利用したが、蒙古は日本への侵略と高麗の支配とのために征東行省という役所を設け、高麗王をその長官に、蒙古貴族をその副長官に任命している。高麗は約百年間にわたり蒙古に支配されて独立主権を失っていたが、朝鮮の独立が侵されると、このようにすぐ日本の安全に重大な関係が生じてくる。李朝に入ってからでも、朝鮮は明国に対し事大外交を事とし、明の皇帝と君臣関係を結び毎年定期的に貢物を贈り、そして明の年号をすら用いた半独立国家であった。それでもその時代に朝鮮は女真族とたたかい領土を今の北鮮豆満江辺まで拡大している。明の次は清だが、清は明を打倒した金が仁祖帝の代に「清」と改称したものである。清と改称した年、皇帝太宗は自ら十万の兵を率いて朝鮮に侵入、王以下を降伏せしめ、人質などをとったりした。日本と韓国とが始めて近代的国際条約を交換したのは、明治九年（一八七六）で、これを江華島条約という。これより先き明治新政府は王政維新を朝鮮に告げ国交回復を要請したのだが鎖国主義をとっていた大院君政権がこれを頑強に拒否したため、日本では西郷、板垣、副島等の征韓論が抬頭したが、日本の理性は遂に征韓論を抑えてしまった。これは岩倉、大久保らの理性派が勝ったといえるであろう。江華島条約というのは、明治八年日本の軍艦雲揚が江華湾に入り水路を測量しつつ漢江を遡ろうとした時、いきなり江華島草芝鎮の砲台から砲撃を受けた事件の外交的解決として、朝鮮の鎖国を打破した条約で、突如砲撃という事件が事件だけに日本の一方的要求を貫くものとなっているが、しかし、日本はその条約の劈頭に、朝鮮が自主独立の国家として日本と平等の権利あることを確認している。

これは、明治新政府の理性が健在であったことを語るものである。日本の内部では征服論を否定したために、日本最後の国内戦が起ったりしたが、鎖国朝鮮を開国せしめて、江華島事件を縁として結ばれた日韓最初の条約の冒頭に、かく、明白に、朝鮮の自主独立国家たることを確認したことは、銘記さるべきであって、実は、後々迄も長く堅持さるべき国是であったのだが、遂に後日韓合邦という不幸な事態を招いたのは遺憾であった。叙述が少しわきへそれたが、歴史の示す通り古来韓国の独立が犯されるとなると、それは忽ちに日本にさまざまな影響を齎すが、明治二十年代の時点に於て単に経済的に見ても、さしあたりこれまで日本の木綿市場としての韓国は、これを清国に奪われてしまうこととなる。当時、清国は盛んに対韓貿易に力を入れ、又、近代工業を盛んにして朝鮮に大量の木綿を輸出し始めていたが、それが単なる貿易上の自由競争に止まるなら敢て日本は清国と戦争はしなかったであろう。日本は第一に韓国が支那の属国でなく厳然たる独立国であることを心から希望した。しかし事実に於て清国は韓国を属領視し、官民の策動を以て日本の貿易を阻害し、清国の市場を益々拡大し、日本貿易は著しく後退するに至った。

このような情勢下に日本は一方支那に対しても朝鮮の独立を尊重することを強く要求し、他方、日韓修好条約を締結し、この第一条に『朝鮮は自主の国にして日本国と平等の権を保有』する事を確認した。日本は韓国の完全独立を尊重し確認するということは、清国の韓国に対する宗主権を否定したことであり、従って、韓国が第三国の圧力により、その本来の意に反して日本国の平和裡に求めた権益を侵害するが如きことを防止しようとしたわけである。ところが実際問題としては韓国内部にも親日派もいれば親清派もおって、これらの角逐により、いろいろな外交問題が勃発する。その一として明治十五年、朝鮮京城で暴徒が日本公使館を襲撃するという事件が持ちあがった。京城の変とか壬午の変とかいうものだが、清国は間髪を容れず大兵を派して之を鎮圧すると共に、反日政府を樹立させ、これと条約を結び、朝鮮は支那の属邦であると明記し、政治、外交、軍事及び貿易に関し特権を認めさせた。これが後年、日清相戦うに至った遠因であって、戦争とさえいえばすぐ資本主義とか独占とかに結びつけて説明したがる唯物史観は全くノンキな考方である。爾来日本と清国とは朝鮮に於てその政府の介在の下に角逐をつづけたが、明治二十七年五月東学党の乱起り、韓国政府は自らの手で之を鎮圧しえざるに至り、清国は大兵を韓国に送りこんだ。日本はこれを以て、朝鮮の独立を犯し且つひいては日本の国家を危険に陥れるものとして、同じく朝鮮に派兵し、ついに八月清国に宣戦するのやむなきに至った。朝鮮の独立は日本の安全にとって必要であり、その独立を犯すことは日本の安全を損うものであるとの信念にもとづいて、日本は眠れる獅子といわれ、古来深い歴史的関係さえある東洋の強大国と国運を賭して戦ったのであって、真に万止むを得ざる戦であった。明治天皇は大本営を広島にお進めになった。

天佑ヲ保全シ、万世一系ノ皇祚ヲ践メル大日本帝国皇帝ハ、忠実勇武ナル汝有衆ニ示ス

朕茲ニ清国ニ対シテ戦ヲ宣ス。朕カ百僚有司ハ、宜ク朕カ意ヲ体シ、陸上ニ海面ニ、清国ニ対シテ交戦ノ事ニ従ヒ、以テ国家ノ目的ヲ達スルニ努力スヘシ。苟モ国際法ニ戻ラサル限リ、各々権能ニ応シテ、一切ノ手段ヲ尽スニ於テ、必ス遺漏ナカラン事ヲ期セヨ。

惟フニ朕カ即位以来、茲ニ二十有余年、文明ノ化ヲ平和ノ治ニ求メ、事ヲ外国に構フルノ極メテ不可ナルヲ信シ、有司ヲシテ、常ニ友邦ノ誼ヲ篤クスルニ努力セシメ、幸ニ列国ノ交際ハ、年ヲ逐ウテ親密ヲ加フ。何ソ料《ハカ》ラム、清国ノ朝鮮事件ニ於ケル、我ニ対シテ著々鄰交ニ戻リ、信義ヲ失スルノ挙ニ出テムトハ。朝鮮ハ、帝国カ其ノ始ニ啓誘シテ列国ノ伍伴ニ就カシメタル独立ノ一国タリ。而シテ清国ハ毎ニ自ラ朝鮮ヲ以テ属邦ト称シ、陰ニ陽ニ、其内政ニ干渉シ、其内乱アル

ニ於テ口ヲ属邦ノ拯難《ショウナン》ニ藉キ（難儀を救うとの口実で）、兵ヲ朝鮮ニ出シタリ。朕ハ明治十五年ノ条約ニ依リ、兵ヲ出シテ変ニ備ヘシメ、更ニ朝鮮ヲシテ、禍乱ヲ永遠ニ免レ、治安ヲ将来ニ保タシメ、以テ東洋全局ノ平和ヲ維持セムト欲シ、先ツ清国ニ告クルニ、協同事ニ従ハムコトヲ以テシタルニ、清国ハ翻《ヒルガエ》テ種々ノ辞柄ヲ設ケ、之レヲ拒ミタリ。帝国ハ茲ニ於テ、朝鮮ニ勧ムルニ、其秕《ヒ》政（悪政）ヲ釐《リ》革シ（正し改める）、内ハ治安ノ基ヲ堅クシ、外ハ独立国ノ権義ヲ全クセムコトヲ以テシタルニ、朝鮮ハ既ニ之ヲ肯諾シタルモ、清国ハ終始陰ニ居テ、百方其、目的ヲ妨碍《ボウガイ》シ、剰《アマツサ》ヘ左右ニ托シ、時機ヲ緩ニシ、以テ其ノ水陸ノ兵備ヲ整ヘ、一旦成ルヲ告クルヤ直ニ其ノ力ヲ以テ其ノ慾望ヲ達セムトシ、更ニ大兵ヲ韓土ニ派シ、我艦ヲ韓海ニ要撃シ、殆ト亡状ヲ極メタリ。則チ清国ノ計図タル、明ニ朝鮮国治安ノ責ヲシテ、帰スル所アラサラシメ、帝国カ率先シテ之ヲ諸独立国ノ列ニ伍セシメタル朝鮮ノ地位ハ、之ヲ表示スルノ条約ト共ニ、之ヲ蒙晦《モウカイ》（暗くする無視する）ニ付シ、以テ帝国ノ権利利益ヲ損傷シ、以テ東洋ノ平和ヲシテ、永ク担保ナカラシムルニ存スルヤ疑フヘカラス。熟々《ツラツラ》其ノ為ス所ニ就テ、深ク其ノ謀計ノ存スル所ヲ揣《ハカ》ルニ（おしはかる）、実ニ始メヨリ、平和ヲ犠牲トシテ、其ノ非望ヲ遂ケムトスルモノト謂ハサルヘカラス。事既ニ茲ニ至ル、朕平和ト相終始シテ、以テ帝国ノ光栄ヲ中外ニ宣揚スルニ専ナリト雖モ、亦公ニ戦ヲ宣セサルヲ得サルナリ。汝有衆ノ忠実勇武ニ倚頼《イライ》シ、速ニ平和ヲ永遠ニ克復シ、帝国ノ光栄ヲ全クセムコトヲ期ス。

これが、明治二十七年八月一日の宣戦の詔書の全文であるが、実によく委曲をつくし、しかも、日本が率先して朝鮮の鎖国を開かしめその独立国としての地位を確立することに心を傾けたかが一読判然とする。苟くも朝鮮の独立を干犯することは、単に朝鮮の為めに不利であるのみならず、日本の独立に危険をもたらすものとして放置するをえない、すなわち断乎として起つという純然たる国防戦、清国の侵略に対して国を防衛する戦として、清国の朝鮮侵略を実力で阻止するという精神が文上文底に躍如としている。

日清戦争は陸に海に日本の勝利に帰したが二十八年四月二十一日講和につき賜った詔書の中に「出征ノ師ハ仁愛節制ノ声挙ヲ播《ホドコ》シ」と見えるように、軍紀厳粛、よく、軍人勅諭の精神を発揮し、皇軍の皇軍たるの面目を発揮し、世界にその信望を高めた。二十八年三月講和談判はわが下関で行われたが、清国の全権大使李鴻章を襲うた兇徒の出たのは真に国辱ものであった。幸にも大事に至らず四月談判は再開され、下関条約は成った。その結果、清国は日本に償金二億両のほか、台湾、澎湖島、遼東半島を譲渡することとなったが、ここに露、独、仏の三国が、東洋平和を名として遼東半島を日本の領有することは好ましからずとの勧告という名の干渉を敢てした。日本国民にとってはある意味で実に断腸的痛恨事であったが、明治天皇は大局的判断の上に立たれ、三国の勧告をいれ、遼東半島は之を清国に還付するの詔勅を二十八年五月十日に煥発せられた。その詔の中に「今ニ於テ大局ニ顧ミ、寛洪以テ事ヲ処スル云々」と見えるのは天皇の御心を率直に仰せられたものと思われる。

だが、東洋平和の為めに、よろしからずとて我れに遼東半島を還附せしめた三国は、むろんタダ奉公はしなかった。骨折賃の請求は支那にとっては高ものについた。先づ独逸が膠《こう》州湾占領を以て先駆し、次で露国の旅順大連の租借となり、英国の威海衛租借となり、更に仏国の広州湾租借となり、言語道断な振舞であったが、露国に至っては、三十三年の北清事変を奇禍おくべしとばかりに、満洲領有計画を推し進め、遂に日露戦争の勃発を見ることとなった。

日露戦争は、東洋平和のためによろしからずとして我国をして遼東半島を還附するのやむを得ざるに立ち至らしめながら、己れは飽く事を知らざる利権を鮮満にあさり止まるところを知らなかったロシアに対してとられた日本の国防上の絶対的要請に発したものであって、これ又、正義の戦であり、ロシアの侵略に対抗する東洋平和確保の為めの義戦であった。

日本は鳶に油揚をさらわれた形で、ロシアの図々しい旅順、大連、東支鉄道の経営を眺めていたが、ロシアは明治三十三年（一九〇〇）の義和団事件に出兵して満洲を占領し、事件解決後も撤兵せず依然満洲の軍事占領をつづけた。ドイツ、フランスなどはロシアを支持したが、日本、アメリカ、イギリスなどは門戸開放を叫びロシアに対立した。日英同盟もこのような国際情勢下にうみ出されたものである。日本は、満洲を占領し、朝鮮の独立を脅かしているロシアと明治三十六年頃から外交交渉を起し、速にその侵略を停止し且つ放棄すべきことを要求した。然し、ロシアの主張は全く我れと対立し、所詮は実力の行使によって解決するのほか道なき情勢であった。明治三十七年（一九〇四）二月四日、御前会議で対露宣戦が確定し、日本は建国以来曽て無かった重大決意を固めたのである。露国に対する宣戦の大詔は三十七年二月十日、中外に向って宣告された。その中に左の如き文字がある。

帝国ノ重ヲ韓国ノ保全ニ置クヤ、一日ノ故ニ非ス。是レ両国累世ノ関係ニ因ルノミナラス、韓国ノ存亡ハ実ニ帝国安危ノ繋《カカ》ル所タレハナリ。然ルニ露国ハ其ノ清国トノ盟約、及列国ニ対スル累次ノ宣言ニ拘ラス、依然満洲ニ占拠シ、益々其地歩ヲ鞏固ニシテ、終ニ之ヲ併合セムトス。若シ満洲ニシテ露国ノ領有ニ帰セン乎、韓国ノ保全ハ支持スルニ由ナク、極東ノ平和亦素《モト》ヨリ望ムヘカラス。故ニ朕ハ此ノ機ニ際シ、切ニ妥協ニ由テ、時局ヲ解決シ、以テ平和ヲ恒久ニ維持セムコトヲ期シ、有司ヲシテ露国ニ提議シ、半歳ノ久シキニ亙リテ、屢次《ルジ》折衝《セッショウ》ヲ重ネシメタルモ、露国ハ一モ交譲ノ精神ヲ以テ之ヲ迎ヘス。曠日弥久《コウジツビキュウ》、徒ラニ時局ノ解決ヲ遷延セシメ、陽ニ平和ヲ唱導シ、陰ニ海陸ノ軍備ヲ増大シ、以テ我ヲ屈従セシメムトス。凡ソ露国カ始ヨリ平和ヲ好愛スルノ誠意ナルモノ、毫モ認ムルニ由ナシ。露国ハ既ニ帝国ノ提議ヲ容レス、韓国ノ安全ハ方ニ危急ニ瀕シ、帝国ノ国利ハ将ニ侵迫セラレムトス。事既ニ茲ニ至ル。帝国ハ平和ノ交渉ニ依リ求メムトシタル将来ノ保障ハ、今日之ヲ旗鼓（戦争）ノ間ニ求ムルノ外ナシ。

狡猾なるロシア外交の常套手段にとって見るが如き思いがする。

ロシアは支那とちがって世界の強大国であり、その軍備に於ても、量質共に遥に日本を凌ぐものがあった。おそらくロシアは弱小日本何するものぞと思っていたにちがいないが、ひとたび砲火を開くや陸に海に日本軍は連戦連勝し、勝報到る毎に国内は歓呼の声にわきあがった。著者は小学児童であったが、旗行列、提灯行列にしばしば参加して万歳を連呼した記憶今に猶あざやかである。

日露戦争は日本にとって文字通り国の運命を賭けた一戦で、現役は勿論、予備後備の老兵も亦大量に召に応じて戦線に立った。御製に

　こらは皆軍《いくさ》のにはにいではてて翁やひとり山田もるらむ

とある。挙国総動員であった。しかし、陸軍首脳部はこの戦争を五分五分から四分六分に持ちこめれば成功だと思っていた程度だし、海軍統帥部は、我が軍艦半分を失い、あとの半分で敵を制しうれば成功だと考えていた程度であって必ずしも必勝の成算があったとは思えぬ。いわば一種の大博奕であったわけである。だが清水の舞台から飛び下りるような大決心で開戦の大詔一下すれば、我が軍民は全力を征露の一点に集中し、二月八日海軍は旅順のロシア艦隊を急襲し、翌九日には仁川沖で露艦を撃沈し、早くも黄海方面における制海権を確保し、浦塩艦隊の出撃にも厳重な警戒陣を布いたので、我が陸軍は直ちに朝鮮を制圧し満洲南部その他へも続々上陸を開始するを得た。第一軍は朝鮮から北進して鴨緑江を突破して満洲に進撃し、第二軍は遼東半島に上陸して南山を陥れ旅順を孤立させた。第三軍は乃木希典が軍司令官として旅順要塞を包囲し半歳苦戦のあげく之を葬るをえた。総攻撃に際しては明治天皇の聖旨により、婦女子その他の非戦闘員を城外安全の地に移すべき措置が、敵に通告されたが敵の拒否するところとなったが、陥落降伏に際しては、敵将ステッセルに名誉を保たしめよとの聖旨の御沙汰があり、わが乃木希典と降将ステッセルとの、有名な水師営の会見となった。乃木

は旅順戦で従軍の愛児二人を失ったが、凱旋の時賦した彼の詩は、彼の誠忠の心事をあらわしえて余すところがない。

皇師百万強虜《りよ》を征す、野戦攻城屍山《しかばね》を作す、愧《は》づ我れ何の顔《かんばせ》あつて父老を看《み》ん、凱歌今日幾人還る

三十八年三月十日奉天の大会戦でも兵力に於て日本軍はやや劣ったが総司令官大山巌の統帥よろしきを得、敵を壊滅に陥れ大勝利を得、五月二十七、八両日には津島沖に於て、遠くヨーロッパから回送し、一挙日本を撃破すべき使命を帯びたバルチック艦隊と東郷平八郎の率いる我が連合艦隊とは兵力ほぼ互角であったが一大海戦を開き、わが艦隊は敵の司令官を生けどりにし、世界海戦史上珍しい完全勝利を獲得した。かの『皇国の興廃此一戦にあり、各員一層奮励努力せよ』のZ旗は、この日本海大会戦に東郷司令長官が旗艦三笠のマストの上にひるがえしたものである。しかし、日本の陸軍は兵力物量共に漸く枯渇し、重大な危機に当面せざるをえなかった。一方ロシアは猶余裕綽々たるものがあったけれども、労働者のストライキ、農民の烽起、軍隊の革命的叛乱相つぎ、兵員、物資とも大量に本国の固めに備えなければならず、戦場に割きえたものは総兵力の僅か六分の一に過ぎなかった。かかる時機に、あたかもよしかねて『四方の海みなはらから』の御製に感激していた米国大統領が仲裁に割って入ったので、両国ともこれを受け、米国のポーツマスに於て八月講和談判を開き、その結果、南樺太を日本に譲渡するということで講和条約締結となった。

外戦というものは一国の運命を賭けるものであるから軽々しく行わるべきではないが、日清、日露の両役の如きは、維新以後発展途上にあった我国の独立安全を確保するためには、必死になって払いのけなければならぬ矛盾と真剣に取組みそして、その大矛盾をみごとに克服した正義国防の戦いであった。しかし天皇の御心のうちは、実に形容しがたい苦悩にみたされていた。今、日露戦争当時の御製によってそれを窺おう。

さまざまにもの思ひこしふたとせはあまたの年を経しここちする

僅か二年が何年にも何十年にも思える長い長い御苦悩の時局だったのである。もうただ明けても暮れても戦争の無事遂行されることをお祈りになる御心でいっぱいである。

たたかひのうへに心をつくしつつ年のふたとせすごしけるかな

御安眠の夜もない程である。御寝なされてからでも御心は戦争の上に走せる。

暁をしらずといへる春ながらことしは夢もやすくむすばず

ゆくすゑはいかになるかと暁のねざめねざめに世をおもふかな

思ふ事たえぬ今年は春の夜もねざめがちにてあかしけるかな

戦のにはのおとづれいかにぞとねやにも入らずまちにこそまて

みし夢のさむればやがておもふかないくさの庭のたよりいかにと

はからずも夜をふかしけりくにのため命をすてし人をかぞへて

あたの城をうちまもりつついねざらむ人をぞおもふ長き夜すがら
年へなば国のちからとなりぬべき人をおほくも失ひにけり
たたかひに身をすつる人多きかなおいたる親を家にのこして
国の為たふれし人を惜むにも思ふはおやのこころなりけり

万一失敗したら皇祖皇宗に申訳がないとは天皇の側近にお漏しになった御胸中であったが、冷静な判断の下、休戦講和の機会を捕捉して逸さなかった事、並びに大慾をよく抑制した事は、この曠古の外戦をして有終の美あらしめた原因であるが、それというのも、政兵の確執なく、戦略面に於て輔弼の文臣と軍臣とがよく協和したからであり、野戦にあっても日清戦争と共に軍紀極めて厳粛であったし、帰するところ明治天皇の偉大なる聖徳にもとづくものといわざるを得ない。

天皇は戦時中は特に身を持することが厳であらせられた事は前にも言及したが、日清戦争の時、広島大本営の御座所が余りお粗末なので侍臣が肘掛椅子を進めようとすると、戦地の兵は肘掛椅子を用いているかと仰せになってお退けになった。日露戦争の時は宮城が大本営であったが冬期も御座所のストーブをお止めになられた。おん自ら戦陣に臨まれる御考えであったのだ。与謝野晶子も老境に入ってからは思想も変ったが、日露戦争には、まだ若く、近親者の出征者でもあったのか、雑誌『明星』に「君死に給ふことなかれ、すめらみことは戦ひに、おほみづからは出でまさね、かたみに人の血を流し、獣の道に死ねよとは」などと、ただ自己本位の浅薄な感情的反戦詩を発表したが、戦陣に臨みて銃をとりたもう事のできぬ天皇には死に勝る御苦悩があったのである。奉掲の御製はその天皇の死に勝る御苦悩を洩らされたものばかりである。

明治の御代は全く明君賢臣の時代であった。維新のはじめに当っては三条実美、岩倉具視を始め、奈良、平安以来の旧慣を打破して民間から西郷隆盛、大久保利通、木戸孝允等が抜擢されて至尊に親近し、腐朽沈殿した廟堂に新鮮活溌なる生気を導入して宏猷を賛翼した。そして英明の聖君之に画竜点睛したもうという風であった。西郷隆盛は、朝廷古来積弊の源泉であった女官の閥を打破するの急務なるを思い、その親友である吉井友実を推して之が改革を慫慂《しょうよう》（すすめる）した。友実は、真先きに堂上地下の区別を廃し、女官を総免職して、思いきった大改革を断行した。友実はその明治四年八月一日の日記に「今朝女官総免職、是迄数百年来の女権一朝に打消し愉快極りなし。いよいよ皇運隆興の時節歟と恐懼に堪ざるなり」と記している。又、西郷が明治四年十二月に鹿児島の篠原国幹《しのはらくにもと》に送った書簡の一節にも「特に士族より召し出され候侍従の御寵愛は実に壮なる御事にて御座候。後宮に在らせられ候儀至って御嫌ひにて、朝より晩迄始終御表に出御あらせられ和漢の御学問、次に侍従中にて御会議もあらせられ、御寸暇あらせられず、御修行のみにあらせられ候次第にて、中々是迄の大名抔よりは一般御軽装の御事にて、中人よりも御修行の御勉励は格別にて候（中略）、変革中の一大好事は此御身辺の御事に御座候。全く尊大の風習は更に散じ、君臣水魚の交りに立至り申すべき事と存ぜられ候」と見える。下級武士の出身であるこれらの青年を御左右に、時にはこれらの侍臣と角力をさえ行われたほどだ。山岡鉄太郎も、宮内大輔《たいふ》としてお仕えしたが、一日、天皇は酒気を帯びて鉄太郎に挑まれた。天皇には力闘数回に及ぶも大豪鉄太郎を打ち負かし得ず、ついにその場に倒れさせられ、酒気一時に発してその場に睡ってしまわれた。山岡は自ら閉門謹慎して出仕をやめてしまった。天皇には深くお心をお痛めになり、再三出仕をお促しになったが山岡は敢て肯じなかった。すると天皇は、朕が悪かった。今後は酒を慎しむから枉げて出仕せよとの仰せを伝えしめられた。山岡は感動おくところを知らず、直ちに参内拝謁し、御勇武は結構であるが、御酒の上の御戯れは、臣側近に侍する限りは断じて御見逃し申しあげられぬと、声涙共に下って苦諫を申しあげたという。

副島種臣は、「明治第一の功臣は元田である」といったが、天皇の君徳御大成は、元田の輔弼によるところ少しとせぬ。元田永孚は曽て天皇二十七歳の御時、次のようなことを言上している。

古から明君に貴ぶ所は、己れの智を智とせずして人の智を智とし、己れの力を力とせずして人の力を力とするにある。これを寛仁大度という。寛仁ならずんば何を以て億兆を愛し得ようか。大度ならずんば何を以てか四海を包容し得ようか。然し天性寛容仁柔であって人の言を容れるのは易く、英毅剛強であって人の言を用いるのは最も難く最も貴い。今ひそかに聖徳を窺い奉るに、英武厳明におわしながら、よく侍補のお耳に逆うような謀を御嘉納あらせられる。これ従来御学問の実効であり、臣謹しみて之を讃歎し奉り更に将来の御進徳を望み奉る。

これ明治十一年の事である。三条実美が鎮撫使として江戸に下向する時、十六歳の天皇は三条に宸翰を賜ったが、その中に「徳川旧勲相失はず」と見える。なかば二百五十年欝積の私憤を以て徒らに慶喜を朝敵呼ばわりをしていた者共と異り、少年天皇には既に堂々たる王者の風格があった。蓋し天稟であろう。又西南戦争直後の某日、天皇は、皇后以下女官等に、「西郷隆盛」の勅題を賜り和歌の詠進をお命じになった。その時天皇は、西郷の罪科を詠んではならぬと一同にお諭しになられたというが、往時側近に侍した彼をおしのびになり、又彼の真意を知りたもうてのお言葉であった。明君よく人を知るである。むべなる哉、明治二十二年二月十一日、憲法発布の佳日、天皇には隆盛の賊名を除きたまい、正三位を賜ったが、西郷の霊は、いかばかり聖恩に感泣したことであろうか。外祖父中山忠能が御幼少以来、事毎に帝王たる者の御心掛を御忠告申しあげた事、さては又侍従長を奉仕した東久世通禧《みちとみ》が帝王たる者は寛仁曠達でなければならぬと申上げたことなど、一として天皇玉成の資ならざるはなかった。明治天皇は、天皇の高きにおられながら、極めて謙虚なお方であらせられた。さればこそ、賢臣らのお諫めが皆活かされたのである。いかに賢臣雲の如くであっても所詮最後はこれをお用いにならねば、それまでの事である。しからばいかなる名言も単なるあだ花に過ぎない。明治の大御代はまことに名君の下賢臣あり、であった。これらの外にも、廟堂に伊藤博文あり、侍臣に謹厚の徳大寺実則あり、外交に小村寿太郎あり、陸軍に川上操六、大山巌あり、乃木希典あり、海に東郷平八郎等、史上第一級の人物、悉く一人の明治天皇を仰ぎまつれるは、あたかも太陽をめぐる星羅の如き観があった。

ただ附記するならば、韓国合邦は、明治の大御代を殆んど最後の瞬間に於てやや汚したるものといえよう。これ流石誠忠なる政治の雄伊藤博文らも、不知不識の間、欧米の植民地政策に眩惑せられ、古来日本の根本憲法であった神勅の「豊葦原瑞穂国」が「吾子孫可王之地」である国体の大義を蒙くした結果にほかならず、甚だ惜しみても余りあるところで、憲法政治下の輔弼の罪といわねばならぬ。台湾樺太の我有に帰したのは戦勝の結果、世界に認められている通則によったもので極めて単純明白であるが、朝鮮の合併は深い内省を欠いた政治的策略であっただけに又合併後の統治にも種々重大な欠陥があり、明治天皇の聖徳を汚すものがあったのは顧みて遺憾至極であった。

昭和時代には、賢臣明将なく、天皇陛下の平和愛好の大御心に副い奉らず、破国の悲史を残してしまった。法華経に「唯仏与仏乃能究尽《ゆいぶつよぶつないのうくじん》」(唯仏と仏といましよく究尽す)とあるが、昭和の日本は「唯愚物与愚物乃能破滅」というべきだ。満洲事変、支那事変、ひきつづいて大東亜戦争は、名のみ皇軍でも実質的には下剋上の風の漲った驕兵であった。そして政軍不和、陸海不和、加うるに軍中有閥、府中又有閥、政治は常に軍に従属し、上に聖天子宸憂したもうあれども之を輔翼し奉る賢相に乏しく、遂には軍閥独裁の大禍を招き、大慾にして足るを知らず、これ皆明治の心を忘れたるが為であった。しかも、大東亜戦争に突入したのは、支那事変の処理の拙なるがためであり、支那事変の勃発は満洲建国の意義に徹しなかったためである。軍人の中には国力の限界をさとらずに百年戦争というたわけたことを叫ぶ者も現れたが庶民漸く戦に倦み、銃後は文字通り婦女子老幼のみとなって生産も落ち、空襲により国内が戦場と化し遂に原爆投下に遭って無念の涙を呑んだが、これ軍人勅諭の『政治に拘らず世論に惑わず』の大訓を口に誦しつつ身に行わなかったためというも決して過言ではないであろう。

日本国憲法の戦争放棄がよいかわるいかは別問題として、明治天皇建軍の大精神は、やはり、今日の痛切なる生きた教訓として、全日本人が反省三思しなければならぬところであろう。

明治の戦争は皆やむにやまれずして行われたものばかりであったが、戦争が終り平和が克服した時の天皇のおよろこびというものはたいしたものであった。平和主義は、神武建国のはじめから、聖徳太子の十七条憲法を経て日本天皇の不滅の大精神であった。平和に関する多くの三十一文字の御製は既にいくつも掲げたが、日清戦争の終った翌年の明治二十九年に、天皇は珍しくも一首の長歌をお作りになった。

うつせみの　世の人みなの　春されば　嵯峨山ざくら　秋されば　高雄のもみぢ　折りかざし
たのしぶまでに　四方の海　なみ風たえて　おだやかに　なりぬる世こそ　たのしかりけれ

かくて、総括的にいえば明治賢臣の一語に尽きるが、それでも臣下の間に於ては、しばしば確執も対立もあった。最も大きな事件になったのは大久保利通、木戸孝允らと西郷、板垣らとの征韓論の対立で、これはとうとう戦争にまでなった。征韓論ほど極端ではなかったが、伊藤でも山県でも皆対人関係のごたごたがあった。中には直接聖断聖論によって解決された事件もすくなくはない。このような人間関係に天皇もしばしばお悩みになったであろう。

むつまじく枝をかはしてさく梅もさかりあらそふいろは見えけり

やどるべき木立多かる森にてもねぐら争ふむら鳥かな

の御製など、もちろん単なる風物詩ともとれようが、又、側近に起りきたる煩雑な人間関係をそれとなくお詠みになったものとも解されよう。だがそれらの臣下の不和も、窮極に於て明治天皇という偉大なルツボの中に融け入って、大御代を築きあげたのである。

大逆事件については本書でも別の処で言及してあるが、明治四十三年五月に発覚し、四十四年一月に幸徳以下二十四名が処刑された。当時各新聞の論調や首相桂太郎以下の談話がおおむね、かかる聖明の天子の下にこのような不祥事を起した事は恐懼に堪えぬというような趣旨であった。これに対し田中智学は、それなら凡庸の天子の時ならこのような不祥事が起っても仕方がないということになるではないか。そもそも今回の大逆事件は、天皇の聖徳によって時代の根本悪が叩発されたものだ、ということを「大逆事件に於ける国民的反省」の中に書いた。十五歳の少年であった私はこの一文に深く心を動かしたものであったが、確に一つの識見であると思う。社会主義無政府主義の徒が積極的に蠢動し始めたのは日露戦争後の事であって、明治四十年には十一月三日の天長節を以て、サンフランシスコの日本総領事館玄関前に、「無政府党暗殺主義者」という署名で「日本皇帝睦仁君に与う」という書き出しの長文をひそかにはり出した者があった。その中には「足下知るや、足下の祖先なりと称する神武天皇は何者なるかを。日本の史学者、彼を神の子なりと言うといえども、それはただ足下に阿諛を呈するの言にして虚構なり。日本の史学者、彼を神の子なりと言うといえども、それはただ足下に阿諛を呈するの言にして虚構なり。（中略）彼また吾人と等しく猿類より進化せるもの」とか、「近くは露国と戦いたり。この時に於て、足下の幇間は挙国一致を説き、忠君愛国を語りつつ、殺戮を奨励したり」とかいう常軌を逸した文があり、「哀れなる睦仁君足下、足下の命や旦夕に迫れり。爆裂弾は足下の周囲にありて、まさに破裂せんとしつつあり、さらば足下よ」と結ばれており、数百枚の同文が、アメリカの各地に散布せられた。この事件に幸徳らが関係があるか否かはわからないが、大逆事件は、幸徳の一味四名が、長野県の明科で爆弾製造中検挙されたのである。御製集には見えないので真偽のほどはわからぬが

罪あらばわれを罪せよ天津神民はわが身のうみし子なれば

というのが御製として一部に伝誦されたのは此の時分の事であろう。

だが、無政府主義の天皇の玉体に対するテロリズムの如きものは、やがて共産主義の抬頭により色あせ、一段の進展をみせた「君主制撤廃」、次で戦後共産党の「天皇制廃止」の声となるのである。

日本の社会党、共産党、それに進歩的文化人などとよばれる人類は、憲法を改正すれば必然天皇制が強化され、軍備を持つこととなり、徴兵制が布かれ、戦争になるといい、青年よ再び銃を執るな、婦人よ愛する夫を、愛する息子を戦場に送るなと、まことしやかに俗耳に入りやすいことをいって、

無智な婦人や青年を惑わしている。そして、日清戦争や日露戦争をも、帝国主義だの軍国主義だのとわめき散らしているが、既に見てきたように日清戦争も日露戦争も共に、清国や露国の帝国主義や軍国主義の侵略を阻止するための完全な自衛的聖戦であった。満洲事変、支那事変、大東亜戦争には幾多の批判すべきものがあるが、そして私も厳正な批判を下した一人ではあるが、勿論ポツダム宣言、カイロ宣言、そして占領初期に勝てば官軍式に遠慮会釈もなく振りまいたマッカーサーイデオロギーなど、承服すべき限りではない。しかし、いづれにせよ満洲事変以後の日本の戦争に対しては、敵国や日本の赤賊共の江戸の敵を長崎で討つような憎悪と歪曲にみちた悪罵的批判などは、もとより論外ながら、私達のような多年終始一貫して国体護持の立場を堅持して変らぬ者に於てすら、猶ほ多くの自己反省的批判を加うる余地がある。しかし明治天皇君臨時代の日清日露の両戦争は、純然たる自衛の聖戦であったことを忘れてはならぬ。カイロ宣言が、台湾や樺太を「盗取」と称したのは、天人共に許さざる没理性的、狂的感情以外の何者でもありはしない。台湾、樺太等が戦争の結果我が有に帰したのは、正々堂々たる国際的慣行であり、米国英国等も、一致して支持した国際的是認の上に立ったものである。

へだてなくしたしむ世こそうれしけれとなりの国もことあらずして

だからといって、自衛の国防を毛嫌いするのなど、独立国の国民とはいえないではないか。

〈第十章〉

明治天皇と宗教宗派

わがくには神のすゑなり神まつる昔のてぶりわするなよゆめ

かみかぜの伊勢の内外のみやばしら動かぬ国のしづめにぞたつ

とこしへに民やすかれといのるなるわがよをまもれ伊勢のおほかみ

明治維新前における皇室は、神事と仏事とをあわせ行われた。もちろん、どんなに仏事を行われた天皇でも、神事を怠られるということはなく、いわゆる「神事第一」であったが神事第一ということは仏教を否定する意味ではなかった。今、皇室の仏教史を詳述する要はないと思うが、明治以前の皇室は、欽明朝に仏教が渡来してから敏達《びだつ》朝を経て用明天皇の御代に入ると早くも宮中の仏事が起り、奈良朝に入ると聖武天皇の大仏建立に象徴されるように大いなる興隆を見、平安朝になると、恒例の仏事が整った。顕教密教相競ひ、仏事も恒例と臨時にわかれ、時代によって多少の隆替《りゅうたい》はあるものの、仏事は歴代の重儀とされて孝明天皇に迄及んでいる。ただ神事第一の掟であったから、仏事と神事が同日になった場合は仏事が延期される慣しであった。手っ取り早くそれを可視的に指摘すれば、皇室陵墓が寺院にあるもの、聖徳太子における叡福寺、醍醐天皇、朱雀天皇における醍醐三宝院を始め枚挙に遑がないところで、京都東山今熊野の泉涌寺の如きは一寺にして天皇陵十三、中宮陵五、皇太后陵二、太上天皇陵一、皇子墓二、太上天皇妃墓一、女院墓五を算え、孝明天皇の後月輪東山陵は、やはりこの泉涌寺《せんにゅう》にある。泉涌寺は文徳天皇の御代に建てられた寺で最初は天台宗であったが後に天台、真言、禅、律の四宗兼寺となった。後堀河天皇勅して官寺となしたもうた。又宮中には唐制を模した内道場というものが設けられ仁明天皇の時真言院を開設あり爾来幕末迄永く恒例となったが、内道場とは皇室の御仏間である。仏教信仰といってもいろいろ宗派のあることだから歴代天皇の中にも天台、真言、禅など或いは後柏原天皇のような浄土信仰などさまざまであるが、明治天皇の御祖父にあたられる仁孝天皇の如きも、光格天皇崩御の後、光明真言を書写したまい、天保十二年正月十二日宸筆の光明真言をお供えになって光明供《ぐ》を修せられ、更に翌十三年十月十五日には清涼殿に於て光格天皇第一回忌辰の懺法講《せんぽっこう》を行い、講筵五日に及ばれた。皇室と仏教との関係はこのようなもので、切っても切れないものがあった。

しかし、中世以来、いわゆる神仏習合が盛になり、為めに神道の純粋性の破損されるところもすくなからず、江戸時代に儒学、国学相次いで起り、仏教に対する批判も高まり、維新にあたっては、いわゆる神仏分離が断行された。神仏分離運動には功罪の二面があるが、それに就ては今日はない。ただ、皇室に関しては、これが機縁となって、仏教はもとより宗派的意味の神道をも超越される事となり、やがて、帝国憲法に於て、信教自由の鉄則が打ち建てられるに至った。皇室がその長き仏教信仰の歴史と共に宗派としての神道、乃至一切の宗派宗教を超越したもうた事は、これ又神武創業の始めにもとづいた天業の恢弘の一であるといわねばならぬ。

帝国憲法は第二章「臣民権利義務」第二十八条に信教の自由を規定した。安寧秩序を妨げないことが第一要件、臣民たるの義務に背かないことが第二要件であった。この法理と法精神は当然天皇及皇室にも適用されるものであるから、天皇もまた一定の要件を前提として信教の自由を有せられる筈である。臣民は右第二十八条の要件さえ定かであれば、真言宗、天台宗、浄土宗、日蓮宗、さては基督新教、基督旧教、回教、モルモン宗、神道、天理教何宗を信仰しようとも自由である。既にいったように、天皇及び皇族も人間である以上いかなる宗派宗教を信じられようと、憲法及び条理法の上から考えて、同じく自由の筈である。ところが、明治天皇は、こと立てて宣言などこそなさらなかったが、上記のように神道をも含めて宗派宗教を皇室全体として超越される立場をお取りになった。宗派宗教と私がここにいうのは本質宗教に対しての立称であって、本質宗教とは、本質的に宗教であるものを指す。何等か超人的、超現実的の力の存在を信じ、それを畏敬し、それに心服しようとするのは本質宗教である。ところが本質宗教が単に本質宗教であることに止まらず、そこから一定の教義と信条とを引き出し、教主が設定され、多数者に同信的結合を求める為めに教義信条を宣布し、同信的結合成ればそれを組織化し、そして組織を維持し拡大する為めに、信者に精神的、身体的、乃至経済的犠牲を課するようになれば、それはすでに宗派的宗教と呼ばれるものである。世間で通常〝宗教〟というのはこれであり、又、終戦後の法律である宗教法人法でいう宗教もまたこの宗派宗教を指すものである。

明治天皇は日本国憲法や宗教法人法などまつまでもなく、一切の宗派宗教を超越したまい、宗派信仰は各自の自由に委ねられた。明治天皇が内心に仏教を信ぜられたかどうかはわからないが、昭憲皇太后は法華経を御信仰になられたという。くわしいことは私にはわかっていないが、身延山の宝物の中に皇太后御筆の「南無妙法蓮華経」の七字があるところを以てみれば御内心に法華経をお信じになっていられたものといえよう。貞明皇后も同じようである。しかし、たとえ内心に特定の経典或は宗派の御信仰があっても、その御地位御身分の公においては、何宗といわず、すべての宗派関係を超越なさるというところに、大きな意義がある。皇室がもし何かの特定の宗派に帰依されるというようなことがあればたとえ憲法上に臣民の信教自由を約束されても、政治的、思想的その他の方面で、いかなる不幸な事態が発生しないとも限らぬ。皇室特に天皇がある特定の宗派を信仰なさるということがあれば、その特定の宗派は、精神的にも物質的にも皇室の特定の庇護を受ける事となるわけだから、それはその宗派にとって、一つの特権的名誉ともされ、そこからさまざまな不公平な事態が発生し易い。たとえばその宗派は天皇が御信仰になるという理由にもとづいて他の宗派に比し厚い国家的保護を受けるに至るは必然である。又たとえばその宗派に対する批判は直ちに天皇信仰に対する攻撃として受け取られる。或いはその宗派は、皇室の御帰依ありということに於て一種の絶対性不可侵性を保障される。その結果は、自然に臣民の信教自由が何等かの意味、何等かの形で制限されることとなり、憲法精神に反せざるを得なくなる。

古来、宮中に仏教が信仰せられた中に、神事第一の法則が確立していた事は、皇室と宗教との関係における一の不文憲法であったと見ることができよう。そのいわゆる神事とは各人の自由なる宗教信仰と異り、古今を一貫して天皇皇族が必ず服さなければならぬもので自由にもとづく取捨の許されぬものであった。だから皇室の神事は、他に形体的方法的類型の宗派宗教の神道があっても、それとは根本的に意味を異にするものであった。すなわち皇室の神事は、たとえ本質宗教であっても宗派宗教でないということである。明治以後、行政上神社と宗教を区別し、仏教基督教等のここにいわゆる宗派宗教は文部省宗教局の管轄に属せしめ、伊勢神宮を筆頭にいわゆる国体神道と称された全国の神社は内務省の神社局に属せしめ、国体神道を宗教として取扱わなかったのである。但し大東亜戦勃発以後、一種の新排仏毀釈的運動が起り、内務省の神社局を独立させて神祇院としその長官を総裁と称したのに反し、文部省の神社局は、逆に局から課に格下げし、一課長がその主裁者であるに至ったが、これなど全く、明治天皇の精神に逆行したものであった。明治天皇が皇祖皇宗の神霊に対せらるるや、勅語や御製を通じて観察するに、その御心情は全く本質宗教であったといってよいと思う。だが、それはあくまで本質宗教であり、宗派宗教ではなかった。己心内観の信仰であって、他の信仰と対立したり、又それと争うというようなことのないものであった。それであるから明治政府は聖意の存するところを察し、固有の神道関係と宗派活動をするいわゆる宗教とを区別し宗教の範疇外においたのである。

仏教信仰と基督教信仰とは同時には成立し難い。浄土宗の信仰と法華宗の信仰もまた同時に成立することはありえない。しかし、我が国の古神道、もっと的確にいえば、皇室の神事祭事は、すくなくとも日本人である限り、各個人の宗派的信仰の如何を問わず、その信仰と矛盾しないものとして、或いは倫理的に、或いは本質宗教的に崇敬されうる可能性に満ちている。

個人と国民とは同一人の中に住む二元、又は二極であり、その利害は必ずしも一致しない。納税の義務のようなものでも個人の次元では出したくないのが普通である。しかし、その出したくない個人が結局は国民として納税の義務を果たすのである。その点では個人が国に吸収されるといってよい。同じ道理が精神生活、或いは信仰生活の上にもいいうると思う。個人としてはさまざまな縁由原因により何等か特定の宗派宗教に心を寄せ或は無神論者さえいて千差万別であるが、ひとたび、国民又は民族という角度にふれると、A宗もB宗もC宗もなく、共通の古神道的心情に於て共存する。この共通の心情は、強制的でなく、歴史的伝統的体質的である。平家は厳島神社を建立したが源家も鶴岡八幡宮を建てた。「何事のおはしますかは知らねどもかたじけなさに涙こぼるる」と伊勢の神前に拝跪したのは西行法師であった。建長五年春大神宮に参詣して開宗を密奏したのは日蓮聖人であった。階級氏姓を超え宗派宗教を超え古神道にふれる。それが日本人古来の共通心理である。つまり、各自の我の中の民族的、国民的琴線が古神道に触れる時そこに一つの本質的宗教への心情が起っても、それは各自の中の個人的又は家的宗派信仰と少しも矛盾しないのである。このような意味で、大体日本人の精神生活にあっては個人的宗派宗教と民族の本質宗教とが矛盾のないものとして両立しえているのだと考えられる。

明治天皇に於ける「神」とは、いう迄もなく、我国の神であって、基督教その他の宗教の神とは全く無関係である。宮中には三殿というものがあり、賢所には皇祖天照大神が、皇霊殿には歴代天皇の神霊が、そして神殿には民業の祖が神として祀られている。これが明治天皇の本質宗教であり、その中心はいうまでもなく皇祖神たる賢所である。それは、皇室の古い伝統体承並びに国史として編纂された記紀の記述にもとづかれただけで、何等特定の教義、経典のないものであり、いわば日本民族全体の文化的遺産としての信仰祭祀である。だから、それは本質的意味での最少限度の宗教的活動としての敬神祭祀を行うだけで何等宗派的活動がない。宗派的宗教活動には必ず活動の主体としての宗教団体が伴うが、皇室の祭祀には宗教団体がない。宗派的宗教には必ず信者を獲得し信者を教化育成する行為が伴うけれど、皇室祭祀は本質的には宗教であるが宗派的宗教でないから、信者の獲得も教化育成もない。いいかえると皇室祭祀は皇室自らが行われ、本質的には宗教と認められるが、皇室は宗教団体ではなく従って何等宗教団体的活動、すなわち宗派的宗教として活動しない。それ故、国体神道といわれたものの中にあっても、皇室祭祀は特に純粋な本質宗教であって、宗派的宗教の要素が絶無であるといってよい。

皇室が純粋に本質的宗教たるにとどまり、何等宗派的宗教活動に手を染められなかったということは、いいかえれば、皇室が一切の宗派的宗教を超越されたわけだが、しかし、宗派的宗教を超越するということは、皇室が一切の宗派的宗教を否定される意味ではなかった。もともと宗派を超越するということは国政上の考慮から出たもので「大日本帝国ハ万世一系ノ天皇之ヲ統治ス」の憲法精神を徹底せられたものにほかならない。統治の天職を完全ならしめるためには、天皇が大公でなければならぬ。天皇が天皇の御立場に於てある一つの宗派を選ばれることは、国政上は大公に欠けるおそれがあるというお考えから、これを否定せずに超越されることとなった。超越は被包含者のその一つ一つに拘泥されたり制約されたりしないが、その一つ一つにそれ自体としての存在の意義や権利を認めることにほかならぬ。だから、天皇は如何なる宗派にも帰依はされないが、いかなる宗派をも否定されず、各々その拠る所を尊重されるという趣旨である。宗派的神道の者が仏教や基督教を排斥するような狭量は皇室には存在しない。古来、皇室では、仏教各宗の特に卓越した僧に対し、大師、国師、禅師等の師号を賜った。明治天皇にも明治九年真宗宗祖親鸞に対し、見真大師の号を賜ったのを始め憲法発布以前に五例、明治四十二年臨済宗妙心寺の関山に対し無相大師の号以下三例、合して八例の多きを見る。尚このほかにも国師号（例円鑑国師、妙心寺二世授翁・明治一二）禅師号（例絶学天真禅師、永平寺密雲・明治四）などすくなくない。又勅額というものがある。奈良東大寺の聖武天皇勅額が最古のものだが、明治天皇も祖宗護法の御心を尊ばれてであろう明治十二年九月二十九日、東本願寺と西本願寺に「見真」の額をそれぞれ一面御下賜になったのを始め、御治世中にいくつかの勅額を賜っている。憲法発布後にも明治三十五年五月三日永平寺に「承陽」の勅額を賜った。このほかにも平安以来、主として密教系の寺院の伝統行事となってきた「御衣加持」などもお許しになったが、これらは大正、昭和の各御代にも引つづき行われている。

帝国憲法の確立と共に皇室は完全に宗派的宗教を超越せられ、その点では神道と雖も同断で、宗派的神道はこれを超越せられ、皇室祭祀は本質的には宗教であるが、宗派的意味での宗教たる性質を除去せられたのである。仏教は皇室が御帰依になられてから後、皇室を以て最大の檀那（布施者、外護者）としてきた。しかし、新たに基督教も入りきたり、その他の諸宗派も勃興してきて、それらが対立関係に立った事実に基き、仏教、特に皇室御信仰の宗派のみが天皇の御帰依を受けるということは国政上に不合理を生ずるとの考えの下に、憲法の信教自由となり、皇室の宗派関係離脱が行われ、英国、ベルギーその他の諸国が依然たる国王帰依教を温存するのに比し最も進歩的制度を採用したわけである。

尚、日本国憲法は、マッカーサーの神道禁止令の残滓の附着している憲法であり、その憲法下の昭和後期の日本は、徹底した政教分離を主義としている。しかし神道禁止令は、マッカーサー等の無教養の故に、本質宗教たる皇室祭祀と、宗派的宗教たる神道とを混同した大僻見の基盤の上に立ったものので、到底われらの認容しがたいものである。又、民主主義的憲法がいかなる意味に於ても、宗派宗教を超越せねばならぬとすることは理論的にも実際的にも広く人類的に確認せられた公道だというわけではなく、我国にポツダム宣言を受諾させた国だけについていうも、英国は国王の新教信者たる事を憲法上の要件とし、その戴冠式は寺院に於て僧侶の手で行われる憲法的慣例だし、米国ですら、大統領就任式に於ける宣誓はバイブルに触手する制である。これらを指摘すれば、わが日本国憲法、宗教法人法等が、いかに不合理且つ非道のものであるか思い半《なか》ばに過ぎるものがある。我等は、偉大なる明治天皇の聖業に思いを致し、速にこの破国の新憲法を打倒し、明治天皇の宏恩にむくい奉るべきだと思う。

〈第十一章〉

明治天皇の思想と人格

御晩年の明治天皇（「毎日グラフ皇室 100 年」より）

明治天皇の思想や人格を知るためには、是非とも天皇の御製集に参じなければならぬ。明治天皇には、既に見てきたように多くの勅語がある。然し、勅語の多くは、君主としての天皇が臣民たる者に大権的に宣告されたものであって、性質が大体政治的部面に限定されている。もっとも、軍人勅諭、教育勅語の二つは、君主としての天皇というよりはむしろ指導者、師としての天皇の下された教誡慈訓としての性質が濃厚であり、そのことは既に一応見てきた通りである。そして、この二つの勅語に於ては、極めて大綱的ではあるが、明治天皇の思想及人格が原理的に表現されていると解してよい。だが、それは原理的ではあるが具体的でない、大綱的過ぎて細密でない。けだし、勅語として宣告されるものとして自然に生ずる制約であろう。

しかるに我々は幸福にも豊富な御製に接する事が許されている。日本の皇室が太古から和歌にいそしまれる伝統がある事は周知の通りで、これは世界に比類のない事実である。歴代天皇の御製集は漢詩和歌を通じて厖大な出版物となっているが、明治天皇の御製は和歌に限られてはいるものの、十万首といわれそのうち数千首が今日いろいろな御製集出版によりわれらの手に届くところにおかれている。

御製は、国民や閣臣に宣誥するものでなく天皇御自身ひとり静かに物思いたまい、歌いあげたもうもの、いわば、自受法楽の世界である。富士山について勅語を下すわけにはゆかぬが、お歌にならそれをお詠みになることができる。つまり、国民が直接に知ることのできない天皇の御内面が、自由自在に表現されているのが御製であるが、しかし、上記のように、それは天皇御自身のたしなみであるから、国民は天皇の内面的御生活にふれることができなかった。高崎正風は御歌所の長官を拝命して天皇に歌道を以て仕えたが、

つみためし言の葉ぐさに道の師の露のひかりやそひてかへらむ

とは、たぶん高崎の事をお詠みになったものと思われ、天皇から「道の師」といわれた光栄者である。毎日二三十首も御製を拝見し、御批正するのが高崎の役であったが、毎日毎日御製を拝見しているうち、高崎は歌の技術の問題などより、御製に示される天皇精神に感激せざるをえなかった。一首や二首や十首や二十首ではない。どの御製も広大な天皇精神のほとばしりならざるはないのに感動してしまったのである。それで、彼は、万一の時にはいかなるお叱りをも覚悟の上で明治三十七年の頃はじめて御製若干を民間に洩らした。それで大隈重信は御製約五十首を基本にして明治四十三年「国民読本」を著したくらいである。今日御製を拝しうるわれらは高崎正風を忘れてはならないと思う。

世間では歌を詠んだり俳句に親しんだりするのを俗に風流の道というが、「歌」という題での御製に

ことのはのまことのみちを月花のもてあそびとは思はざらなむ
天地もうごかすといふことのはのまことの道は誰かしるらむ

とあるところを以てみれば、天皇における和歌と、月花のもてあそび、すなわち世のいわゆる単な

る風流事、或は単なる趣味ではなくて、「誠の道」の追求にほかならぬのである。それは修道者の行にも似た「求道」の精進なのである。

天地もうごかすばかり言の葉のまことの道をきはめてしがな

天地も動かすとは古今集の序の表現だが、古来我国には、歌を以て、至誠の凝結と考え、人はいう迄もない事、天地をも感動せしめるという思想があった。だから歌を詠むということは単なる技巧であってはならず、必ず心の誠の流動でなければならず、それは直ちに天地の道、人間の道に通ずるものだとして歌道ともいった。もちろん歌を詠む以上、散文と同じような素朴な表現でよいということはないから、歌の表現面に於ける基本的な法則とか、若干の技術はこれを無視すべきではないが、それらの末端に捉われ、拘束されれば、歌は、歌の為めの歌となる、いわゆる歌人、歌詠みの類の作品には、技巧ばかりで人の心を打つ誠の欠けたものがすくなくない。流石は歌詠みの歌だけあってうまい言い廻しだと思わせるだけで、人に迫って感動させるものに乏しい。明治天皇の御製にはそうした歌人的技巧を弄ばれたものが一首もない。

ときにつけ折にふれつつ思ふことのぶればやがて歌とこそなれ

だから天皇は飾ったり、おもねったり、曲げたりすることなく真実を卒直に話す幼童の言葉の中にまことの道である歌を発見なさる。

おもふことうちつけにいふ幼児の言葉はやがて歌にぞありける

日本の天皇には自然に三徳が具わっていることは、前にもちょっとふれてはおいたが、憲法を始め政治向きの詔勅を天皇の主徳の現れとし、教育勅語等を師徳の現れであるとすれば、明治天皇の御製の如きは、まさに天皇親徳のしたたりであると考えることができよう。御製はもとより天皇の純個人的御作品であるから国民に宣告されるものでもなし、又これを広く国民に普及しようなどというお考えでもなかった。明治天皇の御製は、御歌所の長官であった高崎正風などが職務柄、御作品を定期的に或いはたまには臨時に拝見仰せつけられている間に、深い感動を覚えて知人に少しづつ漏らしたのが縁で、次第に民間にも知られるに至ったものだ。昭憲皇太后のお歌もまた同様である。

明治四十三年春、大隈重信は『国民読本』を著した。それは四編十八章数十節からなるものであるが、各章節に天皇御製、若しくは皇后御歌を掲げて筆を進めているのだが、御製五十三、御歌八、合して六十一首に過ぎぬ。もちろん、それが当時民間に漏れた御製のすべてであるとはいえないが、それにしても天皇御治世のうちに漏れた御製の数はそんなに多いものではなかった。天皇の御製が世に公にされたのは大正八年十一月、宮内省によって発表された『明治天皇御集』三冊が始めであって、そのやや広く国民の手に御製集が入り易くなったのは大正十二年佐々木信綱の『明治天皇御集読解』が朝日新聞社によって公刊されてからである。現時は、明治大正時代に比べ遥に多くの御製を拝しうるけれども、それですら十万首の御作歌の極く一部分に過ぎぬ。

「おもふこと述ぶればやがて歌とこそなれ」とは、詩ということでもある。支那の古代には『詩経』三百五首がある。註家は「詩は之《ゆ》くなり。志の之く所なり」「心に在るを志と為し、言に発するを詩と為す」などといっている。経とは「経は法なり、常にとって以て天下を治むる所のものなり」といわれている。『詩経』は王道の根本的一聖典であった。わが『万葉集』はやや『詩経』に比すべきものがあるが、明治天皇現れたもうて、我国には『詩経』以上の詩経を恵まれた。支那の『詩経』は諸伝あるうち魯人毛亨の伝えたもののみが現存しこれを『毛詩』といったが、朱子出でてこれを『詩経』と名付けた。周の時代には採詩の官があって各国の詩歌を採集したが一々の作者はわからない。恋愛、農事などが最も多く歌われ、又、政治に対する讃美や風刺もあるが総じていわば庶民の歌である。

これに反し、我国に於ける詩経は、明治天皇御製集とあわせて昭憲皇太后御歌集でなければならぬ。これは庶民の歌ではなく帝王の歌である。日本民族が世界に永遠に誇りうる大文化財であり、大詩経である。その内容は、殆んど人生の全般にわたる点でも稀有の文学的大作品といわねばならぬ。詔勅類は、古い宣命体のものは古語で親しみにくい点があり、近代的政治上の詔勅は漢文体で、むづかしい字句もあり、これまた現代人に親しみ易いものではない。国民的立場からの感覚では威厳感はあるが親愛感がすくない。これに反し御製は、平易な文字、古語というほどのものの殆んど無い点、単に御題から窺っただけでも「新年祝言」、「馬場よりのかへるさ月を見て」、「鶯」、「車中聞虫」、「山路落葉」、「夏旅」、「池亀」、「秋雨」、「雪のふりける日」、「田」、「道」、「水」、「写真」、「軍艦」、「網引」、「燈」、「親」、「子」、「友」、「卒業式」、「神祇」、「薬」、「書」、「歌」、「軍旗」、「碁」、「琴」、「鏡」、「釣舟」、「農夫」、「男」、「女」、「老人」、「海人」、「樵夫」、「富士山」、「教育」、「学校」、「師」、「大演習のをりに」、その他さまざまであるが、皆、庶民の生活にじかにつながるものが多く、われわれは、そこに「人」としての天皇に親しみを覚える。それはちかごろ、マッカーサーの残した余毒の中毒にかかってなれなれしくもいう「人間天皇」なる浅薄極まるものと異り「天皇に於ける人間」を見ることができる。天皇という君主の面の厳しく重々しき意義を十分に確認しておいて、尚その中に限りなき親愛すべき人間性を見るのである。天皇が人間であることを発見して驚くのなどあまりに低俗である。天皇は人間であるだけでは意味をなさず、天皇であることが第一義である。われらは、天皇を単に人間として把握すれば足りるかのように考える立場より進んで、天皇は天皇たる事に於て第一義があり、その事から離れないで、天皇に於ける人間を見るべきなのである。そして天皇に於ける人間を見る絶好の資料こそ御製であるといわなければならない。御製は、さきに掲げた通り、天皇に於ては、敬虔且っ切実な求道的御生活のしたたりである。求道だからそれは必然さまざまな苦行もなすったことと思われる。誰れにとっても精神的産物は、すべてその人の心のたたかいのあらわれであり、心の苦しみの産児であるのだから、明治天皇おひとりその例外であるとは思えぬ。高崎正風は天皇を歌聖にましますと讃嘆したが、天皇にとっては求道的作歌が同時に無上の御趣味でもありお楽しみでもあった。よく学者に御趣味はと聞くと、学問ですと答える人があるが、一道に専心するとそういう境地になるものである。明治天皇は和歌こそ敷島の道であるとの御信念であった。

白雲のよそに求むな世の人のまことの道ぞしきしまの道

又天皇はいわゆる歌人としての歌詠みらしい巧妙な歌を作ろうなどとはお考えにならなかった。

おもふこと思ふがままにいひてみむ歌のしらべになりもならずも
だが、御自分のお思いになることを自由に御表現になりえた時は
むらぎもの心のうちに思ふことといひおほせたる時ぞうれしき
の御満悦にひたられた。その御満悦は
ひとりつむ言の葉草のなかりせばなにに心をなぐさめてまし
といういわゆる自受法楽の境であろうと思われる。私は明治天皇御胸中の直写的流露である御製という高貴な作品を通じて、紙数の許す範囲で、天皇の思想及び人格の全面とはゆきかねるがせめてその基本的な面に若干でもふれるべく努力したいと思う。

今世界を通じて最も大きな問題は、おそらく平和ということであろう。人類の生存にとって地球世界は今やもう一つの単位世界であって、一波直ちに万波を生ずる一つの池のようなものである。第二次大戦前迄は、地球はまだ開発されていなかった部分も相当にあり政治的経済的に見てもいくつかの大きな単位に分割されていた。ところが、第二次大戦を終ってからの二十年あまりの間に、地球は殆んど開発され、交通のできない部分などはなくなってしまって、空間的に次第に一箇の単位世界に変化しきたったし、交通の点でも、ジェット機などの出現により、船便時代に東西十数日、南北十数日の時間を要したものが僅か十数時間で結ばれるようなめざましい進歩をとげた。しかし政治経済の面では、アジア、アフリカに無数の独立国が出現し、民族問題、宗教問題、国境問題等著しく複雑化を

増大するに至った。然もこれら多数の国家が、大別して自由主義と社会主義の二群にわかれ世界は大きく二分されたといってもよい。その上、兵器に一大革命がもたらされ、いわゆる核兵器及びミサイルが開発されたため、一朝国際間に大規模の戦争が起った時には、大きくいえば人類絶滅の公算が大きくなったので、平和希求の声もまた往時に見られなかったほど真剣熾烈なものとなりつつある。

日本という国は、記紀を通じてみると、建国の始めから、平和を理想とし平和を願望し平和を追求することに極めて熱心であった。神武天皇の御名はカンヤマトイワレヒコノミコトというのであるが、漢風の諡号《おくりな》を奉るようになった時、「神武」の御名となったのであるが、この「神武」とは、天皇の御言行を検討して奉ったものであると思う。記紀の所伝によれば、神武天皇は九州日向を発して大和国に都を定められたのであるが、この東遷に前後六年を費された。日本にはその頃多くの小国家が存在していて、「村に長あり、邑に君あり、各《おのおの》疆《さかい》を分つて相凌轢《あいしのぎきしろ》う」という有様であったから、どうしてもこれらを合流させて統一国家をつくりあげる必要があった。統一国家の建設は日本民族にとっての至上命令であって、書紀はこれを「天業《あまつひつぎ》」という文字で表わしている。統一国家建設は日本民族の天業であったのである。書紀に「天業を恢弘す」と見えるのは、この四分五裂して争っていた日本民族社会に統一国家を建設して、平和日本を実現する意味である。だから記紀を読むと、各地に割拠していた小国家的政権を天皇の国家統一の大業に参加合流せしめるため第一にとられた手段は「言向《ことむ》け和《やわ》す」ことであった。即ち、先ず使節を送って、天皇御東遷の目的、意義等を説得し、統一国家建設への協力を呼びかけられた。そして、この説得に応じ、協力を申出でたものは、相当の数に達したと思われるが、中には、逆にこれを侵略だと思って武力で抵抗を敢てする者もあった。いくら説得してもわからない者、又全然話合に応じないで武力で抵抗してくる者に対しては、やむを得ず皇軍も武力でこれを討伐され、その悪質な者は誅滅されたが、敵将でも一度び降伏して忠誠を誓えば、例えばウマシマデノミコトの場合のように、十分に厚く待遇し、近衛《このえ》師団長ともいうべき側近護衛の大任に就かしめられたりした。だから、神武天皇の東征ともいうが、その征なるものは、いきなり武力討伐に訴えたのではなく、外交的政治的に十分是非得失を話しあった結果、万やむを得ない時、又は、逆に相手から武力的攻撃を受けた時にのみ行われた軍事行動で所詮全日本に統一的平和国家を建設せんが為めであった。だからその武は神聖な武であった。「八紘を掩《おお》うて宇《いえ》と為さん」という大平和主義であった。この神武建国の平和主義は、皇室の、従って皇室を中心とする日本国の国是とされ、推古朝の聖徳太子の十七条憲法が制定された時には、第一条に「和ヲ以テ貴シト為ス」と明規せられるに至った。日本国憲法の平和主義などとは似ても似つかぬ太古以来の固有の純粋平和主義である。明治天皇は「神武創業ノ始ニ原キ」と仰せになったが、この点でもまた完全にそうであった。

よもの海みなはらからと思ふ世になど波風のたちさわぐらむ

これはよく知られた御製の一つであるが、そこには、四海同胞観が滲み出ている。世界一家観といってもよい。全人類は同胞である、世界は一家たるべきものであるということは世界平和を以て絶対とされるもので、民族主義だの階級主義だのの闘争的精神を否定されたものである。御歌詞と御製作の年代とから日露戦争勃発の頃のものと思われるが、敵愾心などというものを超えた天皇のお悲しみがよく現れているが、この悲しみの御心が天皇精神なのである。しかし、国を犯す外敵が出てきたら、国土を、国の独立安全を防衛するのは、当然の権利であって、これは国際法上いかなる国にも認められているいわゆる交戦権である。何等の意味に於ても戦争を否定し又は放棄するのは、自己生存の当然の権利を放棄する愚行である。だから、今日の世界秩序にあって、敵の侵略に対処するための国防戦争は、すべての国家の正当な権利であり、日本ひとりこの権利を放棄すべきいわれは微塵もないわけである。世界一宇、人類同胞の大平和主義を信条とし又は願望としていても、手を拱ていれば坐して滅亡を招く事態に立ち到ったら国家の権利を発動して宣戦もせねばならぬし交戦もせねばならぬ。それは当然の事である。交戦ともなれば死傷者続出を覚悟して闘わなければならぬ。戦闘に於ては勝たねばならぬ。だが日本の戦争は正義の戦いなのだから、正義の軍らしい行為の自粛が要求される。戦闘に於ては遠慮はいらない、敵の抵抗を排除しなければならないのだから。しかし、戦争、戦闘にはおのずから限界がある筈だ。降伏して武装を解除された敵兵や、占領地の住民を保護することなどは国際法上よりするも人類の道義の上よりするも厳守されなければならぬ軍紀である。

国のためあだなす仇はくだくともいつくしむべき事な忘れそ

これは「仁」という御題詠であるが、トルストイはこれを矛盾だといったということだ。しかし矛盾でも何でもない。武装した戦闘部隊と降伏して武装解除を受けた者とを区別しその対処にあやまりなからん事を祈られたものとして、ひとり日本軍隊のみならず、世界のいかなる軍隊にも適用されようべき戦争の倫理である。まだ日露戦争には突入していなかったが日露の風雲漸く急なるもののあるに至った頃であろう。

　やすからむ世をこそいのれ天つ神くにつ社《やしろ》に幣《ぬさ》をたむけて

とお詠みになったが、それは唯日本の国内のみ安かれというのではない、

　梓弓《あづさ》やしまのほかも波風のしづかなる世をわがいのるかな

という御詠によってもわかるよう、心から世界の平和をお祈りになったのである。だから平和に復した時の天皇のおよろこびといったらなかった。

　よものうみ波しづまりてちはやふる神のみいづのかがやきにける

戦争は多くの人命を損傷するものであるから絶対的意味では悪であるが、相対的意味では善たりうる。すなわち正義の戦争、侵略に対処して己れを護る国防戦争つまり必要悪としての戦争がそれであるが、それでも戦争を終結する時を誤ってはならぬ。時を誤れば必要以上に平和を遅滞せしめる。明治天皇の露国に対する平和克復の詔に「朕ノ恒ニ平和ノ治ニ汲々タル、豈徒ニ武ヲ窮メ、生民ヲシテ永ク鋒鏑《ホウテキ》（刀のほこさきと矢じり）ニ困《クル》シマシムルヲ欲センヤ」とみえるのは、終戦に対する尊き御配慮であるが、平和克復そのものについては「朕ハ茲ニ、平和ト光栄トヲ併セ獲テ、上ハ以テ祖宗ノ霊鑒《カン》ニ対《コタ》ヘ、下ハ以テ以テ丕績《ヒセキ》（大きなてがら）ヲ後昆《コウコン》（後の子孫）ニ貽《ノコ》スヲ得ルヲ喜ビ、汝有衆ト其ノ誉ヲ偕《トモ》ニシ、永ク列国ト治ノ慶ニ頼ラムコトヲ思フ」といわれ、世界と共に平和であることをのぞんでおられる。

天皇の思想の根本はいったい何であろうか。私は「神」であると思う。神といっても一神教の超越神、たとえば基督教の神《ゴッド》ではない。神という漢字で書くようになったのは、漢字を借用してからの便宜上の表現で、日本語でカミといえばよくわかる。カミとは上である。日本の神話には基督教などでいう造物主は本来ないのであって、最初にあったものは世界、国土であり、次にもろもろの生物、人間が出てくる。人間の中では、カミが先きにうまれシモが後にうまれるという秩序観を伴っているが、先きに生まれた人が「カミ」（神聖）である。カミとは人間の中の上位者であって、それが皇祖天照大神だと考えるのである。だから、「神霊」という言葉があるが、その「神」が基督教のいうようなゴッドなら、神の霊ということはおかしくなる。霊というものは肉に対する文字であり、肉体、身体を全然持たぬゴッドには霊はない。神霊とは、人間であるカミの霊という意味である。かように、日本でいうカミは、たとえ漢字で「神」と書いても、それは借字であって本義ではない。明治天皇の「神」とおっしゃるのは、主として皇祖皇宗の神霊をお指しになるのであるが又ひろく、日本の古典に出てくる神々を意味する。ここでくわしい理論的解説をするわけにはゆかないが、とにかく、基督教などの「神」とはちがい、皇祖皇宗の神霊が主であることに注意しておくべきである。

さてその神だが、その神を崇ぶということはとりも直さず日本の国体でもあるわけだから天皇の思想的基本は国体であるということができる。国体を人格的に表現すれば神だ。

かみかぜの伊勢の宮居を拝みての後こそきかめ朝まつりごと

国体の根本に参じて政治にのぞむ御心構えであって伊勢の宮居とはいうまでもなく皇祖天照大神で

ある。神話の語る通り、天照大神は皇孫に、ふみ行うべき道の象徴として三種神器（鏡玉劔）をお授けになり、そして、日本はわが皇孫の道を行うべきところである。ゆきてこれを治《し》ろしめすべしと神勅をお下しになった。そして神武天皇は「上ハアマツカミ国ヲ授ケタモウノ徳ニ答ヘ」といわれたとある。これが日本歴史の淵源としての神話及び史話である。歴史は神話と接続し不可分離である。明治天皇が神武創業の始にもとづくとおっしゃったのは、此点でいえば、「上はアマツカミ国を授けたもうの徳に答える」ことに復ることとである。

　ちはやふる神の心にかなふべくをさめてしがな葦原のくに

神の心とは皇祖授国の精神である。神勅に神器に神の心はあきらかであり、又列聖これをうけ伝えられた御心に顕然である。

　くもりなき世をたもつとて千早ぶる神のさづけし鏡なるらむ

あきらかに皇祖天照大神の授けたもうた皇位の象徴三種神器についての仰せである。神器の鏡については、日本書紀に天照大神が皇孫ニニギノ尊に対し「マサニ吾レヲ視ルガゴトクスベシ」と仰せられたと伝え、伊勢に宮中に、崇敬を篤くされている事は国民周知のところである。しかし、天皇は、ただこれを一種の宗教的しきたりとして形式的に崇敬されたのではなく、常に神意の存するところを御自身、身を以てお確めになった。右の御製などはその一つのあらわれであって、「大日本帝国ハ万世一系ノ天皇之ヲ統治ス」の、統治に対する御内省でもある。文武天皇の即位宣命以来、宣命の一つの類型的表現ともなった「明浄直」の明はすなわちこの御製に於ける「くもりなき」であって、三種神器は、国体軌範の器教、日本国の器物憲法として万古有生である。伝統的道である。

つたへきて国のたからとなりにけり聖のみよのみことのりぶみ

「くもりなき」ことは光明にみつることである。かげのないこと、くらいところのないこと、公明正大なことである。私のないことであり、けがれのないことである。そのような統治の大道が示されても、それを代々の天皇が伝承し、不変の伝統となっていないなら、単なる古語、単なる古事に過ぎない。しかしそれが御代々の天皇によって動かすことのできない伝統となっているのが日本国体であって、これを道統という。皇統は即道統だというのはこの意味に於てである。かかる三種神器、又、その中心ともいうべき鏡があり、皇室の道統となっていても、国民がその意義を認識せず、それから遊離したり、それを忘れていたのでは宝の持ちぐされにひとしい。

国といふくにのかがみとなるばかりみがけますらを大和だましひ

榊葉にかくる鏡をかがみにて人もこころをみがけとぞ思ふ

国体は遠いところにあるのではない。祖先の神は過去の神話や歴史の中に没し去ったものではない。私達の手の届くところ、私達の眼の前にあるのである。

われもまたさらにみがかむ曇なき人の心を鏡にはして

明治天皇の大御心を鏡にして我が心をみがきさえすれば、国体の明鏡におのが身を浮べることができるのである。明治天皇は、第百二十一代の天皇として皇位にお即きになり、三種神器を御継承になった。だが、それは皇室の由緒ある貴重な財産をおつぎになったというような経済的財産観ではなく、我国不動の道統、鎮護国家の大宝として御継承になったのであった。この御自覚をうたわれたのが次の御製である。

あまてらす神のさづけしたからこそ動かぬ国のしづめなりけれ

もちろん道の伝承には歴史的変遷あるをまぬかれることはできない。

ひろくなり狭くなりつつ神代よりたえせぬものは敷島の道

である。しかし、この道をとらえ、この道に従って維新の大業はなしとげられたのである。明治天皇はおん眼を大きく見張って、皇祖皇宗の道を古典にお探りになった。

つたへきて国のたからとなりにけり聖のみよのみことのりぶみ

明治天皇は記紀に載っている皇祖皇宗の御心をおつかみになり、その神の心を心とされた。従って明治天皇の国体に対する御信念は確乎不動であると共に、それは必ずしも日本だけの道ではない。その中には世界万国が必ず範とすべきものを含んでいるとの御確信は教育勅語にもあらわれているが

わだつみのほかまでにほへ国の風ふきそふ秋の白菊の花

の御詠をみると、その教育勅語のお考えが美しい歌と調べとなってあらわれている。御製は、もとより詩であって勅語でもなく論文でもないから、国体とはこれこれしかじかであるというようなことはお詠みにならぬ。しかし、天皇が折にふれ機を得て御情感になられたところを、心のままに歌いあげられる詩の世界には又詩の世界に於ける国体詩がある。

千早ぶる神のひらきし道をまたひらくは人のちからなりけり

生成発展、創造に次ぐに開発を以てする神人一如の国体である。

千早ぶる神のかためしわが国を民と共にも守らざらめや

人民を恐れ、人民を邪魔者にしつつ人民を搾取し支配するようなものと同日に談ずることはできないのである。人民に媚びへつらって王位を維持するような者とは遥に異って

ちはぶる神の心を心にてわが国民を治めてしがな

いわゆる「皇祖皇宗統治ノ洪範ヲ紹述」（憲法告文）なさるもの、神の心を心とするとは誠に我国に於てのみいいうるところである。

明治天皇はつねに心から神にお祈りになった。祈りというものは、唯心論者にでも唯物論者にでもある。祈りのない人間はない。しかしその祈りには、一身一家の為めのものもあれば、一会社、一階級のためのものもあるなどさまざまである。天皇の皇祖皇宗に対するお祈りは、世の為め、民の為めにして身の為めに祈らずというものであった。かかる祈りを大公無私の祈り、聖なる祈りということができる。明治天皇は、そういう祈りを終身の祈りとなされた。

千早ふる神ぞ知るらむ民のため世をやすかれと祈る心は

明治天皇が個人としての内観において仏教を信仰なされたかどうかはわからぬが、皇祖神に対されては殆んど宗教的信仰――もちろん本質宗教的であって宗派宗教的でない――をお持ちになっておれたようである。それは上に掲げた数々の御製によってもわかるところであるが

日の本の国の光のそひゆくも神の御稜威《みいづ》によりてなりけり

国民のうへやすかれと思ふにもいのるは神のまもりなりけり

明治天皇ほど純真に神を信じ、神を敬い、そして神の心をさながらに御自分の心となしえた者はあるまい。

とこしへに民安かれといのるなるわが世をまもれ伊勢のおほかみ

皇祖天照大神のみ前にお祈りになる天皇のお姿は尊い。天皇とは或る意味で祈りの塊である。

末つひにならざらめやは国のため民のためにとわがおもふこと

日露戦争が終ったのは明治三十八年だが、此の御製が戦中のものであるか戦後のものであるか私にはわからない。だがそのいずれにしても、天皇が国のため民のために大御心を用いられた祈りの御製、誓の御製であることはあきらかである。謙虚な祈り、そして強い誓、それが明治天皇の、明け暮れの、大御心に於ける矛楯の二面なのである。

天下に人君となって臣民を愛しない者は必ず亡びる。民を愛しない者は王者とするに足りない。これは古今東西の大則である。一体君主から観た場合人民は何と観念さるべきであろうか。古代支那の王道論、古代印度の帝王論、西洋史上の君主観など、みなこの問題についてさまざまな考え方を教えている。だが稀に名君といわれる者が単発的に出現することはあっても概していえば、人民とは命令支配さるべきもの、君主の財産の一つ、労働の余剰価値を搾取さるべき生物ということであった。これに対して人民が行動を以て答えたのが、東西の歴史に血なまぐさい記録をとどめた易姓革命なのである。だが、明治天皇における国民は、国の宝であった。ちかごろ人間国宝という観念が生まれたが、明治天皇においては、国民そのものが直ちに国宝なのであった。

あしはらの国富まさむとおもふにも青人草ぞたからなりける

青人草とは蒼生とも書き、人民のことである。人民は国家の宝であるというのは、さきに奉掲した「千早ぶる神のひらきし道をまたひらくは人のちからなりけり」の御製の通り、道を開拓し、道義国家を建設経営する担い手として民を観たもうからである。この御歌には単に「人」とあるが、その人とは「民」にほかならぬ。日本国民にほかならぬ。決して単なる自然現象としての人、自然人を指すのではなく「国民としての人」を指すのである。国家生活のなかにあっては、国民でない単なる自然的実存としての人を考えることはできない。人はすべて国民であり、国民は国家共同体の担い手であり、それから逸脱することは許されない。中には思想の誤りから逸脱しようとする者もあるかも知れないが、国家は国家の定めた合法的場合、たとえば外国への帰化などのほかには絶対にそれを許さない。たとえ合法的に日本の国籍、つまり国民たる事を離脱するのもその人が合法的に他国の国民となることを前提とする場合に限られる。明治天皇は日本国民としての人を、ヨーロッパその他に見られた人民は家産国家の財産であると考える思想、或いはマルクス思想に顕著な国家は支配者が労働の余剰価値を搾取する道具だというような一切の奴隷的人民観と異り、国民はいわゆる天業の担い手としての高貴な国宝として尊重せられたのである。

明治天皇は深く国民を慈愛なされた。いったい人を愛するといっても、自分の夫や妻を愛する、自分の子を愛する、乃至自分の好きな人を愛するのは根源、本能に基いているのである。しかしもっと広く人を愛するということは決して容易なことではない。味方は愛するが敵は憎む。マルクスの唯物史観に基く階級の観念、そこから導き出される階級闘争に於けるエネルギーは憎悪ということである。憎悪の念が燃え盛ってくれれば、相手を虐殺し、破壊し去り、破滅せしめるほかない。恐るべき史観である。武士階級は武士階級を愛するが農民は愛さない。労働階級は労働階級を愛するだけで資本階級は愛さない。

あさみどり澄みわたりたる大空の広きをおのが心ともがな

大空の広さ、それはありとしあらゆるものを包含しておのおのそのところを得せしむる神の愛にもひとしい。寛仁とか大度とかいう言葉もあるが、天皇は端的に澄みきった朝の大空を以て御自分の心となさろうという。大自然はそのままに天皇の御心となるのである。国体論の言葉に一視同仁というのがある。古来の天皇の諸詔勅には奈良朝時代から、民を愛児のように思うとか（宣命）、民を子育するとか（桓武天皇）、千里憂を分つとか（清和天皇）、万民塗炭の苦しみにおちかけているのは仰いで祖宗に恥じ俯して万民に恥ぢる（孝明天皇）というような御表現が非常に多い。貴族は貴族の武士は武士の利害休戚を思う中に、日本の天皇はつねに国民を愛撫されるということが、夥しい詔勅でわかるのである。これを一視同仁というのだが、詔勅は元来公表するものだ、だからどうしても誇張もあれば修飾もあるわけだから、そのような一視同仁は公式的なもので、実際には割引きして見るべきものだという考え方もある。そこで、誰に示すわけでもなく、御自分の御心を三十一文字に託し、草稿はお手許に保存されるにとどまる御製の如きものが、天皇のほんとうの御心を知る上に極めて大切な資料となるわけだ。

ちよろづの民の心ををさむるもいつくしみこそ基なりけれ

これは天皇御自身の御心においい聞かせになったものであろうが、又多くの大臣官僚ら国政の任にある者へのお言葉とも解されるが御題は「仁」となっている。仁は恵であり又慈である。人をいつくしむ心、それは尊い心である。「日蓮が慈悲広大ならば南無妙法蓮華経は万年のほか未来までも流るべし」という文を読んだある天台宗の坊さんが「日蓮が智慧広大といわずに慈悲広大といったのには感動させられた」といったというが「王者無敵」とは、このような仁愛慈恵の心を持つ者がまことの「王」だとする支那の王道哲学の考えである。明治二年英国皇子が日本を訪れた時、「祝」と題し、三条実美を以て御製一首をお贈りになった。

世を治め人をめぐまば天地のともに久しくあるべかりけり

明治二年といえば天皇の宝算十八歳、今流にいえばまだ少年であられた。その少年天皇は早くも王者無敵の悟道に達せられそして天壌無窮の発するところ実にこの仁愛慈恵に存することを仰せになったのみならず英国皇子を通じて、英国の王室もまた天壌無窮であれかしと、教え且つお祈りになられたのであって、広大なる天皇精神の巧まざる流露だと拝察する。わが国に於ける皇統皇位が万世一系でありえたのは、やや宗教的にいえば、天壌無窮の神勅を下された天照大神の神威神徳であるが、歴史的客観的にいえば、列聖が神勅神器に示された王道を奉戴継承されたからであって、皇位は道と共に永久だということになる。明治天皇は御自分の日本天皇としての万世一系天壌無窮の皇位体証の史観にお立ちになって、英皇室に「祝」として英皇室又万世一系天壌無窮なれよと祈られた。その仁愛慈恵の精神の大きさや深さは、げに、測り知りがたきものがある。

明治天皇はほんとうに国民を愛された。否単に「愛」といっただけでは十分にいいつくせないから「仁愛慈恵」というのである。

事有るにつけていよいよ思ふかな民のかまどの煙いかにと

これは御製作の明治三十七年から考えて「事有るにつけて」とは日露戦争勃発軍国多事の事をお指しになったものと解されるが、それにつけても国民の生活はどうであろうかと御心をなやまされるのである。仁徳天皇を思い出すに十分である。壮丁はどしどし遠い戦場に応召してゆく。

こらは皆軍のにはにいではてて翁やひとり山田もるらむ

天皇の御慈念は、春雨のしとしと大地草木を潤すかのように名も無き民の、老いたる農民の一人一人の上にそそがれる。

照るにつけくもるにつけて思ふかなわが民草のうへはいかにと

夜が明けても日が暮れても雨につけ日照りにつけ、天皇の御念頭から消えやらぬのは「民いかに」の一事であった。昔歌人将軍源実朝は「時により過ぐれば民の歎きなり八大龍王雨やめたまへ」と詠じた。だが明治天皇は「照るにつけくもるにつけて」の御軫念である。

　民のため心のやすむ時ぞなき身は九重の内にありても

天皇の御一身は宮城皇居においでになる。だが、天皇の御心は常に国民の中にある。支那事変から大東亜戦争へと拡大していった頃「常在戦場」という言葉がよく使われたが、天皇の御心は「常在民中」である。それが時として農民に時として老臣に時として野戦攻城の兵士に時として教鞭をとる教師にと、時と所と機会に縁してこまかくわかれはするが総じて「国民を仁愛慈恵」されるのである。時には炎天下にはたらく農夫の上に御心を走せられる。

　暑しともいはれざりけりにえかへる水田にたてるしづを思へば

またある時は戦に傷ついた兵士の上に御心を寄せられる。

　たへがたき暑さにつけていたでおふ人のうへこそ思ひやらるれ

ある時は、みのりの秋を前にした切実な農業者の心を御自身の祈りとされる。

　山田もるしづが心はやすからじ種おろすより刈りあぐるまで

　秋風はふきなあらびそ足曳の山田のをしねかりあぐるまで

又ある時は雪中を重荷を積んであえぎあえぎ車をひく者の労苦をおもいたもうて

　しづのをが一人ひきゆくをぐるまの重荷の上につもる雪かな

ある時は、川舟が雪の降る日、寒ければ他に乗る者とてもなく下ってゆくのを御覧になり、水夫の心をおしはかり、

　乗る人はありともみえず苫の上に雪をつみてもくだる川舟
ある時は又樵夫《きこり》の子供の姿をみそなわして
　柴かりにいとけなきよりいづる子はまなびの道に入るひまやなき
とて、その就学に御心をおくだきになる。それは海人についても同じことで
　いさりする親をたすけてあまの子はいとけなきより小舟こぐなり
　あびきする親に力をそふるかな海士が子供は幼けれども
時として工人の上に
　外国におとらぬものを造るまでたくみの業にはげめもろ人
という祈の御心となってあらわれる。寒ければ寒いで
　盃をはやくとらせよふりつもる雪ふみわけて人のまゐきぬ
温い大御心に、盃を頂いた者は寒さを忘れて聖恩のかたじけなさを味わったことであろう。
　たちつづく市《まち》の家居は暑からむ風の吹き入る窓せばくして
　幼児を育みながら田に畑にいそしむ賤の暇なげなる
　桐火桶かきなでながら思ふかなすき間多かるしづが伏屋を
　賤が住む藁屋のさまを見てぞ思ふあめかぜあらき時はいかにと
どれ一つとして民をいとしまれたものでないものはない。地方に行幸になれば、その頃は今のように天皇が民間の経営する旅館にお泊りになるということはなかった。たいてい県庁などにお泊りに

なった。多少の設備はするにしても、とても宮城の御殿のようにはゆかぬ。しかし

せばしとも思はざりけり県人《あがたびと》こころづくしの旅のやどりは

と奉迎のまごころをおよろこびになる。それもまた、民を仁愛恵慈される御心の発露でなくして何であろうか。地方に行幸になれば、知事もお側に伺うし、県庁にもお泊りになり強く地方長官が御印象にのこる。

県守こころにかけよしづがやのかまどの烟たつやたたずや

第一に御心にひびくのは地方の民生のことであり、県守《あがたもり》すなわち県知事が民生について心砕くべきことをお望みになる。一視同仁、民を視ること赤子《せきし》の如き大御心を、津々浦々の民の生活に徹底させることをお望みになるのである。

しまといふしまのはてまで司人めぐみの波をかけなもらしそ

天皇は又地方行幸のたびに、多くの奉迎者に接せられてこまかい御心遣いをなさる。

旅にいでしわれをむかへて里人が千々にこころをつくすとぞきく

草まくら旅にいでては思ふかな民のなりはひさまたげむかと

以心伝心で、こういう大御心であればこそ、行幸をお迎えする地方の民も、嬉々として生業を犠牲にもするのである。

植民地という言葉がある。いやな言葉だがあったのだから仕方がない。日清戦争以後日本にとって

は台湾と朝鮮とが大きな植民地であった。この二大植民地にはそれぞれ固有土着の人民がいた。そこへ日本の政治が及ぶこととなったわけだが、植民政治というものはその大先進国である英独仏伊西蘭米等諸国の歴史でわかる通り、甚だ多くの非人道的要素を含むものであった。しかし、明治天皇は明治三十年台湾総督乃木希典に対し下された勅語に於て「宜シク民情旧慣ヲ視察シ、撫恤ヲ加フヘシ。卿ヨク朕カ意ヲ体シ、官紀ヲ慎粛シ政綱ヲ簡明ニシ、以テ徳化ヲ宣揚スルコトヲ勉メヨ」と御命じになり、力の政治、弾圧の政治を斥け徳化の政を施せと御指導になった。乃木は忠誠の人であった。天皇の仰せはこれを畏み拝して誤ることなきを期した人であった。果せるかな、台湾の治は欧米諸国のいわゆる植民政策と異るものがあり、島民みな皇化に浴しその慶福を増進する処頗る大であった。これは日本が敗戦した後の台湾島民の我国を慕う実状に照してもよくわかる。天皇の思召を奉じて総督以下よく愛民の聖旨徹底につとめたからにほかならぬ。

新高の山のふもとの民草も茂りまさるときくぞ嬉しき

の御製は、台湾人のよろこびをおよろこびになったのである。天皇は又朝鮮に対しても同じ大御心でお望みになった。

いつくしみあまねかりせばもろこしの野にふす虎もなつかざらめや

だが朝鮮の方は、天皇統治が徹底せず、徒らに欧米流の官僚的支配政治に堕した結果、不幸な事態となり終戦二十余年の今も尚その禍が糸を引いている。「いつくしみあまねかりせば」と天皇はお考えになり、これ又詔勅等を以て御指導になったのだが、日露戦の勝利に心驕った我国の官僚、軍人、これを支持する国民らがよってたかって統治を支配に顚落させたのは、顧みて遺憾に堪えないところといわねばならぬ。

天皇は又戦死者の家族に対し

国の為たふれし人を惜むにも思ふはおやのこころなりけり

又戦死した護国の神に対しては

よとともに語りつたへよ国のため命をすてし人のいさをを

靖国のやしろにいつくかがみこそやまと心のひかりなりけれ

とお詠みになられた。天皇は又老人に対して殊の外おいつくしみの御心が深くいらせられた。天皇御自身漸く御老境に入られた頃

をさな子にひとしくなれる老人をいたはることをゆるがせにすな

おとろへしさまは見えねどおいびとの涙もろくもなりまさりぬる

の御詠がある。老臣がいろいろ言上するうちにも、正確に老人というものを把握せられたことは

ものわすれするを常なる老人も昔がたりはたがへざりけり

のお歌にも明かであるが、これは単なる写実ではなく、限りない御慈愛のあらわれであろう。老いの繰りごとともいう通り、老いたる者は相も変らぬ昔語りをするものである。天皇はそれをうるさいともお思いにならず、ほほえましい繰り言として御耳を傾けてつかわされる。それが老者に対する御慈愛にほかならぬ。だから老臣好んでしばしば天皇の御機嫌奉伺に参内する。

ゆるしたる杖をちからに老人がけしき聞かむと今日もきにけり

「ゆるしたる杖」とは八十歳以上の老人に賜る宮中杖であって鳩杖ともいう。鳩杖をついてとぼとぼと御機嫌伺いに宮中に参内する人の多いということは、実にほほえましい光景だが、天皇もまた老人から昔語りをおききになるのがお好きのようであった。

老人をつどへてけふもききてけり弓矢とりにし昔がたりを

明治天皇は少年時代から乗馬がお好きであられた事は前に記しておいたが、馬を始め動物に対する御愛情も深かった。

のる人の心をはやくしる駒はものいふよりもあはれなりけり

足なみのかはるをみればのる人のこころを早くこまはしるらむ

二首とも馬の心を察したもうたお歌であるが御愛馬の年老いゆくにつれ、またおんいたわりの心切々たるものを拝する。

うちのりて雪の中道はしらせし手馴のこまも老いにけるかな

ひさしくもわが飼ふ馬の老いゆくがをしきは人にかはらざりけり

人を惜しむ心も馬を惜しむ心も同じだとおっしゃる。それだから

鞭うつもいたましきまで早くよりならしし駒の老いにけるかも

愛禽獣に及ぶわけである。

人ならばほまれのしるし授けまし軍のにはにたちし荒駒

ともお詠みになられた。馬ばかりではない籠の中の小鳥に対してさえ

籠のうちにさへづる鳥の声きけば放たまほしく思ひなりぬる

軍用品を運ぶ牛をお思いになっては

つはもののかてもまぐさも運ぶらむ牛も軍の道につかへて

牛よありがとう御苦労だよ兵よ牛をいたわってやれ。私は青年時代ロンドンの公園でしばしベンチに休んでいると、雀が私の肩にきてとまったのに且つは驚き且つは英国を羨ましいと思ったことがあるが明治天皇は小鳥野鳥を愛された。

餌をまきていざあさらせむわが庭にけふも小鳥のなれて遊べる

あしびきの山下庵はしづかにてかはぬ小鳥も庭になれつつ

生きとし生ける者を皆いとしみたもう。それは生命の哲学というよりはむしろ生命の宗教といわねばならぬ。明治天皇の御製には鳥に関するものがすくなくないが、御園に遊ぶ鳥を黙って御観察になってはいろいろお考えになり、そして美しい歌をおよみになる。

かくばかりひろき林をいかなればひとつ木にのみ鳥のとまれる

鳥と共に楽しまれる御心境とおもうが、園の老松に鶴が巣ごもれば、それをじっと御覧になりつつひなの巣立つのを指折り数えてお待ちになる。

あしたづのやどりとなれる老松はいくらのひなかおほしたてけむ

鳥までやさしき大御心に浴するのである。否鳥どころではない、聖愛は植物にも及ぶ。「老松」の

御題詠で

やしなひてなほも齢をたもたせむ庭にちよふる松のひともと

という一首を拝するが、心をあたため、いのちを浄める玉詠である。松に霊あらば定めし感泣時を久しうしたことであろう。

明治天皇は国民を御信頼になり、それ故に国民に期待をかけられること甚大であった。

千万の民の力をあつめなばいかなる業も成らむとぞ思ふ

ナポレオンは彼の辞書には不可能の文字無しといったというが、これは面白味はあるが所詮単なる傲語に過ぎない。しかし、明治天皇は人の世界には可能の限界性あることの認識の上に立たれ、可能の最大限が何であるかを知っておられた。思う一念岩をも通すという観念的なものでもない。大衆の力である、国民全体の一致団結の力である。日清日露の両戦争の勝利でも、もっとひろく維新以来、世界の眼をみはらせた日本の人類史上空前の大躍進でも、それらは皆「千万の民の力を集めた」結果である。だからこの御製は国民への信頼であると同時に又厚い御期待でもあるわけだ。

をちこちにわかれすみても国を思ふ人の心ぞひとつなりける

日露戦争の終った四十五年後の頃の国民精神の一致団結をお詠みになったものではあるが、かくあるべきが日本国民でなければならぬのは昔も今も、否今一層切に願われるところであろう。

万民こころあはせて守るなる国に立つ身ぞ嬉しかりける

これも同じ頃の御作である。そして、国民が各自の志す各自の分担する職業にあって、生産や社会奉仕にいそしみつつある時、天皇はみ心の中に祈られる

みちみちにつとめいそしむ国民の身をすくよかにあらせてしがな

軍人や官僚が威張って横暴になるのは、往々起り易い国家現象で、戦時、特に大東亜戦争に入ってから甚しかった。国家権力と結びついた者共はその仲間の安泰自由を第一に心掛けるのが特権だと思い易いが、明治天皇は「道道に勤めいそしむ国民」とおっしゃる。又

国をおもふみちにふたつはなかりけり軍の場にたつもたたぬも

とおっしゃる。これが明治天皇の国民観であって、国宝たる国民の繁栄こそ国家発展の基礎なのである。昭和前期の軍人第一、官僚第二、国民第三の口先きだけの国体明徴とはわけがちがう。

民草のしげりそふこそ葦原の国のさかゆくもとゐなりけれ

明治天皇は実に内省克己の力の勝れた方であられた。己れに勝つということは仲々困難だが、天皇の克己力、殊に一天万乗の君といわれる至高の地位に居たまい、しかも皇威赫々たる日に於て、余人の追随を許さぬ克己力を発揮されたことは全く驚歎に価いする。天皇は日々の政務をみそなわされるのがお忙しいという理由で、曽て避暑避寒をなされた事がない。宮城内において四季折々の花をめでられるようなことは、多くの御製によっても窺えるけれど、それすらも

おのがじしつとめを終へし後にこそ花の蔭にはたつべかりけれ

の御製によって知られる通りのお考えであらせられた。政務御多端の時には御園の梅すら御覧になる

お暇のなかったことは

まつりごといとまなきまに過ぎにけり久しと思ひし梅のさかりも

ということすらあった。

大臣、侍従、否御母后英照皇太后も明治皇后も夏には御避暑を、冬には御避寒を幾度びかおすすめになったけれど、天皇には曽て一度もそれをなされなかった。天皇と雖も人間であられる以上、暑い時には涼しい処へ、寒い時には温かいところにお出かけになりたいのは、余人と同じことである。「夏山水」の御題

年々におもひやれども山水を汲みて遊ばむ夏なかりけり

というを拝唱する時、大臣、貴神、富豪はいうに及ばず、庶民たる者ですら痛みいらない者はあるまい。

こがねゐの里ちかけれどこの春も人伝にきく花ざかりかな

これもまた同型の御製の一つである。

おもうに、天皇は天皇の天職ということに徹底されたお方で、いわば無限大の責任を御自覚になられたのである。天職の文字は天皇の勅語にも御使いになってあるが、ある時宮内大臣に対し「卿等には辞職という事があるが、朕には辞職が許されない」と仰せになったと伝えられるが、この御自覚こそ、天皇の天皇たるゆえんである。

天をうらみ人をとがむることもあらじわがあやまちを思ひかへさば

この御製は、私の所持する数種の御製集には出ていないが、大隈重信の「国民読本」の中に掲げて

あり、たぶん明治三十七八年前後の御製かと推量する。これは一般的に反省ということをお詠みになったものかも知れないが、おのずから天皇御自身の御境地をお歌いになられたものであって、いわば無限の反省と無限大の責任が示されているよう思われる。寛仁大度ということもかかる御心境から流露する天徳であろう。

天皇は御自分の御信念で、生涯このような御生活を貫かれたが、さりとてこれを人にも強いるというが如き偏狭なるおふるまいもまた唯の一度もなかった。英照皇太后御在世の砌には皇太后に、又皇后様にもしばしば沼津その他の御用邸に御避暑御避寒をなされしめられたし、大臣高官連に到っては、贅をつくさざるは無いといってよかろう。明治天皇の御代に宮内省調査課長を奉仕した栗原広太という人の記すところによると、御治世四十五年間に御避暑御避寒の行幸といえば、明治六年八月、皇后陛下と御同列で約二旬箱根宮の下に御駐輦《れん》になったことが唯一回だけあったという。その他、御遊楽の行幸ともいうべきものとしては明治十四、十五、十八の三箇年のうちに、八王子と府中にお成りになり、兎猟をお催しになったことがあるだけだという。

明治四十四年の十一月といえば、御発病、崩御の七ケ月程前であるが、陸軍大演習の御統監のため九州の久留米に行幸遊ばされた。つまり天皇御一代の最後の地方行幸であるが、その往復の御途すがら山口県防府の公爵毛利元昭の別邸を以て行在所《あんざいしょ》（天皇御旅行中の仮の御宿、「あん」は「行」の唐音）となさる旨仰せ出しがあった。御駐輦は往一日返一日であるとされた。ところが、毛利家ではこれを無上の光栄とし直ちに奉迎の準備に着手すると共に、旧臣の縁故ある桂太郎、井上馨らを以て還幸の砌には是非数日御泊りを仰ぎ御静養の程願い度いと請願に及んだ。毛利の別邸は前面が海、後は山続きの眺望絶佳、気候も頗る温暖で、閑静を極めたところであるので、聖体の御休養と共にいささか御旅情をお慰めできると考え、かくは請願に及んだものであった。しかし天皇は今回の行幸は大元帥の職務を行う公務の旅行だからたとえ大演習を終った後でも必要以外に滞留はできぬとて御帰路も御予定通り一日の御泊を御変更にならなかった。明治天皇とはそういうお方であった。

御召物、御調度品なども質素を極められたこともよく民間にまで知れわたっている。明治天皇に侍従としてお仕えした男爵沢宣元の語るところによると、天皇は些細なものでも粗末になさらない方であった。いろいろ工夫して廃物利用をなすった。その頃、奏上袋と称し各省から親裁を仰ぐべき書類を省別にして御前に差上げる紙袋があった。二重封筒の様式になっているのだが、天皇はこの袋の端をナイフで御裂きになっておひろげになる。どうなさるのかと思っていたら、この大きく一枚に切りひろげられた奏上袋の裏に、その折々の御詠吟をお書き留めになる。何しろ天皇は一日に三四十首御作歌になられたのだが御政務のあいまにふとお考えがまとまると、すぐこの紙にお認めになり、沢男爵がお仕えしてから御登遐《ごとうか》（お亡くなりになる）まで、新しい紙は一度もお使いになったことがないという。

矢張り沢男爵の話であるが、表御座所の御椅子の下には獅子の皮が敷かれていた。長年の御使用でこの皮がだいぶ痛んで切れかけてきた。すると、天皇はこれを修繕せよと御下命になられた。そこで早速宮内省御用達の皮屋に修繕を命じたところ、皮屋のいうのには獅子の皮は修繕が困難の上、これは余りにひどく痛んでいるので所詮元通りにはならぬ、たっての仰せとあれば他の獣皮で補うのほかないとのことであった。そこで侍従からその由をつぶさに復命すると、天皇には他の獣皮で補っても苦しくないとの仰せであったので、やむを得ず仰せを畏んだということである。御服なども裏が破れても仲々新品調製のお許しがなく、修繕させてはそれをお召しになったという。軍人勅諭には質素を旨とせよとお諭しがあり、教育勅語にも「恭倹己レヲ持シ」との仰せがある。それを天皇は至高の地位と剰え権力の上に坐しながら黙々として実行なされたのである。凡人の容易になしうるところではない。実に鉄の御意志というのほかない。

　思ふことつらぬかずしてやまぬこそ大和をのこのこころなりけれ

その大和男子の典型であられたのである。

幕末当時の宮廷費が僅か一万両くらいで、御食膳その他万事質素にお育ちになったことからも一つの習性ともなっていたろうし、又天皇の御性格のしからしめるところでもあろう。だがそれ以上に、天皇の天職に対する測り知り難い程の御自覚に基くものといわねばならぬ。天皇は徳川慶喜親征の詔の中で、国威の立つ立たざる、蒼生の安き安からざる

　朕カ天職ヲ尽クス尽クサザルニ有レバ、日夜寝食ヲ安ンゼズ甚ダ心思ヲ労ス

というお言葉があり、又億兆安撫の御宸翰にも「天下億兆一人モ其処ヲ得ザル時ハ皆朕カ罪ナレバ……朕自身骨ヲ労シ……治績ヲ勤メテコソ始テ天職ヲ奉ジテ、億兆ノ君タル所ニ背カザルベシ」と仰せになられたが、この天職に対する御自覚にもとづき、先ず第一に御自身に厳しくなすったものと思われる。それ故、天皇は常に御内省を怠りたもう時がない。

暁のねざめしづかに思ふかなわがまつりごといかがあらむと

暁ふとお目醒めになると第一に御自分のまつりごとにあやまりありしや否やの御反省が起る。お目醒めの時ばかりではない。

世の中をおもふたびにも思ふかなわがあやまちのありやいかにと

それぱかりではない、読書をなされてもその都度御反省になる。

いにしへのふみ見るたびに思ふかなおのがをさむる国はいかにと

輔弼の臣はあまた侍るが、輔弼者に責任をなすりつけてよしとする事はできぬ。憲法上は無答責でも、国体上は無限大の責任をお感じになる。

ひとり身をかへりみるかなまつりごとたすくる人はあまたあれども

「たすくる人」とは輔弼の臣である。天皇程道義的責任感の旺盛な方はない。たとえ臣下の犯したあやまちでも、窮極に於て天皇は道義的に責任を痛感なさった。

天をうらみ人をとがむることもあらじわがあやまちを思ひかへさば

我が心われとをりをりかへりみよしらずしらずも迷うことあり

皆反省の御詠にあらざるはない。いったい人というものは御製にも

おのが身はかへりみずしてともすれば人の上のみいふ世なりけり

とあるように他人に向かって不平をいい、他人をかれこれ批判はするが己れについて反省しないのが世の常である。明治の御代の大建設も、つまりは上に天皇の如き偉大な反省克己の君を戴いた事に

大きな運があったといいうるであろう。

明治天皇にもいろいろお楽しみがあったろうと思う。天皇は酒をおたのしみになった。毎晩召しあがったようであるが、それも確に天皇のお楽しみであったろう。酒について御製集は唯一首だけ載せている。

冬の夜の寒さをしのぐ酒だにもえがたかるらむつはもののとも

日露戦争中の御作であるにちがいないが、酒を召しあがりながらもすぐ戦地の兵の不自由をおしのびになる。この御心が慈雨なのである。天皇は又乗馬もなさった。それも大元帥としての御必要はともかくとして、天皇には一つのお楽しみであったろう。琴、管絃などをお聞きになる事もあった。地方行幸の際など、美しい景色をごらんになるのも確にお好きのようであった。作歌をなさることもまたやはり大きなお楽しみであった。それら心の楽しさをお詠みになった御製もすくなくはない。

月に日にさきそふみえて楽しきはわがしきしまのやまとなでしこ

うつろふな霜はおくともわが見つつ楽む庭のしら菊の花

たのしみは果なきものを夕日影かたぶきにけり秋の山ぶみ

さまざまの野菊の花をしどけなくうえたる庭のおもしろきかな

この秋もところどころにきくの花うゑてたのしむ九重のには

秋の夜のながくなるこそたのしけれ見る巻々の数をつくして

石上ふるきてぶりぞなつかしきしらぶる琴のこゑをきくにも

皇族方をはじめ、各閣僚、重臣、それに各国の大公使を召して宴会をお催しになることもまた一つのお楽しみであった。しかしそれは単に天皇の個人的楽しみではなく、天皇として国家元首として群臣、外臣に宴を賜うのであるから一つの公務のようなものである。きらびやかな内外貴婦人のあで姿、端麗なる貴紳大官、それらが平和の御代をことほぐうたげ、いかばかり大きな君臣の和楽であったろう。

たまだれの内外の臣をつどへつつうたげする日ぞ楽しかりける

「たまだれ」は「内外」の枕詞である。乗馬もまた楽しい。

乗る駒に小草はませてやすらへば鞍のうへ白く花ちりかかる

馬上ゆたかに鎧の袖に散る山桜を歌に詠んだ勿来の義家をも彷彿とさせる御詠で、拝誦する者の心にも楽しさがわきあがってくる。地方への御旅行に美しい山水を見そなわすこともお楽しいであろうが、天皇には何よりも

くにたみのつらなる道をかつみつつ旅にいづるがたのしかりけり

沿道に奉迎する民草の姿を御覧になるほどお楽しいことはなかった。しかし、そのお楽しい地方行幸ですら

草枕旅にいでては思ふかな民のなりはひさまたげむかと

とお思いになる。それが、天皇の統治である。かように楽しみと一口にいってもいろいろあり、読書などもやはり一つのお楽しみであったことは「秋夜長」の御題詠に

秋の夜のながくなるこそたのしけれ見る巻巻の数をつくして

とあるによっても窺いうるところである。だが、そうした個々の楽しさというものは誰れにでもあることで、明治天皇も人間であらせられる以上、われらと著しく異ったものをもたれたわけではない。少年の頃には相撲がお好きであったというし、後には宮中で何回か天覧相撲も催されたこともあり、今上陛下が殊の外に相撲がお好きで、時々国技館に皇后陛下御同伴で行幸なさる時のお姿をテレビで拝見すると、いかにもお楽しそうにお見受けされるし、一般の観客も心から御同席を光栄に思って歓喜しているさまがうかがわれ、君民和楽を地で行っているような思いがする。だが、天皇のお楽しみ、お喜びの中には天皇でなければお味いになれぬものがある。それはわれわれの境界ではどうにもならないものであり、天皇という至高の地位に立たれた方にしてはじめて味いうるところである。

千万の民と共にもたのしむにます楽はあらじとぞおもふ

これは「楽」という御題である。又次のような御製もある。

なりはひをたのしむ民のよろこびはやがてもおのがよろこびにして

国民が生業を楽しんで喜んでいることが、天皇のお喜びであるというのであるから、その楽しみ、その喜びは、全く王者の境界にして始めて可能なものといわねばなるまい。民と共に楽しむ、支那の王道論でいえば天子無外の楽しみである。ほととぎすの一声をお聞きになっても

ほととぎす雲のようなる一声はをちかた人や聞き定むらむ

と、不特定の一般人の上に御心を走せられるのである。明治皇后のお歌に

わが君はきこしめさずや時鳥みはしに近き今のひとこえ

とあるが、皇后はほとときすをお聞きになってすぐ天皇のおん上に思いをよせられ、天皇は時鳥の一声にをちかたの民の楽しみをお思いになる。これが日本の天皇精神の発露なのである。

明治天皇の御製集の中に、新聞紙についての御詠が唯一首だけある。そういう意味で、珍しいお歌の一つというべきだ。「新聞紙」という御題詠である。

みな人の見るにひぶみに世の中のあとなしごとは書かずもあらなむ

毎朝夕天皇の御覧になる新聞は一々消毒し不潔な記事は切りぬいて差しあげるなどといううわさがあったが、戦後明かになったところではそんなことはないようである。女官奉仕をした平田三枝の語るところによると全国著名の新聞にはお目をお通しになり、記事によっては皇后にも御覧になるようおすすめになり且つ新聞紙は皆命じて御保管になったという。天皇統治の要件は、みそなわす（見）、聞こしめす、知りたもうということにある。善いものも悪いものも、清も、濁も、美しいものも醜いものも、すべて日本国を実の如くに、ありのままに御覧になり、お聞きになり、お知りになるのが肝要である。今の御製を拝しても、切りぬいたものでなく、新聞紙を御覧になっておられたことがよくわかる。御題は新聞紙だが、意味からすれば雑誌、今なら週刊紙の類迄一切網羅されると思う。ジャーナリストらは、此の御製の前に冷汗三斗するがよい。「あとなしごと」とは根拠のないこと確実でないこと、想像で書くこと、いろいろな意味に取れようが、要するに人が迷惑するようなことである。

天皇は新聞をお読みになってそのようにお感じになられたのである。新聞は社会の公器ともいわれる。これを発行するのは株式会社である新聞社であるから、売れさえすればよいという商業利潤主義がどうしてもつきまとう。新聞社、新聞人も一面では公器だとも思うではあろうが、他方、販売政策もつねに心につきまとう。従って一分一秒でも他の新聞社より早く報道したいと思う。日日生起したる種々の事件のことであるから、もとより学者が真理を探求するような構えで臨むことはできない。しかし、一分一秒を争えば、勢い事実の確実な聞きこみや調査はおろそかになり勝ちだ。自動車がはんらんして輪禍事件が多くなったので、車を走る兇器などという。これに倣っていえば、新聞紙はしばしば書く兇器となる。書く方は速報主義で、書かれる人に対したいした深い配慮もなしに筆を走らせるのだが、その結果として、多大の迷惑を受ける人がすくなくない。殊に週刊紙のたぐいに到っては、よくもこんなくだらぬ事をと思われるような、俳優らの私事私行などの記事で毎号毎号誌面を埋めつくしているといっても過言ではない。名誉毀損の告訴事件が、新聞社や雑誌社を相手どってしばしば起されるのは、書き逃げした書く兇器に対する、書かれた被害者の自己救済にほかならない。そうかといって書かれた被害者、書き逃げされた被害者のすべてが告訴しうるものでもないから、要するに新聞雑誌に書き逃げされ迷惑している人はどれだけあるかしれない。私なども、新聞、雑誌に書き逃げされた経験が一再ならずあり、その都度、新聞雑誌の無責任な、或いは興味本位の、或いは一定の偏見にもとづく毒筆を憤ったものであるが、この御製を拝見して明治天皇が、こんな民間の裏みたいなことにも深い留意をなさったことを知り、その大御心のありがたさに感動せざるを得ないものがある。

明治天皇といえば御写真などで拝見する限り、極めておごそかな御風貌である。天皇は写真がお嫌いで御一代のうち、写真をおとりになったことは極めて稀であったと承る。全国の学校に御下賜になったものは、大元帥の御正装のもので御壮年期のものだが、いかにも厳然、厳粛のお姿である。本章冒頭に奉掲したのは御晩年のものであるが、カーキ色の軍服を召し、横顔の御撮影であるが、頬ひげをはやしておられる。これは一言でつくせば慈顔である。慈愛があふれている尊顔で、仏教でいう慈悲の菩薩というものはこういうのであろうかと思わせられる。御製の表現でいえば、いつくしみあまねき御顔である。以上二種のお写真は、一般にわれわれが手にし得る代表的なものではあるが、一は尊厳、一は慈愛の御風貌であり、そこから私達が想像しうる天皇の人格、お人柄というものは、それぞれにちがった面のようである。だがこれらの御風貌からは、天皇の諧謔といったような面は、直接には引き出し難い感がある。

だが、御製は意外にも時に天皇が諧謔の持主でもあられた事をわれわれに教えてくれる。人間には面白味のある人とない者があり、それは天性にもとづくものであろう。明治天皇がそうした面白味をお持ちになられたことが、御製を通じて明かにされれば、聖天子明治天皇というイメージに更に人間味ゆたかなものが加わると思う。「蝸牛」つまり、かたつむりをお詠みになった御製

世のさまはいかがあらむとかたつぶりをりをり家を出でて見るらむ

の如きはその一つである。かたつむりが、貝殻の中から頭をちょっと出しては、又ひっこみ、又出すさまを御観察になっているうちふとそんな事をお考えになり、きっと玉顔に笑をおもらしになったのであろう。皇后様にか女官にか、あれは世の中の情勢を観察しているんだろうね、という風におはなしにもなったろう。そして宮中に爽な軽い笑声がひびいたであろう。今の言葉でいえばユーモアである。

ある時、御殿に蟻《あり》がたくさん上ってきて女官たちが騒いでいるところへ天皇が御出ましになり、ここにこなさりながら「まことに蟻すまぬ奴じゃ」とおっしゃったことは、天皇に侍従としてお仕えした石山基陽の語るところである。こうした諧謔《かいぎやく》（ユーモア）が折にふれてお口を洩れたという。又参内する将軍連に「お前もだいぶ葦毛になったな」とよくおっしゃったそうだが、咄差の間、お言葉の意味を解しかねていると「わからぬか、葦毛の駒を見い、黒と白のまじりじゃろう」とお笑いになったとは、陸軍少将で男爵を賜り後貴族院議員となった上田兵吉の語るところである。又日清戦争の時、大本営が広島に置かれ天皇にも長期にわたりその地へ行幸なされた時の事であるが、威海衛攻略後は戦勢既に決定せりというので、それまでは押えに押えていた好色の伊藤博文が、もうよかろうと尾道あたりまで遠征して盛に遊蕩を始めた。するとある日明治天皇は「今この大本営で品行方正なものは朕と朕の馬だけかな」と仰せになったので、伊藤が赤面したというのは有名な話である。これなども極めて巧みなユーモアである。ある夏の事、毛虫が御殿の中に昇ってきたので、女官たちが騒いでいると天皇は前の蟻の時と同じように、ニコニコしてそのようすを御覧になりながら「朕はまだ毛虫に昇殿を許したことはないのだがな」と一同をお笑わせになったという。殿上人、地下人などという通り、昔から皇居の殿上に昇りうるのは勅許を得た者に限られていたので、資格のない者は絶対に御殿の上に入ることができなかった。そこで朕はまだ毛虫に昇殿を許した覚えがないのに、この毛虫はのこのこ上ってきた、不とどきな奴だとユーモアたっぷりにお笑いになったわけである。

ある時天皇は側近者におっしゃった。「地方巡幸もなかなか金がかかるようだから、これからは東本願寺の法主を侍従に、西本願寺法主を内大臣にして、二人に供をさせて歩いたら、さぞ賽銭があがることだろう」と、からからとお笑いになった。これは藪嘉根子という女官の回想談である。頗る人間味に富んだ諧謔で、若し西本願寺の法主が侍していたら彼等も思わず苦笑したであろう。

位ある身を忘れてや池のおもの鷺はあしまの魚ねらふらむ

などもその諧謔のあらわれである。これは五位サギと呼ばれるサギ科に属する鳥で、アジア、アメリカ、アフリカなどにひろく分布しているらしく、日本でも本州四国九州等各地で見る事ができる。どうして五位サギというのかは知らないが、天皇はそれを従五位正五位などの五位として「位ある身」とおっしゃられた。昔は華族の世嗣に五位を賜ったので、華族の長男を五位様などと呼んだ者もあるが、その五位という位あるサギが、身分を忘れて葦間の魚をねらうのはおかしいというユーモアたっぷりのお歌である。謹厳な明治天皇にはこんな御一面もあったのであるが、明治二十年頃宮内省に仕えた独逸人フォン・モールという人が、後「日本帝室論」を著し、その中で「天皇は稀に諧謔を漏らし給う」といっているそうだから、時には外国人に対してもそのような事があったのであろう。

まだ極くお若い時の御作品だが、

本尊をかけたかと問へば鶯がほうほけ経とこたへてぞ鳴く

は、ほととぎすと鶯の鳴き声を題材とされたものだが、ほととぎすは「本尊をかけたか」と鳴くといわれるのを、当位即妙的に鶯の鳴き声と結びつけられたもので、これもたしかに一つの諧謔といわねばならぬ。

すばらしいのは明治天皇の自然観である。天皇は寂かに自然を観賞される。やがて自然の中に帰入なさる、自然になりきられるのである。そしてその中から起ちあがって、自然を人間の師とされ、自然の心を心として、人間の解釈を試みられる。まことに自由自在「風の空中に於て一切の障碍《げ》なきが如し」であられる。自然に関する御製は非常に多く、詳細にこれを研究すれば、それだけでも優に一巻の書をなすと思うが、今はそれだけの紙幅の用意もないから、それは他日の機会に譲り、ほんの一端ではあるが自然の御製について触れてみたい。

明治天皇の自然観は、根源的には、まず天についてのお考えに求めなければならぬ。

ひさかたの空はへだてもなかりけりつちなる国はさかひあれども

天皇には「大空のひろきを」自分の心としたいの御製があるが、今この御製は、地上の国家対立の現実を、かなしきものと思召し、天空無障碍を人間の世に実現すべき理想とお考えになった。神武紀に、村に長あり邑に君あり各自ら境をわけて争っているという古記も天皇の御胸中を往来したであろう。

八紘一宇の神武天皇建国の精神も当然この御製の背後にあるものと思いたい。支那の古哲は天を父に、地を母にたとえた。これは日本人も同じであって、天皇のお誕生日を古来天長節といった。四十九代の弘仁天皇の宝亀六年（七七五）十月天長節の行われたことが続日本紀三三に見えている。又皇后のお誕生日を地久節という。天皇を国父として天に、皇后を国母として地に配したものであるのはいう迄もない。「天皇誕生日」という現行祝祭日に関する法律の呼称などは、全く粗悪極まる非文学的即事的表現で、おちぶれた姿というのほかない。天皇の御製にも大地を母とするとの御表現がみられる。

産みなさぬものなしといふあらがねのつちはこの世の母にぞありける

これらは感恩の御心でもある。単に自然物として御覧になるに止まらず、天地から受ける恵みを深く感謝なさるお気持ちがありあり窺える。恩を知るを智慧となすという東洋哲学の精髄である。

すめるもの昇りてなりし大空にむかふ心も清くぞありける

日本書紀神代巻上に「其の清み《す》陽《あきら》かなるもの薄靡《たなび》きて天と為り、重濁《にご》れるもの淹滞《とどこお》りて地と為る」とあるものに縁してお詠みになったことは明かである。もとより古典の表現を科学的に肯定なさるというような意味ではなく、文学として拠られたものであるが、重点は大空に向う心、大地に対する心にある。自然の基本であり基礎である天地観から出発して天皇の自然観は実に縦横無尽の感がある。その縦横無尽は根本、周到性、徹底性からきたるよう思われる。その事をよく示したものとして「桜花」の御題で

さかりのみなにかはいはむ桜花ふふむも散るも似るものぞなき

とお詠みになったものを一例としてあげることができる。だから、明治天皇の自然観をうかがうということは、取りも直さず、天皇の心を窺うということである。

呉竹のなほき心をためずしてふしある人におほしたてなむ

という御製があり「教育」という御題であるが、これは竹を観賞なさりそのまっすぐに伸びる性質、そして節によって、その直立性を堅持する性質の中に心を帰入され、まっすぐなもの節あるものになりきられる。それは宣命類に天皇精神を「明浄直」といいあらわされた「直」の心だともお考えになられたであろう。竹を観賞しておられるうちに、いつしか直と有節の竹そのものになりきっておしまいになる。そして現実の人間を反省なさる。人間は誰しも極く幼い時は天真爛漫である。それは、人間の本性なのだが長ずるに及び、次第に天真爛漫は減じすなおでなくなってくる。それは主として環境の為である。

すなほなるをさな心をいつとなく忘れはつるが惜しくもあるかな

つくろはむことまだしらぬうなゐ子のもとの心のうせずもあらなむ

人間の本性を失わないようにするのには、教育にそれを期待するほかない。直き心を矯め曲げ折り変質せしめてはならぬ。そこに力を注ぐのが人間育成の一つの要道だ。

明治天皇は「物の思」といはれる。物の心といったところで、物が考えたり意識したりするということではない。物の思とは物の本性である。その本性を人間は「思」と飜訳して読むのである。つまり心である。竹の直なる、そして節あるは竹の心であると解読するのである。

さまざまの虫のこゑにもしられけりいきとしいける物のおもひは

これは「虫声非一」という御題であるが同じ題でお詠みになったのがまだほかにもある。

をちこちの野山のむしもはなたれて鳴くねくらぶる園の内かな

あきの野のちぐさの花のいろいろを声にうつして虫ぞなくなる

三首とも「虫声非一」であるが、お歌のとらえどころもまた非一である。尾張に横井有也という俳人があった。蜀山人などより前の人であるが、その人に「百虫の譜」という作がある。それは「鶉衣」に出ているのであるが「蝶の花に飛びかひたるやさしきもののかぎりなるべし、それも啼く音の愛なければ籠にくるしむ身ならぬこそ猶めでたけれ……蛙は古今の序にかかれてより歌よみの部に思はれたるこそ幸なれ、朧月夜の風しづまりて遠く聞ゆるはよし」というような書き方で、蝉、螢、蝸牛、その他鈴虫、くつわ虫、松虫などにもいい及んでいる。とりわけ虫については宝暦時代の田中友水が『風教文草』という随筆の中で「あはれなる夕暮のなく声に幽居の感も深かるべし」とて「松虫は眉目清げなる小娘の子守する風情にやあるべし。古呂林古呂林のなく音はすやすや寝の伽乳《そえぢ》ならなん。轡《くつわ》虫は其さま凛々敷《りりしき》武士の駿足に鞭を打ちて馳せながら花の美咲《えまい》にめでて、古詩を吟じ古歌を物して興列の情味を残して馳せ過ぐる風情あるべし、金鐘虫《すずむし》は千早ぶる神の巫女《みこ》にやあるらし、風流婆のなまめき、神楽岡にふり立つる、里々林もさえて、神々しくしほらしきものにぞありける」と書いている。それぞれおもしろい観察であるが、御製は僅か三十一文字で、自然の微妙を歌いつくされたおもむきがある。松虫も鈴虫もくつわむしも、そのほか何でも、みな同じ音で鳴いてもよさそうなものだし、みな同じ声で鳴いたからとて人間が文句をいえた筋合のものでもない。しかるに、秋の草むらにすだく虫の声は千差万別、多種多様を極める。鈴虫が俗腸を洗うような美声でリンリンと鳴くのは、それが鈴虫の性であり又思いなのである。蝉がミンミン、馬追《こおろぎ》がスイッチョと鳴くのも、それはそう鳴かなければならないからであり、それらの百音が草むらにすだくのが、天地の声であり、その声の一にあらずしてしかも大きくは天地の声となり、大自然の歌を成すのである。いきとしいける者にはみなそれぞれの声がある。この声に耳を傾け心を澄ます時、人間は大自然のふところに温く抱かれるのであり、虫声非一ということを悟るとき大自然と一如することができる。「虫声非一」の第一のお作は万物有心、第二の御製は解放された自由の世界に於ける特色ある生存の競合であり、第三の玉詠は千草の色は天地のあやであり、その天地の文が色に出たものが秋の虫声であるとお感じになったもので、一言に約すれば天地色声の妙ということである。絵にすれば「聖天子秋の虫声に耳すましたもうの図」であり、そのものがすでに一つの詩といえるであろう。

むちうたば紅葉の枝にふれぬべし駒をひかえむ岡ごえの道

これは陸軍大演習の御統監の折の事でもあったろうか「馬上紅葉」の御題がついている。陸軍の大演習はたいてい秋、稲の収獲を終った頃に行われるならわしであったから、ちょうど紅葉の季節でもある。あまた軍の将星らをお供に馬で演習地を馳駆なさるわけだが、おそらく山峡の狭い道をお進みになっている時だったろう。くれないもえるような紅葉の木が、おそらく道にかぶさるように、天皇のおん行手に立ちはだかっていたのであろう。しかし強いてお通りになろうと思えば、むろん進めない状態ではなかった。だが、何しろ徒歩とちがって馬上である。進めば或いは紅葉の枝にふれるかも知れぬ、さすればせっかく物の見事に燃え出ている紅葉は散りおつるであろう。これは紅葉のためにも、またこれを見て喜ぶであろう衆庶のためにも、そっとしておいてやりたい、そういうお気持ちから駒の進むのをひかえ、廻り道をしよう、「物のあわれ」という言葉があるが、この御製ほど切ないまでに「物のあわれ」をうたいあげられたものは、日本古今の和歌史上にもためし稀であろうと思う。

ある時天皇は富士山の歌をお詠みになった。富士山は古来、絵に歌に漢詩に好んで日本人が取扱う対象であるが多くは「白扇倒《さかしま》にかかる東海の天」とか「富士の高ねに雪はふりつつ」という類のものであった。だが天皇は

万代の国のしづめと大空にあふぐは富士のたかねなりけり

とお詠みになった。

新しき年を迎へてふじのねの高きすがたを仰ぎみるかな

というのも、同じ御感想で仰ぎ見られたのであろう。古来富士山の歌が何百首あるかは知らないが、富士の中に国の鎮めを見出したものはこの御製のほかには万葉の読み人知らず「日の本のやまとの国の鎮ともいます神かも宝ともなれる山かも駿河なる不尽の高峰はみれどあかぬかも」の外にはないようだ。富士は雄大である。富士は高朗である。富士は優雅にして厳粛である。富士は美芳である。山高きを以て貴からずなどともいうが、富士は日本一の高山というだけでなく、これらの要素を包含し

た日本一の殊によると世界一の名山である。明治天皇は富士の形を見るだけでなく富士の心を捉えられた。そして富士のあらわすものこそ、日本国の国の心であり、国の鎮めでなければならないと思われた。そこで単に高山だから仰ぎみるという物理的意味以上に、国の鎮として仰ぐといわれたのである。富士を外形的に見る者は数えきれない程ある。しかし富士を精神的に観る者は甚だ稀である。富士を神山ともいう。それはもちろん富士の外観を要件としてではあるが、やや宗教的観方であるが、それは必ずしも富士山に限定されたものではなく、全国各地の山に共通する山嶽宗教の考方に属するであろう。前掲の万葉集の歌にも山嶽宗教の匂いがしている。しかし明治天皇の右の御製は、いわゆる山嶽宗教的信仰ではなく、富士の姿を如実に見たまい、その心を探求しそれが直ちに日本国体に合致することを見出されたのである。だから明治天皇のは国体的富士観だといってよい。すなわち、富士山は明治天皇によって始めてその心を開顕し出されたのである。

おほぞらにそびえて見ゆるたかねにも登ればのぼる道はありけり

これは特に富士山についての御作ではないが大空に仰がれた富士の高峯に関連して当然に拝誦すべきものである。いかなる高山と雖も登ろうとする意志さえ鞏固であり、且つ準備も万全であれば、ヒマラヤであろうとアルプスであろうと、はたまたキリマンジャロであろうと登りえないものはない。しかしそれは自然の山だけの事ではない。大空にそびえる富士山が国の鎮として仰がれるその山の心の上にだって必ずのぼりうるわけである。自然は悉く単なる客観の自然でなく、人生にとっての自然である。明治天皇の自然観にはそういうおもむきがどの御製にもにじみ出ている。

自己を幸福にするも不幸にするも、自分を立派にするもみすぼらしくするも、所詮は心一つである。人間は物によっても動かされる、しかし人間は心によって物を動かす場合もありうるし、物を切り開くこともできるし、いわば物に対する活殺の権能を持っているともいえる。その意味で心ほど大切なものはあるまい。御製にはさまざまな角度から、この心を捕えてお歌いになったものが非常に多いが

わが心われとをりをりかへりみよしらずしらずも迷ふことあり

はその一である。昭憲皇太后のお歌にも

日に三度身をかへりみしいにしへの人のこころにならひてしがな

というのがあり「心」と題されている。論語の三省をゆかりとなされたものだが、天皇も皇后も御夫婦おそろいで、心の反省を重視なされた。天皇崩御の時ペルー国の新聞エル・コメルシオの記者は、天皇の克己内省を孔子のそれに比したが、外国にも具眼の士がいるものだ。昔、歌人で知られた深草の元政は『なにゆゑに捨てにし身ぞとをりをりは姿にはぢよ墨染の袖』と詠じているが「心の師とはなるとも心を師とせざれ」という古語さえある。心というものは、ある意味で不思議なもので、なかなかその実体を捉えにくい。古今東西の哲学者や宗教家が、いかにこの心の解明に苦しんできたかを見れば、単純なるが如くして複雑であり、常なるが如くして無常であり、美なるが如くして醜であり、浅きが如くして深く、角のようでもあり円のようでもあり、賢なるが如く愚なるが如く、悪なるが如く善なるが如く、在るが如く無きが如く、温なるかと思えば冷たく、広きが如く狭きが如く、暗なるが如く明なるが如く、まったく捕捉し難いようである。だがいかなる人も心なき者はない。心の狂っ

た者は病人であって常人でないが、常人であるかぎりもって生まれた心を養わなければ常人として世に立つことはできぬ。それが善か悪か、為すべきか為すべからざるか等一切の判断を行い、行為を命じ又は禁止するものは各人の心である。人は誰でも肉体を維持発展させるためには肉体の必要とする営養を摂取せねばならぬが、心を維持し発展させるためにもまた心の必要とする営養をとらねばならぬ。心養といってもよい。それには心養の目標を定める必要がある。

さしのぼる朝日のごとくさわやかにもたまほしきは心なりけり

このような、又「あさみどり澄みわたりたる大空の広きをおのが心ともがな」のような心養の目標が立てば、人は常に己の心を反省しなければならない。人という者は、内外いろいろな事縁によって心に惑を生じ、そのため迷路におちこみ易いものだから、常に反省ということを怠ってはならないのだが、天皇の御製はそれが単にそういう道理だと、高所から説教なされるのではなく、天皇御自身の心的体験を御述懐になられたものであり、それが自然にひろく人間生活に共通する心養となるのである。御製集は決して教訓集ではない。他人を教訓するために詠まれたものではなくやむにやみ難き心の調べとして、おん自らの必要上書き留められたものである。強いて教訓というなら、天皇の御自訓である。御製の中に多くの教訓性のもののあるのは事実である、がそれは上記のように御自訓であり、そしてそれは天皇が人間として体験の上に獲られたものであるから、ひろく他の人間にも共感を呼び、また普遍の道であることが認められるのである。

目標は立てるものだが、人の心の本質に内在する良心は、これを自覚しこれを長養すべきものである。

世の人にまさる力はあらずとも心にはづることなからなむ
榊葉にかくる鏡をかがみにて人もこころをみがけとぞ思ふ
われもまたさらにみがかむ曇なき人の心をかがみにはして

みなこの意味の御作である。「さらにみがかむ」とは今までもそうであったがこれからも怠らずにみがこうという程の意味であるが、御製を通じて私が感ずるのは、天皇がつねにこの心養磨心に非常な努力をなされたということである。心を養う、心を磨く、心を洗う、口では誰でも一応はいうのであるが、長い一生を通じて怠らず休まずあらゆる事に縁してそれを実行するとなると、なかなか容易なことではない。これはいけないと思ってすぐ心の塵を払う、一陣の風にも人生にとっての教がある、

ひさかたの空吹く風よひとみなの心のちりを払ひすてなむ

さあっと吹き入る風、われわれなら、ああ涼しいとか、ああ寒いとかいう感覚的受けとめに終ってしまうであろうに、天皇はそこに大自然の教をつかみとられる。心物に徹して物心一如すとでもいうべきことである。

器にはしたがひながらいはがねもとほすは水のちからなりけり

この御製にも同じおもむきがうかがわれる。私は明治天皇の「鐘」の御製が大好きだ。

人しげき都の市にききてだにさびしきものを入相のかね

「晩鐘」という御題である。てらいもない、虚勢もない、理屈もない、技巧も無い、淡々として心

緒をおのべになっている中に、天台の法華哲学の言葉でいえば止観明静の御心境がうかがわれる。止というのは客観の中に止住する、とけこむことだ、観というのはそれを主観の上ににぎりとることだ。寺院で打ち鳴らす鐘は「諸行無常の鐘の声」ともいう通り、諸行の無常であることを人々の心に警告するものである。俗事慾心で浮わついている者に、夕闇という絶好の潮時を捉えて、ボーンと鳴らす、何となく腹に泌みこむような寂しさである。そこで鐘の音をきいて、浮わついていた心をしめてかかり明日の活動に備えしめるという趣旨である。人里離れたところでこの鐘の音をきけば一層淋しい。その淋しさは敬虔に通じ祈りに通ずる。これは西洋でもミレーの晩鐘などを見ると同じであろうと思う。ミレーは黄昏時《たそがれ》に出て歩くのが好きであった。薄暮の神秘を愛したのだろう。鐘は薄暮の神秘の声であった。ミレーは友人に晩鐘の絵を見せて、鐘の音がきこえるだろう、といったという。ミレーの晩鐘は曠野で聞いたのだが、曠野にしても山里にしても、市《いち》を離れて聞く鐘はさびしい。だが市の中できいてさえ鐘はさびしい。この淋しさの意味を掘り起こすことによって、人生は厳粛なものとなるのである。今は一種の遊園地みたいになってしまったが武蔵野の深大寺（天台宗）に昔堯欽という大僧正がおった。この大僧正が「念仏にとりかからうか酒のもか煩悩菩提入相の鐘」という歌を詠んでいる。これは入相という語を煩悩と菩提の交錯するさまにかけたものであるが、なかなかおもしろい歌である。堯欽という人は戒律堅固だったから、必ずしも自分が不飲酒戒《ふおんじゅかい》を破ってそう思ったわけではなく、人心の機微をついたのであろう。天皇にはもう一つ「霜夜闇鐘」の御題で

霜ふみて撞くらむ人の寒ささへ思ひやらるる鐘のおとかな

というのがある。いかに鐘の音に梵気がみちていようとも、鐘はひとりでに鳴るものではない。撞く人があればこそ嫋々《じょうじょう》の音も出すのである。遠くで鐘の音を家の中に聞く者は、その音をかみしめて、さまざまに思いもめぐらすであろうが、それにつけても、この霜夜に鐘をっいている坊さんは定めし寒いことであろうという温い同情の念をおこす、これがやはり止観明静の境なのである。

諸行無常は時間空間をつらぬく流転、変化、発展である。腕時計で時間を見ても、昼食、晩食をたべても、行住坐臥それを感じない者は心の停止した人である。

人みなのおどろきがほに惜むかなにはかにくるる年ならなくに

歳末がくると、急にあわてる人が多い。だが歳末は突如としてきたるのではない。毎日毎日一秒一分の積み重ねにより、来たるべくして来たるべき時に来たまでのことである。生活を空間に於て感覚的に捉えているものは人生を思考しない者である。

御製は格調高き一大詩経であるのはいう迄もないが、宛然一大思想の宝庫であり、天皇のお作ということを離れてみても、日本文学史否世界文学史上さんぜんと光り輝く人類の宝玉であるとしみじみ感じる。されば私は思うのである。

若し人あって、明治天皇御集として公刊せられただけの御歌について、その全釈を著作したとしたら、そもそも何十冊の一大文庫を成すであろうか。況やこれに皇后の御歌集を併せ、『明治詩経全集』とでも題するとしたら、どうであろうか。もちろん、それは従来出版せられたいくつかの『御製謹解』

式なものでなく、字句釈、歴史釈、思想釈、御下賜の和歌なら拝受者の人物釈、その他必要なる研究註解を具備せねばならぬと思うが、そうした文献も必ず将来現れるであろう思う。万葉集や古今集でさえ、数えきれない研究書解釈書が続々と出版されているのであるから御製御歌集の一大綜合的研究も当然世に現るべきものと思う。単なる歌学書としてでなく日本文化、日本思想、日本文学の上の最貴重の文化財としての綜合的研究が必要なのである。行幸啓の各地の聖蹟記念写真などは出来るだけ網羅すべきであるし、聖蹟記念というに止まらず、行幸啓の地、或いは神社、寺院、その他の建物、或いは行幸啓の御写真類も手をつくして集めたいものだし、三条実美以下、何等か御製御歌に関係ある人物の画像なども併せて編録すべきものである。記して以て宮内省、文部省、世の識者の参考とする。

〈第十二章〉

皇后以外の女性《によしょう》

昭憲皇太后御歌

花そののあやめ夏ぎく文机《ふづくえ》のうへにささせてみるぞたのしき

あたたかさ昨日のひよりけふならば君のみ前にさぶらはましを

玉すだれなかばかかげてみそなはす滝月夜のかげののどけさ

明治天皇には周知の通り皇后以外に何人かの女性が近侍した。が、私はその女性群の一人一人について品評しようというわけではない。ただ皇后以外の女性が侍したことの意義を明かにしておきたいと思うだけである。

天皇には、皇后のほか従二位葉室長順の女、光子、正二位橋本実麗の女、夏子、正二位柳原光愛の女、愛子、正四位千種有任の女、任子、従三位園基祥の女、祥子などの女性が侍した。それは第一に皇后に御実子が無かったからである。昔は上は皇室、中は将軍大名、下は士庶人に至るまで、直系を以て家をつぐことが第一の大事とされた。一夫一婦が人倫の正道とされたのは、極く最近の事で明治時代には、尚ほ一夫多妻が一つの社会的掟として確認されていた。この社会的確認の上に立って、皇室典範は皇庶子の皇位継承権その他の規定を設けていたのである。殊に皇位継承の如きものは、できるだけ直系が望ましいのであって、直系の絶えた場合は万やむを得ず傍系から出でて大統をつがれたわけである。日本では古来、男系の男子が皇位を継承されるのが大法であったが、女帝も例外ながらないことはない。しかし極めて少数であるということは、それが皇位継承法の例外であることを物語るものであって、原則としては女帝を認めなかった、と解すべきである。明治の皇室典範に至って、はじめて将来に女帝を認めない方針を明文を以て規定した。

このような時代的背景の前に立って明治天皇には正配としての皇后のほかに尚上記のように四五人

の女性が侍した。しかもこれらの女性の中でも、肝心の皇男子孫をお生みなされたのは葉室葉子、柳原愛子、園祥子の三人であり、そのうち葉室葉子所生の皇子は即日夭、柳原愛子所生の皇子は一年弱で夭、園祥子所生の皇子は一年余で夭、皆御不幸なことであった。そして柳原愛子が明治十二年にお生みした第三皇子嘉仁親王のみが御生長になり、第百二十二代の皇位をおつぎになったのである。内親王はしばらく措くも、かく明治天皇には四皇男子が皆側室のお腹からお生まれになったが、お育ちになったのは第三皇子だけであった。

皇室は御養子をなさらないことになっている。それは皇位継承ということが一国の厳重要事であるから、養子を許すとなれば、いかなる不測の事態が発生しないとも限らないからである。皇位はいう迄もなく公位であって国の鎮めの地位である。だから皇位の継承にあたっては往々民間に見るが如き家督相続的紛争があってはならない。養子をしてその養子に位をつがせてもよいとなると、皇族間にもいろいろ思惑が起ってくるおそれがあるし、さては重臣権臣の中にも、どんな動きが出てくるかわからない。その事は皇位継承を紛争の可能におくことにほかならぬ。これは絶対に避けなければならぬことである。いまだ一夫一婦の人倫が社会的に確立せられていなかった時代に於ては、この故に天皇は御正配以外に、必ず何人かの側室をお持ちになるべきものと定まっていたのである。日本の皇室史を上代から今日迄通観して感ずる事は、いづれの時代の世界各国の後宮に比しても、わが皇室の後宮が勝れて質実なものであった事は、皇室に関する歴史的無智をさらけ出して不礼不敬の書を著した大宅壮一の如き者ですら認めざるを得なかった。外国では支那の歴朝後宮にせよ、イスラムのハーレムにせよ、日本の皇室とでは天地の差があり、唯王者の恣意の享楽主義的施設であった。日本では徳川幕府のいわゆる大奥なるものもそういう性格をたぶんに有していたと思われる。

皇室の侍嬪に関しては、古く令《りよう》の後宮職員に成文の規定が設けられた。それによると妃二人、夫人三人、嬪《ひん》四人、それに内侍司《ないしのつかさ》から縫司《ぬいのつかさ》に至る十二司を配してある。妃は皇族、夫人は三位以上、多くは大臣の女、嬪は五位以上の身分の者でなければなれなかったが、妃は醍醐天皇の時、為子内親王を妃とした一例、夫人は嵯峨天皇の時、嬪は天智、文武両天皇の時におかれただけで、その後は名称もすたれてしまった。ただ女後、更衣、御息所《みやすどころ》などの名称が起りその他若干の変遷がある。

徳川時代には男子がすべてチョンまげであった。これを今日の風俗の標準に於て異風とし、或いは珍風として、さげすみ笑うことはできぬ。徳川時代にチョンまげでなかった者は医者と坊主だけだが、その医者や坊主を進歩主義者だとほめるわけにもゆくまい。

明治天皇が侍妾を有せられたというので、恰も天皇が女狂いであられたかの如く、口を極めて下劣の評をなす者が戦後の言論自由を奇禍として続出したが、これは暗者のくせに性下劣だからである。現代のように日本の人口的構造が男女ほぼ同数に近く、その上女性の地位が男性と平等であるとの認識が高まりきたった時には、一夫一婦が社会的基盤の上に定立されるけれど、このようなものは将来絶対に変動しないとはいえないと思う。たとえば何かの事由によって男女人口の均衡が著しく破れることがあり、それが長期にわたるようであれば、一夫一婦制は道徳として堅持し難きに至るであろう。親子の倫道のようなものはその性質上古今を一貫して変らないが、一夫一婦制などは悠久の時間に於いてどう変るかわかったものではない。母系社会時代には一妻多夫であったにちがいないが、その時代にはそれでよかったのであって、これを昭和の今日から道徳的に批判するなら、する方がおろかなのである。

明治時代に天皇が皇后のほかに侍妾をおもちになったことは、当時として当然であったので少しも背倫ではない。しかし大正天皇今上天皇の御代に入ると事情は変ってきた。男女倫理の社会的基盤が大きく前進もし変革されたのである。ところが日本の皇室はこの点で最も前向きの姿勢をとられた。大正天皇は皇后の外に一人の侍妾もお持ちにならなかった。明治二十一年制定の皇室典範には依然として、庶出の皇子の皇位継承権の規定が存していたが、大正天皇は皇后お一人であった。つづいて昭和の御代となったが、今上天皇も皇后以外の女性にはお手をおふれにならず、今日に及んでいる。そしてマッカーサーの押し付け憲法が成立し、その憲法の下に法律としての皇室典範の成るや、そこでは庶出の皇子の皇位継承権が否定されるに至った。つまり制度としての妃嬪はここに法文上終止符を打ったのである。現代の倫理観念はその社会的基盤より、一夫一婦制を確認し蓄妾を良俗とは認めないようになった。しかし日本の社会にはまだまだ蓄妾の風は存している。若干の実名を指摘することはいと易いが、いわゆるプライバシーを犯すこともよくないのでそれは遠慮するとして、現役、退役、予備役の大臣級政治家大会社の社長、重役級、そしてそれら以下の者で今日二号三号と蓄妾する者はなかなかにすくなない。そして内心にはそれをうらやむ者でも公然それを良俗とは認めないのが現代である。皇室が妃嬪の制を廃止されたことの可否については論議の余地があるとは思うが、現実として皇室はそれを早くから事実上に廃止され、ついで法制上もまたこれを廃除してしまわれた。つまり衆庶に先んじて新しい人倫を確立されたということである。

こういう風に考えないで、単に明治天皇に側室の女性がおられたという事実だけを摘発して、天皇が特に好色のお方であったようにいいふらす者など、正当な意味での言論人とはいいえまい。かりに明治天皇が一面に於て多少好色であられたとしても（これはどこまでも仮定だが）、ちっとも差支えないではないか。明治天皇偉聖におわすと雖も、やはり人間であり堂々たる男子でいらっしゃる。だから好色の面が若しあられたとしても何の不思議もない。あたり前の事である。男子として誰か女色を好まざらんやだ。明治天皇を誹謗する者共は、はたして女色を好まないか。妻以外の女性に心を移したり、或は関係を結んだことは絶対にないか。明治天皇の妃嬪関係は社会の倫理観念と時代習俗にもとづかれての正当なものであったといわねばならぬ。私はここで繰り返して左の御製を拝誦したい。

おのが身はかへりみずしてともすれば人のうへのみいふ世なりけり

況や時代社会の風俗習慣が各時代に生きる人々にとって、いかなる意義を有し、いかなる妥当性を有するかを正当に考慮せず、単に現代的背景に立って過去を批判せんとするが如きは、正当な意味に於て批判の名に価しないものといわねばならぬ。

〈第十三章〉

明治天皇の大孝

京都をいでたたむとするころ聴雪にて（聴雪は京都御所奥の孝明天皇御遺愛の間）

わたどのの下ゆく水の音きくもこよひひと夜となりにけるかな

橿原の宮のおきてにもとづきてわが日の本の国をたもたむ

こころからそこなふことのなくもがな親のかたみとおもふこの身を

親孝行というものは心打たれるものである。昔文武天皇の御代、孝順の人の家の門にその名誉を表示して「義家」となさしめられた記事が続日本紀に見えるが、清和天皇は三代実録に記すところによると御注《ぎよちゆう》孝経を学官に教授せしめられたという。御注孝経というのは玄宗皇帝がつくらしめた孝経の註釈であり清和天皇の詔に「御注ノ一本ハ理当ニ遵行スベシ」とあるものである。日本書紀の神武紀には「用《もつ》て大孝を申《の》べん」とある。皇室の御伝統を見ると歴代みな皇祖皇宗を尊びそのまつりを絶《たや》されたことがなく連綿として大孝の家であられる。

明治天皇もまた大孝の方であった。教育勅語に「父母ニ孝ニ」とあるのは、これ単に一方的教訓ではなく、天皇がおん身を以て行われ臣民に率先して皆人のふむべき道としての孝を行わせられたものである。

明治天皇の大孝はその四十五年にわたる御治世のいさおしが中核で、皇祖皇宗の道を明かにせられ、その古に復すべきものはこれを復し、そのこれを廃すべきものはこれを廃し、そして復古の大道に基《もとい》しつつ世界史上空前の大偉業を成就なされたことそのことが無上の大孝であった。しかし単にそれだけではない。直接に御父孝明天皇、御母英照皇太后、ならびに御生母におつくしになった孝道もまた美しく大きい。

いとまなき世にはたつともたらちねの親につかふる道な忘れそ

崩御の年のお歌であるが親に仕えるということが、天皇御生涯の孝道だったわけである。親に仕えるのは人の誠の道のはじめであり又実は終りなのである。天皇はそうお信じになられた。

たらちねの親につかへてまめなるが人のまことの始なりけり

商売が忙しいから、公務が忙しいから、などというのは親不孝のいいわけにはならぬ。忙しければ忙しいように孝の道はある筈だ。

たらちねの親の心をなぐさめよ国につとむる暇ある日は

親という者は子にとって限りなく大きく深いものだ。子が四十の坂を越えようと、五十六十の年になろうと、生んだ者と生んで貰った者との間柄は、いかにそれを無視しようとしても、いかにそれを越えようとしてもできないものである。その大きさと深さは唯ありがたいと表現するほかない。私事にわたるようだけれど私が学位を受けた時、私はもう四十歳を過ぎていた。多くの人から先生といわれ正直のところ国体学憲法学の権威者だなどともいわれていた。私は第一に荻窪の母の許へよろこんで貰うべく走せつけた。その時母は祝賀の言葉をのべると共に「亡き父上様に代っていう」と前おきをして「ますます自誡して人さまから後指を指されることのないようにしておくれ」といった。全く親でなければいえないことだが、私はほんとうに親はありがたいものだなと痛感した。こんなわけで

老の坂こえぬる子をもをさなしと思ふやおやのこころなるらむ

の一首は、私の経験上、身につまされて有難い御製だと思っている。「ひとりで大きくなったようなつもりでいる」とは往々聞く言葉だが、いかに勝れた人材になった者でも親の慈育を忘れるようではたかのしれた人間といわねばなるまい。

ひとりたつ身になりぬともおほしたてし親の恵をわすれざらなむ

親を知らない、又親に捨てられた孤児はどう考えるべきだという問題も稀な場合にはあるだろう。それは実感としての慕情はわかないかもしれぬ。或いは捨てられたというようなことのわかっている場合など却って親の無慈悲をうらむかもしれない。しかしそれでも親から体をもらい、親からいのちをうけつがない者はいないのだから、自己を肯定する以上やはりそのいとしい、その大切な自己のうみの親を、何等かの意味で恩愛の源と考える人生観こそ、建設的、積極的なものといえないであろうか。人間が単なる情感の動物でなく理性の持主である以上、理性で処理しなければならぬものは理性の世界に持ちこまねばならぬ。誰でもそうであるように私にも父方の祖父母と母方の祖父母とがある。ところが父方の祖父母は私の父の子供の頃に二人とも死んでしまったので、私にとっては全く見たことのない人だ。従って情感など沸きようがない。又母方の祖父は私のうまれる前に死んでしまったが、祖母は私を手塩にかけてくれ、殊のほか可愛がってくれ、私の十七八歳迄生きていた。それで私はこの祖母に対しては尽きせぬ情感があり、命日なども忘れたことがなく藤沢に眠るその墓には時々線香を立てにゆく。墓まいりしても情感的に胸にわいてくるのは祖母だけで、祖父に至っては一度も情感的に思い浮べたためしがない。これが偽らざる事実だ。しかし見たことのない父方の祖父母でも母方の祖父でも、理性的には親を除いて最も近い祖先なのだから自分のよって立つ根源として心よりその冥福を祈るという気持だけは持ちうるが、それでよいと思っている。筆が少しわき道にそれた嫌いもあるが、結局は親の恵を忘れざらなむということである。

明治天皇が孝明天皇の御慈訓に感謝なされた御製はいくつもあるが、宝算五十八歳の
たらちねの親のみまへにありとみし夢のをしくも覚めにけるかな
の一首は文字通り五十にして父母を慕う堯舜以上の大孝で、慕情あふれるが如き御作品である。一読再誦ますます感動を深くするもののあるを覚える。天皇の御製には御父君孝明天皇の御在世をおしのびになったものがいくつかある。

たらちねのみおやのましし故郷の都はことにこひしかりけり
をさなくて住みし昔のありさまを折にふれては思ひいでつつ
たらちねのみおやの宮にをさなくて見しよこひしき月のかげかな
故郷の庭の老松たらちねのみおやの御代の昔かたらへ
たらちねのみおやの御代の昔をもことある毎に語りいでつつ

しかしそのお話相手をする人々も次第に世を去ってゆく。昔を知る者と共に昔を語ることは楽しい幸福の一つである。いわゆる懐旧の情とか懐旧談とかいうものである。昔を語りあう人々が周囲から消えてゆくのは確に淋しいことではあるが、人はすべてその淋しさに堪えなければならないのが一つの宿命であろう。

たらちねのみおやの御代につかへにし人も大かたなくなりにけり

先朝の遺臣といえば、たいてい明治天皇よりは年長の人であったと見なければならないから、明治も三十七年ともなれば、天皇より十歳の年長とみても六十余歳だ、まして孝明天皇をお輔けして活動した人々とすれば、当時すくなくも三十歳、四十歳であったろうからもうおおかたは世を去っていた。一般の先朝の遺臣はともかくも、天皇に最もお親しかった者、たとえば外祖父中山忠能はどうか、彼は明治二十一年には既に亡き人の数に入っていた。明治三十年には御実母と申しあげた英照皇太后がおかくれになってしまった。そして唯御生母従一位慶子だけが齢すでに七十歳に達して僅に老後を青山の邸に養うておられたが、この方は明治四十年十月七十三歳で薨去され護国寺に葬られた。だから明治三十七年の右の御製の時には御生母は御生存ではあったが既に御老境で参内も至って少かったであろう。

慕はしとおもふ心やかよひけむ昔の人ぞゆめに見えける

これは明治四十年の御製であるが何月の御作であるか私にはわからぬ。もし十月以後の御作であるとすれば、或いは御生母をおしたひになったものかも知れない。若し十月以前の御作としても、夢に見られたのは、英照皇太后かそれとも外祖父としておしたいになられた中山忠能であったか、それともそのほかの者であったか。

明治天皇は父君には少年時代におわかれになられたが、その時の御傷心のさまは御生母が中山忠能に報じた書簡の中に「親王様誠に御驚様御愁歎御しほしほと遊ばし」とあるのによって窺い知ることができるが、英照皇太后の崩御なされた時には、明治三十年天皇も既に宝算四十五歳になっておられた。天皇は皇太后に対せられる時、母后としての厚き御待遇は勿論の事、この上もなく情愛にみちた御態度であったという。

日清戦争の前、明治二十六年に製艦費（これは「明治天皇の政治」の章で述べる）問題の起った時、御手許金を節約してこれを補助するという仰せ出しがあった。その時宮内大臣土方久元に対し勅語をお下しになったが、朕は「力ノ堪ヘ心ノ及バム限リハ節約ヲ重ヌベシ。サレド朕特ニ汝ニ告グルコトアリ。朕ガ祖宗列聖ノ祭事、及山陵ノ費ト、皇太后陛下ノ供御《クギヨ》ノ費トハ、少シモ動カスコト勿レ」とお命じになった。つまり御先祖方のお祭り費、各皇陵の費、および皇太后陛下の供御の料は節約減額してはならぬということである。英照皇太后は天皇のこのやさしき御心づかいに感泣せられ、皇太后も亦御節約なされて製艦費に御協力なさりたい旨、大夫をして代奏せしめられたが、天皇には勿体なきお心づかい御無用にと、御聴許がなかったという。明治三十年一月十日皇太后御重態の報をお聞きになると、御供廻りもまだ整わないのに皇后御同列で、天皇は青山御所に御母后を御見舞になられた。英照皇太后は御名夙子《あさ》、九条家の出、孝明天皇のまだ皇太子の時御息所となられ、嘉永元年女御の宣下、万延元年明治天皇の御実母と仰せ出しあり、明治元年皇太后と尊称せられた。崩年は六十五歳であらせられた。

明治天皇は御生母へも亦孝養をお尽くしになられた。もとより公には君臣であるが事実に於ては御母子であり、天皇がつねに一位局にやさしい孝養をお尽くしになった事はあまねく知られている。明治四十年の九月、局は塩原に避暑されたが、そこでかりそめの病の床におつきになった。然しそれは一往全快をされて帰京し、その月末、皇居に参内して天皇に内閲した。その時、天皇にはいたくお喜びになり、何にくれとなくおもてなしになられたが、局は老の身の両眼に涙を浮べて感激し、今生天願に咫石《しせき》（まぢかにお目にかかる）し、玉音を拝するのもこれが最後かと思われるからとて、いろいろ心の中を申上げ、天皇からの御心のこもったお言葉を頂いて、午後六時頃、青山の自邸に帰られたという。そしてその夜、局の容態は悪化した。音に聞えた名医達も今はもはや施す術なしとお聞きになった明治天皇ははらはらと御落涙になり、十月四日皇后が内命を奉じて局の病床をお見舞になった。今の時代なら、もちろん天皇御自身御見舞になるところであるが、当時にあってはそれはできないところであった。皇后は局の耳許にお口をよせられ天皇の御心をお告げになり、又親しく御看病になった。天皇は三十分ごとに電話で局の御病状をお聞かせになり、もう一度びの本復をお祈りになるのであった。天皇にはその夜はまんじりともなさらず、御服も召し替えられず、夜を徹して局の上をお案じであったが、五日早朝、局は七十三歳を一期として薨去された。悲報に天皇は御落涙になり、五日の朝食はおとりにならなかったという。

　一位局中山慶子は女人の冥利であった。女子となって天子の母となる、これ以上の冥利はない。しかも局は不世出の聖天子明治天皇の母となった。君臣のへだてはあったが、それは表向きであって、内実においては母の子に対する愛情を慎ましやかに尽くし得もしたし、天皇から子としての慕情をも満身に浴びられた。女子最高の冥利者であった。しかしそれは局自身の上のことである。われわれの方から申せば、聖天子明治天皇を産み奉った局は実に日本の大功者でもあられたわけである。

〈第十四章〉

明治天皇の政治

まつりごといとまなき身は春の日をながきものとも思はざりけり

ちはやふる神のまもりをあふぐかな世のまつりごときくにつけても

ひさかたのむなしき空にふく風も物にふれてぞ声はたてける

祭政一致という言葉がある。これは純粋な国体的用語であって、国家権力と宗派宗教の一致というような通俗浅薄な解釈を許さないものがある。もとより宗派的宗教としての神道と政治との一致ということではない。それは、既に所々に明かにしてきたように、日本の国礎とも国本ともいうべき天壌無窮の神勅、三種神器、神武天皇建国の詔、推古天皇の十七条憲法、孝徳天皇の大化改新等を代表的に指摘することのできる皇祖皇宗の遺訓遺教、ならびにこれらの尊い遺訓遺教の主体としての皇祖皇宗の神霊を包括的に「神」と総称し、この神に感謝し、この神を憶念し、この神の心を心とし、この神に一如しようとする敬虔真摯な心情と態度を「祭」といったものである。祭とは神あってのものだから、祭政一致の根元は、「神」でなければならぬが、そのいわゆる神が西洋流のゴッドでないことは既にいった通りである。

ところで、今日われわれは日本語で「政治」というが、西洋語ではポリティック、漢字では「政」、純粋の日本語では「マツリゴト」という。ポリティックは元来ラテン語であるが、「思慮ある」「智恵ある」「策略に富んだ」「如才のない」「抜目のない」「国民より成る」などの諸義を含んでいる。漢字の「政」は「正を致す」の意で「タダス」と読む。日本の「マツリゴト」は神を祭る事、即ち祭祀である。西洋語の「ポリティック」は最も知識的技術的であり、漢字の「政」は最も道徳的であり、そして日本語の「マツリゴト」は顕著に本質宗教的である。つまり日本の政治は神を祭ることから出発した。神を祭り神の心をうけつぎ、神に誓い神に祈ることが、政治の第一歩というよりは根本であった。極く上代にあっては、いわゆる政治も比較的単純であったが、国家社会が次第に複雑化するにつれ、純粋の祭事と政務とは漸く分化の傾向を強め、取扱い上の区別、従って制度上の区別を生じ、それぞれ専門的、分化的に発達したけれどもその際、日本の特色として分化した政務を尚「マッリゴト」と呼ぶこととなり、これが今日迄一つの伝統をなしてきた。それは政務がいかに分化し発達し専門化しても、太元の心を失うべきでないとしたからであろう。これは確に偉大な民族の精神的遺産である。

孟子は「大人トハソノ赤子ノ心ヲ失ハザル」者だといった。

つくろはむことまだしらぬうなゐ子のもとの心のうせずもあらなむ

と明治天皇はお詠みになられたがその「もとの心」こそ民族精神の宝なのである。従って祭政一致とは、宗派宗教の一つを簡んでこれを国教とし、他の宗派宗教を否定するというようなものではない。だからたとえば、今日一千万の会員を擁するといい、一切の邪宗邪教を折伏するといい、王仏冥合の実現のために政治に進出するといい、既に衆参両院に多数の議員を当選させるに至った創価学会の如きものが、万が一にも国会で絶対の多数を占め、憲法の信教自由を改正して「日本国の国教は大石寺を総本山とする日蓮正宗であり、日蓮正宗に反する一切の邪教邪宗はこれを認めない」とでもしたら、その時、日本は不幸なる一国一宗及び一国一党となって、政治も宗教も一切の自由を剥奪されることになる。しかしそれは一国一党、一国一宗であっても断じて祭政一致ではないのである。何となれば祭政一致とは、必ず天皇が皇祖皇宗をお祭りになりその心を以て政治を窮極的に御指導になるという事が肝心要の内容であるからである。

かみかぜの伊勢の宮居を拝みての後こそきかめ朝まつりごと
とこしへに民やすかれといのるなるわがよをまもれ伊勢のおほかみ
かみかぜの伊勢の内外のみやばしら動かぬ国のしずめにぞたつ

天皇の御胸中は神よくこれを知りたもう。それは皇統連綿万世一系の血統的信念である。
千早ぶる神ぞ知るらむ民のため世をやすかれと祈る心は

「神ぞ知るらむ」の一句、千鈞《きん》（千貫目）の重きに似る。そしてこの道を守ることが日本の万代不易につらなるのである。

人もわれも道を守りてかはらずばこの敷島の国はうごかじ

天皇の政治の根元は、このように古今を一貫して「マツリゴト」であり、いわゆる政務も軍務も国務も悉くマツリゴトの精神に発する。天皇の政治とはこのような精神構造のものであるから、日日の御政務に対されるや常にマコトの心を以ておのぞみになり、必然謹厳、精神集中等の御態度となる。

まつりごといでてきくまはかくばかりあつき日としも思はざりしを

今のように扇風器も冷房もない時代である。政務を御覧になっていたので夏の酷暑を忘れていたという御詠である。

まつりごときをはりたるゆふべこそおのが花みる時にはありけれ

みな政道御精励を眼前に拝するが如き御歌である。

明治二十六年十二月のことであった、衆議院議長星亨に対する不信任の上奏文が天皇の御手許に捧呈されたのは。時あたかもわが政界は条約改正の外交問題と行政整理に関する公約励行問題とがからみ、自由党と改進党が正面衝突をしていた。星亨怪腕をふるい大いに自由党の党事に奔走していたが、たまたま相馬事件及び取引所問題に嫌疑を受け、却って排斥を受くる事となった。明治二十五年十一月二十五日、第五帝国議会は召集され、同二十八日開院式が挙行されたが、翌二十九日、全員委員長の選挙の終らざるに先立って、緊急動議を以て日程を変更し議長星亨の弾劾案が上呈された。案は安部井磐根の説明があった後、賛否両論が闘わされたが、ついに一六六対一一九で自決辞職を勧告するという形で可決された。この討論及び議決の行われる間議長の椅子を副議長楠本正隆に譲っていた星は議決が終ると要求して議長の席に復し、断然之を拒否してしまった。剛腹一世に鳴りひびいた彼らしいやり方である。星はその後も断じて議長の席を譲らなかった。そこで衆議院はついに非常の手段を講じ、十二月一日天皇に直接これを上奏するに及んだ。それは次のような文章である。

衆議院副議長臣楠本正隆誠惶誠恐本院ノ決議ヲ具シ謹ミ奏ス

本院ハ衆議院議長星亨ニ信任ヲ措ク能ハズ故ニ其職ニ在ルヲ欲セズト決議ス、臣等曩キニ議院法第三条ニ拠リ星亨ヲ薦奏シ勅任ヲ辱クス、是レ臣等不明ノ致ス所誤テ天徳ヲ冒瀆ス、惶懼ノ至ニ堪ヘズ、謹ミ奏ス。

これは一五二対一二六で可決され、翌十二月二日、楠本副議長が参内して宮内大臣を経て上奏された。ところが一旦衆議院に帰った楠本に対し、宮内大臣からすぐ出頭を求めてきた。急いで参内してみると宮内大臣から左の如き御沙汰が伝達せられた。

上奏ノ趣旨ハ朕ニ議長ヲ更任セヨト請願スルニ在ル乎、議院自ラ不明ナリシトノ過失ヲ朕ニ謝スルト言フニ止ル乎、更ニ院議ヲ尽セ。

これには流石智者猛者揃いの衆議院も完全にまいってしまった。ぐうの音も出ない。さっそく院議を以て「本日上奏スル所臣等不明ノ過失ヲ謝シ奉ルニ在リ、行文鹵莽《ロモウ》（かるがるしい）、為ニ勅問ヲ賜フ、臣等惶懼ノ至リニ堪ヘズ。謹ミ奏ス」とお詫びを申上げるのほかなかった。

これは、明治天皇が、立憲政治の大義を身を以てお示しになったよき一例である。衆議院議長は、内閣の大臣と異り天皇の親任したもうところではなく、議員の多数決にもとづき、議院自らが選任するところである。それは今の憲法とも少しもかわりがない。議長不信任の議決をした、議長がそれを拒否したというようなことは純然たる衆議院内の問題でもともと上奏すべき事柄ではない。然し第五議会の如きまだ立憲政治日猶浅き時であったので、衆議院も少し途惑ったのであろう、上奏すべきでないものを上奏して聖慮をお煩ししてしまったわけだ。しかもその文意頗る不明であった。そこで、とりあえず当面の文意を確めるという方法で勅問を賜うこととなったのであるが、要するに立憲政治下においてそんな問題を朕の許に持ちこむのは筋ちがいではないか、よく反省せよというおさとしにほかならない。これが明治天皇の政治である。

大津事件というものがある。湖南事件とも津田三蔵事件ともいわれる。明治二十四年、後即位してニコライ二世といわれるロシアの皇太子がわが国に来遊し、各地を巡遊中、五月十一日琵琶湖畔の大津に入った。皇太子一行は我が接伴員の案内で人力車を走らせていたが、午後一時半頃突如警備にあたっていた警察官が抜刀して皇太子に斬りつけ負傷させた。巡査津田三蔵がその兇漢である。

明治天皇がこの兇変の奏上をお聞きになったのはその日の午後二時過ぎであったが、宮内大臣土方久元の言葉ににわかにお顔を曇らせられ一方ならぬ御心痛であった。政府国民もまた非常に驚いた。不幸中の幸に傷は浅かったので、その点は御安堵になったと思われるが、天皇の御心の中に第一にひらめいたものは、誠に相済まぬという思いであった。天皇にはその日のうちに先ず御名代として北白川宮能久親王を御見舞として急派され、又侍医局長池田謙斎、海軍軍医総監高木兼定、陸軍軍医総監橋本綱常、医科大学雇講師スクリッパーらを差遣わされた。そしてその夜、朕自ら見舞のため明早朝京都へ行くとの仰出しがあり、十二日午前六時十分御出門、今なら三時間だが当時の事とて実に十五時間を費し、夜九時十分御入洛、御休息のいとまもなく翌十三日、常盤ホテルに傷ついた露国皇太子を御見舞になり、親しくおわびと共に御見舞の言葉をおのべになった。皇太子は京都の常盤ホテルに一旦入ったが、日本医師の手当は強く拒み、神戸に碇泊していた自国の軍艦から軍医を呼びよせて手当を受けていたが、傷は数ケ所ながら何れも軽傷であった旨本国のアレキサンダー三世並びに皇后マリーにも打電を了したところであった。明治天皇の御見舞並に陳謝のお言葉は至れり尽せりのものであったと伝えられている。この日、日本側の手で十分療養をという明治天皇の切なるおすすめを固辞して皇太子は露国軍艦で加療するに決し京都の旅館を引き払ったので、天皇は皇太子と御同車になり神戸まで御見送りになった。露本国の皇帝皇后も愛子の遭難に驚き、非常な心痛で日本に対する不信の感もいだいたようであるが、わが天皇及び皇后の日々の親電及び皇太子からの親電で大に心和いだという。日本国民の心痛も頗る大で、千葉県の一女性が京都府庁門前で、皇太子に奉る書を遺書として自決した者のあった事などその一端を語るものである。やがて露国皇太子は日本の切なる願にもかかわらず巡遊を中止し帰国することとなった。天皇はその帰国に先き立ち神戸の御用邸に皇太子を招き送別の宴を張るべく申入れをなさしめられたが、医師の勧告を名として之を辞し、却って露艦内で惜別の宴を催したく行幸を願い出た。これには伊藤、黒田の元老をはじめ供奉の西郷内務大臣、青木外務大臣等色を失って驚いた。結局聖断に待つこととなったが、天皇は全く神色自若、行幸を仰せ出されたのであった。五月十九日朝京都御所御出門、熾仁親王、能久親王、土方宮内大臣、徳大寺侍従長等を従えられ、政府の閣僚は一人も加えられずに、軍艦アゾヴァ号に臨幸せられた。通訳は式部官長崎省吾であったが、宴席は実に和気あいあいで天皇が遭難を深く遺憾とする旨の御言葉があると皇太子は、狂人はどこにもあるもの、傷は浅いから御軫念なきようと礼節を尽くして答えたという。午後二時、歓を尽くして天皇は御退艦になり露艦は抜錨してウラジオストクに向って出帆した。能久親王は天皇の御名代として軍艦八重山に乗って下関まで護衛を兼ねて皇太子をお見送りになった。

国難は漸く去った。天皇は二十一日京都御所を御出発、途中静岡に御一泊の上、二十二日零時五十五分、新橋停車場におつきになった。駅から宮城までの沿道は奉迎者で埋めつくされた。君民憂を共にし喜びをわかちおうたのである。これが明治天皇の政治であった。それは唯、天皇のマコトの

精神からほとばしり出たもので

　めに見えぬ神のこころに通ふこそひとの心のまことなりけれ

　目に見えぬ神にむかひてはぢざるは人の心のまことなりけれ

という人の心の「マコト」をお尽くしになったればこそ、受難の皇太子の心も和らがざるをえなかったのである。いかに外交上の儀礼ばかり尽くしても、明治天皇おん自ら、皇族お二人までも伴い、到れりつくせりの「マコト」を傾けて御見舞やら御応対をなすったのであるから、ロシアの皇太子もひいてはその随員たちもやはり心から感動したわけである。神に向って恥じない人の誠、それこそ

　鬼神もなかするものは世の中の人のこころのまことなりけり

である。儀礼は末でありマコトが本である。マコトの本があってこそ儀礼も接待も相手の心の中に深くとけいるのであり、又露艦に臨幸されたことなど真の大勇がなければできないことだが、これも「マコト」の然らしめたものというべく、かくて明治天皇はこのマコトを以て国難をお救いになった。

　因みにこの大津事件に於ける児島惟謙《いけん》は忘らるべきでない。我国司法権の独立的権威を示したものとしてである。政府は外交上の考慮から、津田三蔵を刑法上のわが皇族に対する犯罪を以て律したい意向で、陰に陽に司法部を圧迫したが児島大審院長（今の最高裁判所長官に相当）は断然として政府に対しその不可なるを説くと共に大審院内部に於ける軟弱司法官をも説得するに努力した。五月二十七日大審院法廷は特に大津において開かれたが、刑法第二九二条及び一一二、一一三条等に拠り、津田三蔵を普通の謀殺未遂罪を以て論じ無期徒刑に処するとの判決を下した。これもとより児島のすぐれた識見と信念

によるところとはいえ、又自然に明治天皇聖徳の一環をなすものといってよかろう。津田三蔵は北海道釧路の集治監に服役中間もなく肺炎で死んだ。

製艦費事件ともいうべきものが明治二十六年に起った。時はあたかも日清戦争の前年であり、国防問題が大きくクローズアップされていた。日本は明治の初年以来、富国強兵のスローガンを掲げて鋭意軍備の充実に志し国防の安泰をはかってきた。ところが日清の風雲漸くけわしきものあるに至り、四面皆海の日本は何よりも海軍の充実を急務とした。「軍艦」の御題

なみ遠くてらすともし火かかげつつ仇まもるらむわがいくさぶね

は日露戦争頃の御歌であるが、それはさかのぼって日清戦争時代でも同じことである。

ところが議会は製艦を否決してしまった。それは第四回帝国議会であったが、内閣は伊藤博文が首相であった。伊藤は憲法思想においては独逸主義ともいうべき考方で、政党政治を肯定しなかった。つまり一種の大権主義者で将来は兎に角とし少なくも当時にあって国務大臣は天皇の聖旨を奉じて万機に当るもので他の権力に由りて支配されるものではない、これが憲法精神だとした。これを超然内閣などと呼んだが、かくて民党の政党主義とは氷炭相容れざる立場に立った。伊藤内閣の顔ぶれは司法大臣山県有朋、逓信大臣黒田清隆、内務大臣井上馨、陸軍大臣大山巌、農省務大臣後藤象二郎、外務大臣陸奥宗光、文部大臣河野敏謙、海軍大臣仁礼景範、大蔵大臣渡辺国武等でいわゆる藩閥内閣で当時世人はこれを元勲内閣と呼んだ。これに対し河野広中はかかる元勲内閣の出現は天が藩閥打破の

好機を吾人に与えたのだから飽くまでもこれと決戦するを要すと切論し、自由党総理板垣退助ら皆以て然りとし、挙党一致して伊藤内閣との決戦を試みるに決した。改進党に至っては自由党より更に強硬で、大隈重信は自ら伊藤、山県、井上らよりも先輩を以て任じ、伊藤等の藩閥政治打倒の為め蹶起するとの声明で、民党連合は結束甚だ固く、経費節減、民力休養の二大スローガンを掲げて伊藤内閣との決戦に蹶起した。そこで当時の政界分布を見るに、一口に民党といわれた反政府政党は自由党、改進党、同盟倶楽部、東洋自由党等合して百六十三名であったのに対し、準与党と認められるもの、及び中立勢力合して僅に百四十七名、勝敗の数は自ら明かである。政府は製艦費その他の予算案を提出した。あたかも伊藤首相は議会開会に先立ち誤て負傷し政務を執ることが出来ず井上が臨時首相に任命され、議会に於て建艦の急を説いた。しかし果せるかな否決されてしまった。十二月十九日予算委員長河野広中の報告演説中に「予算委員は政府の要求即ち甲鉄艦等の製造費を否決せり。此れ軍艦の製造を不急とするに非らず。方今国防の具備を要するは多言を待たざるも、唯だ海軍部内の積弊未だ洗除せず、未だ大業を託するに足らずとするを以て、協賛を為さざるなり」とある。されば製艦費否決といっても、今日、日本国憲法下の国会に於て、社会党などが国防予算の邪魔をしているのとは根本的に思想が異るものであることは注意しておくべきだろう。とにかく議会では多数決を以て軍艦製造費を削除してしまった。井上臨時首相の演説によれば「明治二十六年度総予算案中、従前の継続事業に係る砲台建築費連発銃製造費等の外、新たに総額千六百八十万余円を以て七箇年を期して我海軍の中堅とも為べき甲鉄艦二隻を新造し又歳計剰余金の内二百七十五万円を以て七箇年を期し、巡洋艦、報知艦各一隻を新造する」とある。それが否決されたわけである。

かくて政府と議会との間に紛糾が生じ、衆議院は衆議院で上奏し、政府は政府で衆議院解散の奏請となり、官民を通じていわゆる政治家輩の手では収拾しがたい事態となってしまった。此時、明治天皇はどんな聖断を下されたであろうか。天皇は伊藤首相の奏請した解散を一先づ制止せられた上「在廷ノ臣僚及帝国議会ノ各員ニ告グ」という詔勅を二月十日お下しになった。

古者《イニシヘ》、皇祖国ヲ肇ムルノ初ニ当リ、六合ヲ兼ネ八紘ヲ掩フノ詔アリ。朕既ニ大権ヲ総攬シ、藩邦ノ制ヲ廃シ、文武ノ政ヲ革メ、又宇内ノ大勢ヲ察シ、開国ノ国是ヲ定ム。爾来二十有余年、百揆ノ施設、一ニ皆祖宗ノ遠猷《エンユウ》（先々までのはかりごと）ニ率由シ、以テ臣民ノ康福ヲ増シ、国家ノ隆昌ヲ図ラムトスルニ外ナラス。

朕又議会ヲ開キ、公議ヲ尽シ、以テ大業ヲ翼賛セシメムコトヲ期シタリ。而シテ憲法ノ施行方ニ初歩ニ属ス。始ヲ慎ミ終ヲ克クシ、端ヲ今日ニ正シ、大成ヲ将来ニ期セサルヘカラス。顧ルニ、宇内《ウダイ》（世界）列国ノ進勢ハ、日一日ヨリ急ナリ。今ノ時ニ当リ、紛争日ヲ曠《ムナシ》クシ、遂ニ大計ヲ遺《ワス》レ、以テ国運進張ノ機ヲ誤ルカ如キコトアラハ、朕カ祖宗ノ威霊ニ奉対スルノ志ニ非ズ。又立憲ノ美果ヲ収ムル道ニ非サルナリ。朕ハ在廷ノ臣僚ニ信任シテ、其ノ大事ヲ終始セムコトヲ欲シ、又人民ノ選良ニ倚藉《イシャ》（信頼）シテ、朕カ日夕ノ憂虞《ユウグ》（憂い恐れる）ヲ分ツコトヲ疑ハサルナリ。

憲法第六十七条ニ掲ケタル費目ハ、既ニ正文ノ保障スル所ニ属シ、今ニ於テ紛議ノ因タルヘカラス。但シ朕ハ特ニ閣臣ニ命シ、行政各般ノ整理ハ其ノ必要ニ従ヒ、徐《オモム》ロニ審議熟計シテ、遺算ナキヲ期シ、朕カ裁定ヲ仰カシム。

国家軍防ノ事ニ至テハ、苟《イヤシク》モ一日ヲ緩クスルトキハ、或ハ百年ノ悔ヲ遺サム、朕茲《ココ》ニ内廷ノ費ヲ省キ、六年ノ間、毎歳三十万円ヲ下附シ、又文武ノ官僚ニ命シ、特別ノ情状アル者ヲ除ク外、同年月間、其俸給十分一ヲ納レ、以テ製艦費ノ補足ニ充テシム。

朕ハ閣臣ト議会トニ倚リ、立憲ノ機関トシ、其ノ各々権域ヲ慎ミ、和協ノ道ニ由リ、以テ朕カ大事ヲ輔翼シ、有終ノ美ヲ成サムコトヲ望ム。


そして別に宮内大臣に対し山陵費、祭事費、及び皇太后供御の料を動かしてはならぬとの命令をお下しになった。勅語の中に「憲法ノ施行方ニ初歩ニ属ス」とあるのが、いかにも適切なひびきを持つよう思われるがわが憲法政治初期らしい内閣と議会の争いといってよい。そして製艦費の否決については、議会の議決であるからそれには決して不満であるとか、再び審議せよとか、撤回を希望するとかいう非立憲的なことは一言も仰せにならない、やむを得ないこととして尊重された。だがそれだからといって、国防の急から見て製艦をとりやめにして延期してはおけぬ。一年でも延期すればそれだけ日本の国防を重大な不安にさらすことで、一朝有時の後悔いてももう遅い。明治天皇も御苦労の絶えるいとまがない。ついにいろいろお考えになったあげく、内廷費中から三十万円を建艦費中に六ケ年間下賜なさるという非常手段により護国の悲願を達成なさることとなった。つまり議会の議決は議決として尊重するが、非常の措置として、天皇親ら先頭に立つから閣臣官僚つまり行政部門の者は朕を扶けて俸給十分の一を六ケ年間製艦費として献納せよというわけである。三十万円といえば、たぶんその頃の皇室費の一割近い金額であったろうと思われる。これには議会も心から恐縮してしまった。そして自発的に再審議を行い、ついに政府の要求する製艦費を可決し、聖慮を安んじ奉ると共に国防の欠陥を補った。そして急速に建艦の事に従ったのであるが、この事あって僅か一年六ケ月で、日清戦争に突入したのであった。これなどは区々たる政治技術、或いは政治権力を超えて、明治天皇の「鬼神も泣かする」思国のマコトとしての偉大なる政治力と拝すべきであろう。

〈第十五章〉

崩御と世界の追悼

不豫（聖徳記念絵画館所蔵）

明治四十五年七月御不例の悲報を知って二重橋に御全快を祈る民草

明治天皇御重態、次いで崩御についてては私の経験にもとづいてさきにも記したが、この報一度び報ぜらるるや、世界各国はひとしく日本国民と悲しみを一にし公式の弔電弔詞相次いで到り、且つ世界のあらゆる言論機関は筆を揃えて之を悼み、天皇の偉大なる御治世、ならびに天皇の人格に関し、殆んど例外なく多大の讃辞を掲げざるはなかった。望月小太郎はこれらのうち二十八箇の文を日本文に訳して編集し且つこれに英独仏三国語の原文を附し、大正二年『世界に於ける明治天皇』上下、今でいうA5判、訳文は一一五六頁、原文二四三頁を刊行、大正十五年に至り更にこれが改訂版を発行した。誠に好文献というべきである。今此書により当時、明治天皇に関し世界の言論界がどのようにいったかの例示として次に若干抄読しよう。文中（前略）（中略）（下略）等とあるは、私の附したところである。尚訳文には一二誤訳と思われるところもあるが、今は現代仮名に改め、原訳文のまま引用する。抄読の文篇一として現代日本人の啓蒙ならざるはない。

（一）　イギリス

1　ザ・タイムス　ロンドン　一九一二・七・三〇

（東京発七・二八）今夕宮城門外の広場は非常なる光景を呈せり。そは数千の人民が天皇の御身上に関する驚愕すべき報道を聞きて馳せ参じたればなり。

鉄柵の前面には男女并に小児の群象集り来りて拝跪して熱祷せり。是等の人々は各自少時間祈念の後、身を起して其の座を離れ、以て各方面より集り来る人々に其の席を譲れり。門柱の上なる三五の電燈と群集に交りたる五六の人々の携うる提灯とは僅に微光を投じて如何に陛下が万民の為に愛惜せられ給えるかを痛切に証明したる此の一場の殆んど凄惨を極めたる光景を照し、且つ写真師の発する閃光は時々近代的色彩を其の間に点綴したり。

斯く集える群民の背後を間断なき馬車と人車とは白き制服を着し各自提灯を手にし点々散在する巡査の伍列を縫うて去来せり。是れ皆宮内省の通用門に奉伺者を運ぶものなり。深更を過ぎて猶幾千百の人民は冷やかなる砂礫の上に跪坐して陛下の御恢復を祈願し奉るを見る。婦人にして幼童を其の背に負へる者あり、或者はのち嗚咽歔欷《おえつきょき》せり。各新聞の号外は無代にて群衆に配布せられ、人々は之れを読まんとて巡査の角燈又は提灯を擁して犇《ひし》めき集れり。僧侶は柵前に列を作して終夜の勤行を修せり。

2　ザ・タイムス　ロンドン　一九一二・七・三〇

先帝陛下の崩御に由り、日本は殆んど神の如く崇敬せられたる君主を失い、世界は最も卓越せる俊傑を失い、而して吾イギリスは茲に忠実にして信憑すべき一盟友を失えり。日本人の大多数が半神的資性を以て先帝に擬し奉りつつありし所以は、泰西人と雖も亦能く之れを了解するに難からず。先帝が世界に於ける最古の連綿たる皇統を代表し給へる事は之れを信ずべき顕著なる理由あり。ロシアに対する宣戦の詔勅中、先帝陛下は陛下御自身をば「万世一系の皇祚を践める」と宣らせ給えり。此宣言たる決して放慢なる傲語にあらずして殆ど文字通りの事実なりと認めらるる所なりとす。(中略)

然れども斯る系譜以外更に陛下に偉とし奉るべきは、陛下が其臣民の特殊なる尊敬を享け給える事にして、御晩年に於ては特に然りとす。陛下は明治年代における最後の英雄即ち維新の革命を遂行したる人々中の最も偉大なる御方にて在したり。（中略）陛下はドイツのヴィルヘルム第一世と共通せる多くの資質を有し給えり。而して更新したる帝国が爾来間断なき峻厳苛酷なる試験を経過せざるべからざる毎に、常に伊藤公なる好個のビスマルクを見出し給えり。天皇は御躬ら持すること極めて謹厳に亘らせられて曽て御懈怠《けたい》なく、何等の娯楽を思い給はず、又殆ど交遊を欲し給はざりき。惟うに惨憺たる幼時の憂慮又恐くは少年時代に於ける冷厳なる僧院的御生活は自ら奢侈安逸の慾望を喪失し給うに至らしめたるなるべし。只乗馬は戸外に於ける唯一の御趣味にして、御技の優逸なる臣民の克く陛下の右に出づる者極めて尠《すくな》かりき。然れども陛下の一意尽瘁《じんすい》し給いし所は即ち国務にして、就中陸海軍備の発達に熱烈なる御注意を払い給えり。惟うに陛下の御治世は最も特筆すべき時代として、日本史上永久に消ゆるの期なかるべし。

陛下の御治下に、日本は幾百年間窘束《きんそく》（縮まった自由にならない）せられつつありたる桎梏を打破し、進んで世界列強国の間に堂々たる武備を整え、牢乎として抜くべからざる地歩を占有したり（中略）、将来に於て日本が如何に発展するとも日本が先帝御治下に於て成功したるが如き光彩陸離たる幾多の偉業に陛下の為させ給える如き短期間を以って企及せんことは到底望む可からざる所たり（中略）、大凡偉大なる元首にして未だ陛下の如く恭謙遜譲の御徳を修めんとして居常《きょじょう》（つね日常）冲々たる御方はあらざりき。其の臣下は忠実に陛下に奉侍し、而して陛下も亦能く之れを認承し給いたり。其の一度び他を信任し給うや永久に渝《かわ》らせ給うことなかりき。惟うに先帝陛下の成功の御秘訣は、近く奉侍したる忠実にして賢明なる一団の人士を全然信頼あらせられ、敢えて猥《みだ》りに彼等の為す所に干渉し給わざりし一事に存したるならん。（中略）東洋に於ける最初の立憲国の君主は亦克くあらゆる立憲国君主の為に好箇の模範たるを得べし。（中略）陛下は常に御暇ある毎に自ら詠歌に従事せらる事を以て例と為し給へり（中略）、其の詠じ給える所の数行の歌句の僅かに飜訳せられたるものに依って外邦人の看取せる所は、総て此等の御製は衷心の温情苦痛に対する同情又は出征せる其の軍隊の困苦欠乏に対する実際的御同感等一として高潔なる貴人の胸臆より流露したるものにあらざるはなきなり。（下略）

3　首相アスキス氏下院演説（ザ・タイムス　七・三〇）以下西暦年数省略す。

（前略）余は歴史上日本天皇陛下の如く一治世の短期間に、其国民並に世界人類の為め、爾かく宏大にして且其必要欠くべからざる進歩発展を成就し給いたる君主の名を挙ぐる事能わず。斯く吾人は日本先帝陛下の成就し給える崇高にして且つ恐らく比類なき御功績に対し、全文明世界と共に其敬慕の念を捧ぐると同時に、我等イギリスは先帝の御功績に関し、特に之れを欽仰《きんきょう》（喜び仰ぐ）すべき関係を有することを附加し得べけん。（中略）イギリス下院は茲に極東に於ける我盟友に対し、今回の御大故に対し奉り吾人の深厚なる同情の誠意を寄せ、吾人は日本と倶に此の偉大なる君主の千古不磨の令名を、彼の国民と共に長えに欽仰することを日本国民に信ぜしめんと欲するものなり。

4　デーリー・メール（ロンドン　七・三〇）

（前略）日本人が先帝陛下の御人格を崇拝して之れを神聖視し奉りたるは、決して国運の障碍と為らずして却て一種の助力となりたり。一国の元首として陛下を囲繞《いにょう》し奉る神霊的意義は、他の如何なる立憲国の帝王と雖も未だ曽て有せざりし一種の権威を天皇に捧げまつりたりき。而して此の権威は陛下を其の国の休戚《きゅうせき》（喜びと悲しみ）に関する最高の裁決者と為し奉りぬ。日本をして大軍国たらしめたる二回の戦勝を以て世は陛下の御力に帰し参らせたり。而も後世の歴史家は、陛下が其の臣民の智徳を開発して、西洋の文明を東洋に移し与へたる一層永続的なる利益を享受せしめ給いたる御勲績を以て必ずや軍事的勝利以上に偉大なる者なりとすべし。（下略）

5　デーリー・エキスプレス（ロンドン　七・三〇）

世界偉人中の一人――吾等の苟しくも知れる限りの現代に於ける絶大なる偉人中の一人たる日本天皇は月曜日を以て世を隔て給いぬ。（中略）日本の勃興の何ぞ夫れ迅速なる、而して日本の能力に就て西人の知る処何ぞ夫れ爾く不明なりしや（中略）、勿論日本が其の新なる発生は単に之れを一個人に負ひたるにあらざるは明なりと雖も、然も天皇は偉人中の偉人にましまして、吾人が目撃したる所の上文の奇蹟の大部分は、実に陛下の先見と決意と、将た其の指導に依りて成れりと謂うべきなり。蓋し世界史上に於て苟しくも先帝陛下御治世下に於ける日本の偉業と比肩することを得べきものを見ず。又陛下は御自身を以て人種朽廃の理論を打破し給いたるものなりとす。其は陛下と其の御祖宗とは実に二千年以上の久しきに渉りて日本に君臨したればなり。

6　グローブ（ロンドン　七・三〇）

（前略）陛下の御資性中、特に推服し奉るべきは、人々に対する御鑑識力なり、是れ蓋し一国の元首が享有し得べき資性中の最も貴重なるべきものなり。次に国事に対する熱心精励にして、彼の憲法欽定の際、有司の会議を統宰し給いたるが如き是なり。其の他些事をも洩らし給わざりし驚くべき御記憶力あり、肉体上にも精神上にも極めて剛健にましまし、将た又毫《ごう》も御一身上の逸楽を求め給わざりし極端なる御節制あり。大凡斯の如き天禀《てんびん》を有し給いたるを以て、陛下は生れて直ちに秩序定まれる邦国の帝者となり給うも、尚克く為し給う所多かりしや疑うべからず。

7　ゼ・スタンダード（ロンドン　七・三〇）

日本人は恐らく地球上に於ける最も不可解なる人種なるべく、而して先帝陛下は日本人中の最も不可解なる御方に在しき。（中略）陛下は理想的日本男子を代表し給いたり。陛下の五呎七吋の御身長は、其体格一般に甚だ偉ならざる人民の間に在りて秀越し給い、太く黒き其御眉は、男性美の古昔の模型中に見出さるべき厳正なる傾斜を有し、針金の如き御髭と皇帝髯（訳者曰く下唇の直下に蓄うる髯にしてナポレオン第三世此髯を蓄えたるより此名あり）とを以て飾られたる其長き楕円形の黄白なる御顔容は「幾多の花瓶又は団扇」（訳者曰く原文括弧を用いたるは日本の事物中泰西に普知せられたるものとの意）に画ける絵画によりて吾等に親しき輪廓を示したり。（下略）

（二）フランス

1 ル・フィガロ（パリ 七・三〇）

日本天皇陛下は登遐《とうか》ましませり。其の数日に亘れる御臨終の御苦悩は今夜十二時四十三分に御終焉となりぬ。

登遐し給える天皇は実際現代の大君主なり、何となれば陛下の如き御偉業を完成し給いたる御方は世に一人も在はしまさざればなり。独帝第一世と雖も亦然り。（中略）然るに、仏、露、独之れに干渉して天皇に申し出で、遼東半島を還附し、之れに代うるに支那の支払うべき軍事賠償金の増額を条件としたれども、其の実三国が支那の為めに計りたるは廉潔の心より出でたるものにはあらずして、各々支那の土地を割譲せしめんと欲したるものなれば、露国は自国の分として旅順口を取りたり。是れ日露戦争の原因なりとす。（中略）天皇は平和の御事業に於ても戦時の御事業に於けるが如く偉大なる君主にて在はしましたり（中略）天皇の御治績は実に史上其の例を見奉らず。吾人は先帝陛下を以て現代の大英主なりと言ふも決して誣言《ふげん》（つくりごと）にあらずと信ずるものなり。（ア・ピーツ・モリス氏）

2 ラッペル（パリ 八・六）

先帝陛下は万能なる魔術家とも申さるべく一八六八年（明治元年）まで中世時代の国の如く遺存したる日本をば、世界的大強国（欧州大強国と記したき感あり）と成し給えり（中略）先帝陛下は実に政治的活動の大原動者なるエドワード七世、レオポルド二世以後に崩御し給いたる現時大帝王中の御一人なりとす。天皇は後世に鴨緑江、遼陽、奉天の大勝利を遺して不朽の御名を留めさせられたれども、尚之れにも優れたるものを遺し給いたり。何ぞや、一大帝国を遺し給いたること即ち是なり（中略）、アジアを覚醒せしめたるものは実に日本の勝利なり。東京よりコンスタンティノープルに至るまで、長えに惰眠を貪ぼるべしと思われたる世界の国民をして、僅かに十年を出でざる間に覚醒せしめたるものは、真に是れ黄色人種の戦捷《せんしょう》なりとす。旅順の砲声は世界人類の全体を震蕩《しんとう》せしめて、其の態度を一新せしめたり。日本の勝利はアジアの紀元を画せり。（中略）要するに黄色世界は二十五年を出でずして吾人に二大天才を示したりと云うべし。独裁君主なる明治天皇と民主党なる孫逸仙《そんいっせん》（孫文）即ち是なり（アルベール・ミロー氏）

3　ラ・フランス・ミリテール（パリ　八・一）

（前略）天皇の崩御は啻に現代史のみならず、世界史に於ける最も有名なる御治世の終結を示せり。実に僅々二十五年の間に東亜の野蛮未開国より欧式の強国に進化し、総ての点に於て世界最大の文明強国と同等同様に遇せらるるに至りたる事は、真に天下無二、世界唯一の奇蹟なればなり。

特に不可思議とすべきは、此の絶大無比の進歩発展を指導し給いたる御方は、御身躬《おんみみずか》ら殆ど世に知られざるかの如く在はしますを常とし給いたる事是なり。惟うに此の記事を読む者の中にも天皇の御名の「睦仁」と申し奉ることを知れる者は十分の一もなかるべし。欧州帝王の名なりせば、先帝陛下に比して遥に有名ならざる者と雖も、多くの人々は能く之れを熟知せり。然るに此等の人々はナポレオンよりヴィルヘルム第一世より偉大なる帝国創立者の一人を知らざるを常とす。実際、天皇はナポレオン、ヴィルヘルム第一世より偉大なる御方に在はせしと謂い得可し。何となれば天皇の御事業は、仔細に事理を検覈《けんかく》する人の眼より見れば、前記二帝の事業よりも尚ほ一層驚く可く、又尚ほ一層永続すべき性質を有せられたるが如く思惟せらるればなり。(下略)(アシュ氏)

4　モニツール・デ・コンスラ(パリ　八・一五)

(前略)先帝陛下は民族全体を御一身に代表せられ、其の独裁君主に在はすと同時に其の不可誤の嚮導者となり給いたり。一言を以て之れを蔽えば、万能ともなり、神ともなり給いて国民的覚醒の御心霊ともならせ給いたれども、決して其の機械とはならせ給わざりき。(中略)日本は実に他国が数百年を費して経過したる道を、天皇庇護の下に僅に二十五年を出でずして之れを経過したり。天皇は崩御ましませり……今や天皇万歳を叫ばざるべからず。(コラン・ドラ・ネーフ氏)

5　ル・ヴオスジエン(エピナル　九・二九)

(前略)無数の群衆は宮城の門前に於て宝算長久の熱き祈祷を天に献げたり。臣民中には自殺して以て聖寿保全の為に其の身を犠牲に供したるもの数名あり。希望の絶ゆるや、慟哭は実に極りなかりき。嗚呼世に斯くまで愛惜せられ給いたる君主は、吾人の未だ曽て之れを見ざる所なり。御大葬は荘重にして且つ感動に堪えざりき。世界の舞台を去り給いし天皇は人間に在わしまさずして、殆んど神の如くに思われ給いたり。

彼の最も日本国民の輿望に副《そ》いたる乃木大将は、包囲三百二十九日に亘りて、旅順口を陥落せしめ、操縦巧妙にして、奉天の戦捷に貢献すること尠《すくな》からず、天晴《あっぱれ》名将の名を輝したる人なるが、天皇崩御の後に残存するを欲せずして号砲一発、御大葬の挙行を報ずるを合図に、古武士の遺風を学びたる堅忍の心は、従容として死を軽じて割腹せり。夫人も亦之れに殉ず。此の二人の自刃、此の二人の割腹は、天皇の崩御に対し奉る最も美にして大なる殉死として称讃を博せり。乃木将軍は実に今日の日本の写真鏡なり。現代文明の成業を同化しつつ、尚《な》お古代の大和魂を保全せり。（ポール・ロジエ氏）

（三）　ドイツ

1　ノルドドイッチェ・アルゲマイネ・ツァイトンク（ベルリン　七・三〇）
日本天皇陛下本日午前崩御あらせらる。先帝陛下の長く且つ多事なりし御治世は、日本が強国の伍伴に入りしと共に永く記憶せらるべし。陛下は古来の伝習、及び御自身の御天性に因りて、事物の表面に立ち給う事は殆んどあらせられざりき。然れども日本を導きて近代的国状を取らしめ給える嘆賞すべき御偉業、及び日本国民の向上発展に関して、事実上陛下の御力が多きに居りし事は、毫も疑なき所なり。陛下の左右に奉侍したるものは陛下の御生涯が其の国家の安寧幸福の為に孜々として倦ませられざる御活動に満たされたりし事を推賞す。日本の事情に通暁せる一独逸人は、今や既に歴史的と成れる陛下の御事業を総括して曰く「陛下は其の国家が新に世界的地位を占むるに至れるが為に古来の神聖なる伝習慣例を改廃せらるるの必要を生ずるときは毅然たる御威厳を以て断然之れを改廃せられ、又外国の新文明を採用して自国の旧習及び国民の特性と調和せしむるが如きは、一見自明にして其の実容易ならざる難事たるにも拘はらず、陛下は之を遂行し給いて以て過渡時代の極めて危険なる改革事業に対して之れが中心（訳者曰く、原文には楯の紋とあり）たるべき重大の任務を全うし給いしなり」と。（中略）されば先帝五十年の御治世中、日本は国家的、文化的、経済的関係に於て根本的改革を了し、外に向って殆んど何等の価値を認められざりし小国より発展して、声望ある一大強国と為れり。

2　テーリクツヒエ・ルントシャウ（ベルリン　七・三〇）

（前略）今や陛下は学ぶべきを学び竭《つく》し給い、導かるべきを導き竭し給えり。此の日の出の国の天皇は昇日と偕に崩御し給ひたりと雖も（中略）「皇帝は死すれども死せず」とは此の菊花国に於ても言う所にして、日本国民は先帝陛下に捧げたる忠誠を以て直ちに新帝陛下に捧ぐるならん。何となれば吾人に於けるよりも、より深く、日本国民には今も尚国民的自覚心以上の純尊王心が其の血液中に存在すればなり。即ち彼等にはサムライ式の片意地なる所ありながら、尚且幾分かの「国貴きにあらず君を貴しとなす」的の思想存在するなり。天皇に対し奉りて一身を傾倒するの感情は、深く国民の間に存在し、殊に日本陸海軍々歌に於て善く説明せられたり、曰く

海ゆかば水漬く屍
山ゆかば草むす屍

大君のへにこそ死なめ
のどには死なじ。

3　アンツァイガー（ブラウンシュヴァイク　七・三〇）

（前略）抑も日本に於ける古来の伝説は今日の日本の如き現代的にして無趣味なる実利主義の社会にありても尚お其の勢力を維持し、「ミカド」の宮廷をして詩神《ムーサ》の居所たらしめ、茲に於ては恰かも中古トルバドゥール（吟遊詩人）の時代に於ける善王ルネ（プロヴァンス領主ルネ・ダンジュー）の宮廷の如く、孰れも皆詩人にして詩歌を以て談話するも廷臣に取りては決して不自然の事と思われざるなり。

先帝陛下は其御祖宗と同じく、今も尚お昔ながらなる典雅なる風格を以て、御躬《おんみずか》ら短詩即ち「ウタ」を作らせらる。而も陛下は詩藻御豊富の詩人に在わして、沈思の時、夢寝の間、是等微妙の小品を巧に工夫し給う事、実に日に十二首を越えさせらる。（中略）お歌会は燦爛殷賑の式典にして、先帝は詩神の寵児として臨幸せられ（中略）天皇陛下の御製は三度之れを誦す。優和なる調音、絢爛なる色彩の言葉になれる和歌の妙趣は、飜訳を以て表現すること不可能なるが故に、吾人は御製の美妙に就て貧弱なる描写をなし得るに過ぎず、譬《たと》えば曽て「新年の梅」の御題あり、而して御製に曰く

立ち返る年のあさ日に梅の花かをり初めたり雪まながらに

先帝の御製に対しては人皆特別の尊虔を以て之れを拝誦す、されば御製の人心に及ぼす影響の甚大なりというも至当の事と謂つ可く、曽て日露戦争当時其全子を出征せしめたる一老農は左の御製の為

めに奮然絶望の域より脱して繁劇なる労務に従事したりと言う。
　子等は皆いくさのにはに出ではてて翁やひとり山田守るらん

4　ケルン・フォルクスツァイトゥング（ケルン　九・一）
（前略）国民の成したる此の進歩は、かの永久に忘る可らざる明治二十二年（一八八九）二月十一日に於て、曽て天皇が国民に誓わせられ、其国民の鶴首仰望したる憲法の公布に及んで、国民の心霊に最も大なる満悦を感ぜしめたり。何となれば憲法発布と共に、信教の自由も亦尊重せられて国是の一に加えらるるに至りたればなり。此の一事が如何に重大なる進歩を意味せしかは十八年の昔に朔りて天下の公道に「邪教」即ちキリスト教厳禁の古き制札を読みし人々の最もよく了解し得る所なり。余は今や新日本最初の天皇陛下の霊柩に永訣せんとするに当り、国外駆逐の酷令に依て二百五十年間迫害を受けたりしキリスト教に向って、陛下が前記の自由を与へられたる事を感佩せざるを得ざるなり。

（下略）

（四）　オーストリア＝ハンガリー
1　ノイエ・ヴィーナー・ターゲブラット（ウィーン　七・三〇）
（前略）而して斯く御威徳の盛にして御寡黙なる先帝陛下は、恰もその御人格を此大時代の勇士等の威名の裏面に埋没せしめたる其の他の俊才逸足の衆人と等しく、外面には現れ給わざりしなり。然れども此の偉大なる君主は決して単純なる傍観者に在はさずとの確信は全日本国民の意識中に存在したり。即ち巨大なる勢力、換言すれば奇蹟の如き近代日本の天才的潮流は此の英主の御一身に集中せられ、合して其雄大なる御風格を成せり。而して其の高邁なる御稜威と端厳なる御寡黙とは全国民を感化せずんば止まざるなり。

2　ノイエ・ヴィーナー・ターゲブラット（ウィーン　七・三一）

（前略）予は茲に君主の義務なる語を用いしが、此一語は以て陛下の御人格、御動作の全般に通ずる御特質を表顕するに足れり。由来日本国民が天皇を崇拝するは其の状宛かも宗教心に出づるが如く、而して其の天皇に対し奉る義務と国家に対する義務とに関して如何なる観念を有する歟《か》、戦時幾千の実例は之を示して余りあるべし。然も皇族貴族より士族に至る上流社会が一身を擲《なげう》って赤誠を致す愛国心の権化として天皇を崇拝し奉るに至れるは、其の実陛下が国家民衆に対する君主の義務を重んぜられ須臾も等閑に附し給わざるに感激して然るなり。日本に於ては天皇に奉仕するは国家に仕うると云うに同じ。何となれば日本国民は悉く天皇と国家とは同一体なるを知ればなり。国民、国家、祖国、天皇の四者は、今日、日本人の見る所にては上下を通じて悉く意義同一なりと解し、天皇は此等抽象的理想の御化身と思惟せらるるなり。

御幼年にして即位し給い御成長後斯《かく》の如き大業を御創始し給える君主は、歴史上如何なる地位に置き奉るべきか、斯の如き歴史的大英傑は如何なる尺度を以て評量し奉るべきか、其の決定は予之を貴紙及び貴紙の読者諸君に一任して敢て自ら其の意見を述ぶることを欲せざるなり。（下略）

3 ノイエ・フライエ・プレッセ（ウィーン 七・三〇）

昨夜崩御し給える日本天皇陛下は、現代に於ける最大偉人の一人に在はしき。其五十年に渉れる御治世は実に日本の根本的改造を完了せられ、御生涯の前半と後半とに於て国勢の大なる対比を発揮し給えること、陛下の如きは古来幾多の君主中未だ曽《か》つて是れあらざるなり。（中略）陛下の最大偉業は恐らく其沈着英邁なる御人格を以て克く新旧両勢力を調和融合せしめ給いたる点に存すべし。陛下は「サムライ」の古道徳なる信と悌とを新思想の軌道に誘導し給い、剴切須要なる欧州の諸発明を採用し、国を挙げて優越せる文化を迎え、即ち古道徳に新武器を供して以て其の向上に資せんとし給えり。果然陛下は一個文明の国家を作り給えり。其の影響は随所に之を認むるを得べし。日本は実に現代の一大要素となれり。（下略）

（五） イタリア

3 ラ・ヴィータ（ローマ 七・二九）

（前略）先帝陛下の帝国の歴史は偉大にして而かも多幸なる出来事に満てり。而して其歴史の勇渾なること恰も薩摩の山に天降りし天孫たる彼の物語的祖先の歴史に等しきものなりとす（ジョルジオ・

モルリ氏）

(六) ロシア

1 バルジェウィヤ ヴェドモスチ（サンクトペテルブルク 七・三〇、露暦七・一七）

日本天皇陛下は一八五二年（嘉永五年）の御誕生にして本年は六十歳に在わしませり。一八六七年（慶応三）十五歳の御幼齢を以て帝位に即かせられてより、本年を以て御治世四十五年に亘る。歴史眼よりすれば、半世紀は比較的長期間と称するを得ざるも、日本国にとりては必ずしも然らず。此の四十五年間にありて日本は頗る長足の進歩をなせり。嘗て何人も知らざりし国家は今や変じて一等国となり、最強最大の列国と雖も、日本の発言を傾聴し其の意見を参酌するに至れり。日本は建国以来二千五百年、支那に次ぎたる世界最古の国なり。而して此の二千五百年間の進歩も到底最近四十五年間の如き偉大なる進歩発展に優る能わざるなり。此の進歩たるや一に先帝陛下の賜なりとす。「ミカド」御治世の歴史は即ち新日本の歴史なり。重要なる改革、憲法施行、韓国併合、日清戦争の勝利、日露戦争の勝利、台湾及び樺太半部の割取、陸海軍の顕著なる進歩、是れ皆「ミカド」御治世中の事実なり。一言にして尽さば「ミカド」の御治世中に於て此の日出国は旭日沖天の勢を有するに至りたるなり。四十五年間の御治世は軈《やが》て「ミカド」の御人格の体現にして、殊更に取立てて「ミカド」の御人格を記したるものなきに見ても瞭かなり。日本の国家状態を叙するものは必ずや天皇の御名を引用せざるものなし。日露戦争は吾人の遼東隣国に対して有せる僻眼を拭いたるものなるが、其の以前より

既に久しく我国に於ては日本先帝陛下を以て日本のピョートル大帝と称せり。（下略）

2　ルースコエ・スローヴォ（モスクワ　七・三〇）

先帝陛下崩御のため日本は偉大なる天皇を失い、全世界は最近半世紀に於ける賢明にして且つ素養深き主権者の一人を失いたるや論を俟《ま》たず。先帝を以て日本のピョートル大帝と称するもの豈に偶然ならんや。（中略）日本臣民が政治的自由と自国生産力の大発展を得たるに就ては先帝陛下の隆恩を感謝せざるべからず。（後略）

3　ワルシャワスカヤ・ムイスリ（ワルシャワ　七・三〇）

（前略）日本先帝陛下を我がピョートル大帝に比較し奉るものあり。陛下は真実我がピョートル大帝の如く日本国を奮起せしめ給いたるが、日本天皇は創設と破壊とに向て全力を注ぎ給い、熱誠にして且っ激烈なる御資質を有し給いたりき。而して陛下は特に専ら創設の事業に全力を傾け給いき。又陛下は常に仏蘭西将軍の制服を着け給いたるも、御精神に至ては純然たる日本的に在はし御生涯の最後迄も日本国民の古代の慣例を墨守し給いたりき。（中略）陛下の御生涯は国家事業に其の御全身御全能を傾注し給い精励敢て怠り給わず。稀に得給える御慰安と御休息すらも極めて尋常のものなりき。陛下は実に一国の主宰者として飽くまで高尚なる御品性を表示し給える御方にして如何なる賛辞を以てするも尚お之を尽す能はざるなり。（後略）

（七）　スペイン

1　アーベーセー（マドリッド　七・三一）

凡そ古今の君主にして日本先帝陛下が日本国民に及ぼし給える影響の如く、揺ぎなき好影響を其の国民に及ぼしたる御方は蓋し極めて稀なり（中略）嗚呼古来如何なる時、如何なる処、如何なる元首の下に、斯かる深く且つ驚くべき革新の実現せられし事ありしや。（中略）日本スペイン両国間には近年友誼同情の関係結ばれたり。アルフォンゾ第八世陛下御成年式の砌、御婚儀の砌、其の他種々の機会に日本国の皇族殿下はマドリッドを来訪せられ、特派大使として我国の慶事に参列し給いたり。（中略）スペインの王室及び国民が今回友邦の大不幸に対して、其の哀痛を共にすべきは蓋し言うまでもなし。（後略）

2　エスパーニャ・ヌエーヴァ（マドリッド　七・三〇）

陛下はその永き御治世に其の国家を根底より改め給いて、是を別種の国と化し給い、是を新奇なる鋳型に注ぎて是を拡大にし給い、其の国民には曽て吾人が久しき以前に評したる軽佻浮薄なるものとは全く異りたる堅実勇敢なる人格を与えて世界の舞台に現出せしめ給えり。かかる陛下の崩御せらるるに臨み、世界万民は自ら陛下に対し奉るの御讃詞を絶叫するなるべく、また各国はその隆盛と進歩とを計りて大革新を為さんとするの時、必ずや陛下を以て絶好の御模範と為し奉るべし。

（八） ベルギー

1 ランデパンダンス・ベルジュ（ブリュッセル 七・三〇）

天皇陛下の崩御は日本国民をして最も悲痛なる哀悼に沈ましむ。蓋し現代の一大英王登遐せられたりと言うも過言にあらざればなり。先帝陛下は啻に日東帝国の元首として民間伝説の所謂「神種」と称する神祖の御子孫に在はせらるるのみならず、特に御威徳広大なる英主にましまし、長夜の酣夢《かんむ》より大国民を覚醒せられ、宛かも「魔の杖」を執れるが如く、旧時の封建国を変じて現代の文明国となし、極東の絶大なる力を宇内に発揮し、之を系統的に利用して、大に天下の局面を一変し給えり。今正に其の終を告げ給える御治世の歴史は、英雄時代の小説の如き趣味ありて、宛かも古代ギリシャの英雄史に髣髴せる珍しき歴史なり。（中略）天下後世の人々は斯る御偉業の僅々たる歳月に成れる事と、御一代の御威徳が能く其国民をして列国民の前に嶄然《ざんぜん》頭角を顕はさしめ、以て他国民を其後に瞠若たらしめたる事とを見て、喫驚措く能はざらんとす。（中略）是れ実に先帝陛下の御英資の存する所にして陛下が現代の偉大なる君主として、永く史上に其の御英名を垂れさせらるべきも亦之が為なり。陛下は今や崩御し給う。然れども其の御偉業を完成し給い、其の国民を旧来の迷夢より覚醒せしめ、以て其の御成功を見るを得させられたれば、之が為には陛下は頗る御長命を保たせられたりと申しても可なり。（下略）

（九）　スウェーデン

1　スウェンスカ・ダグブラーニー（ストックホルム　七・三〇）

アジアに大喪あり。東大陸の一部に君臨し給いし偉大なる元首は其の輝ける名誉と進歩とに充実せる御生涯を終り給いて、茲に幽冥の彼方なる皇祖皇宗の神霊の御許に到給わんとて赴き給えり。寺院に於ける輓歌は今や此の万乗の御君が幽冥の王国に赴き給えるを唱え奉り、神社に於ては祭司は世を隔て行く尊き御方の祖宗の御霊に供物を供え奉れり。太陽は旧に仍て日出づる国の島根島根に普《あまね》く至らぬ隈もなく、其の黄金の光りを注ぎ、渺茫《びょうぼう》たる太平洋は、其の大波小波の立てる波頭を大日本の浜辺に打上ぐる時、其の潮は昔ながらの古調を低唱せり。然も此の日、其の周囲白地にて、其の真中を染むる紅燃ゆる「朝日」の国旗は、竿頭の央《なか》ばに垂れ悲みて暗の雲間に沈み行かんとすらんが如く竿頭に纏える黒紗と相対照せり。（中略）一九〇八年（明治四十一年）十一月の或日、余は東京なる皇居に於て先帝陛下に拝謁する光栄に浴したり。余は今猶昨日の如き感あり。陛下の御相貌は、年久しく新聞紙又は暦本等にて各地に流布せる石版絵に殆ど聊かも似かよい給う所なかりき。御丈高く御骨格逞ましきも稍々痩せ給える御方なり。其の黄白色なる竜顔には幾条の皺は自ら御齢の高きを物語れ共、唯烏羽玉の御髪と御髯とは御年配に相応わしからざりき。陛下の御容姿は厳粛にして殆ど沈痛とも申すべき様なり。洋風の黒色服を召させられ、唯一個の大勲位章を帯ばせらるるのみ。陛下は御低声に通訳者を以て余の旅行に御下問を発せられ、且つ又は日本に於て余が得たる印象の如何を訊ね給いぬ。陛下は是迄アジア及び西蔵の内地にて余が遭遇せしが如き幸運を常に猥りに信ずる事勿らんよう慈父の如き御注意を与え給えり。乃ち宣わく「人の身の悉は齢と共に進み行けばなり」と。嗚呼斯くて陛下は今や崩じさせ給えり。大日本は大喪に遭えり。日本国の悲歎は其露はるるや、吾等と其様を異にす。先帝陛下の御記念は号泣を以て表頌せられざるなり。日本人は陛下の如き名誉の御地位に在りて崩じ給へる御方を以て其の誇りと為し其の光栄と為すものなり。陛下は其れ人民の師表にましまして、且つ世界古今の最も偉大なる君主中の御一方なり。蓋し尊重と賛嘆とを以て世界上一切の国民と元首とは陛下の御陵墓に其弔意を附したる国旗を捧ぐるならん。（スウェーデンの探検家スウェン・ヘデン氏）

（十） オランダ国

1 ダグブラード（アムステルダム 七・三一）

外国新聞紙は言を尽して先帝陛下を非常に称揚し崇敬し奉らざるはなし。ロシアの新聞紙「ノーボエ・レーミヤ」の記す所左の如し。曰く、ロシア人は一度其の敵たりし矮身の大日本人を尊敬して之に心服するものなり。蓋し大丈夫は友たるも敵たるも均しく大丈夫たりと。

日本の神器と申すは泰西《たいせい》人の想像よりすれば数千年の来歴ある東方国人の複雑なるものと考察せんも、事実は之に反して極めて簡単にして其の数も亦鮮《すくな》し、即ち智の表章たる鏡、勇の表章たる剣、仁の表章たる玉璽なり。日本人の信ずる所に拠れば、日本の天皇は此三徳を備えさせて其国を治め給うなりと云う。

2　ダグブラード（アムステルダム　八・一）

一昨日先帝陛下の御人となりを称賛し奉れる時、皇后陛下と同じく歌道を嗜ませ給いたることを記したるが（中略）、天皇陛下は日本古体の短歌を以て古訓金言の意を述べ給い其の吟詠せらるる所甚多く（中略）、茲に先帝陛下の御製一二首を訳載して日本の歌の意義を示さん。

たちかへる年の旭にうめの花
　かをりそめたり雲まながらに
四方の海みなはらからと思ふ世に
　など波風のたちさわぐらむ

又イギリスのジョージ王の即位を祝うの御製あり

よろこびをいひかはしつっ国々の
　治まる時に逢ふぞうれしき

3　ダグブラード（アムステルダム　八・二）

日本宗教の中心として父祖を崇び天皇を尊ぶことは近来種々の変革を経たれども、尊王の事に至ては絶えず衰えず、却て益々盛にして衷心より其の天皇を尊崇す。（中略）天皇と尊皇の事とを妨害せざる以上日本人は幾多の改革に関し其の如何に深く且大なるも安静に之を過度したり。尊皇は日本国の一団たり、有力なるの象徴にして、天皇の御威力は過去のみならず未来までにも及ぶものなり。守旧者は天皇を以て旧慣古俗の保護者として奉戴し、進取者は天皇を以て改新の根本完成者として奉戴す。此の尊皇心たる種々の紛争分裂の際に於て日本の人心を一致団結する基礎にして、之を眼中に置けば日本古今の歴史を理解し得ること多かるべし。然らざれば明解し易からざるなり。（下略）

（十一）　ポーランド国　※当時はロシア領

1　クルヤーポランネ（ワルシャワ　七・三〇）ポーランド語の新聞

神と崇敬せられたる偉人は極東に逝き給えり（中略）、先帝陛下は其邦土の改革者に在わせり。陛下の御治世は神仙譚中の美しき夢の邦土を変じて実在の権威と為し給えり。他にあっては数世紀をも要すべき大業を一代の中に成就させ給える斯の如き驚くべき御治世は、人類の事業中に未だ其類例なき処なり。（下略）

（十二）　米国

1　ザ・ニューヨーク・ヘラルド　（ニューヨーク　七・三〇）

余は日本天皇陛下崩御の報に接して錯愕置く所を知らず。余は六回の多き陛下に謁見し、且つ吾等相互の間には個人的友誼の存在を感知するに至れる程陛下の賓客として親密なる関係を生ずるに至りたるは余の幸運とする所なりき。先帝陛下は非凡なる統治者にて在わしき（中略）、政治に於ける陛下の御天才は、将軍提督又は政治家の任用に於て示され給いぬ。彼等は悉く日本国民の為に光栄を齎したりき。蓋し世界史上斯の如き明著なる進歩を見、又其の進歩は悉く先帝陛下に依りて抜擢せられ而かも終始其の御庇護を辱うしたる少数人士の才幹に由りて指導せられたる所以を斯く迄明白に辿り得べきものは真に稀に観る所なりとす。（中略）近代に於ける日本の歴史を親しく知悉せるものは何人も陛下を以て其の臣民の真正なる指導者と為し奉るを拒否するもの非ざるべし。（大統領タフト談話）

2　タイムス（ニューヨーク　七・三〇）

日本先帝陛下に関し奉る民論如何は姑く措き、其の絶大なる御偉業を完成し給いたるは、現代君主中に於て日本天皇陛下の如きは最も偉大なる御一人なりしは毫も疑なき所なり。アルフレッド大帝及び勇敢なるロバート・ブルースに起源せるイギリス皇帝ジョージ王の長き皇統も、之を日本皇室の御起源及其の御系統に比せば寧ろ近世的に見ゆと雖も、何人も日本天皇陛下が其皇統中最も偉大なる君主に在して、且つ其の臣民の尊崇を受け給うべき価値あらせ給うことを疑わざるべし。（中略）大統領タフト氏が昨日宣明したる弔詞以上に能く日本天皇陛下の御聖徳を発揚し奉りたるもの蓋し他に無かるべし。

「ダビデ王曰く、汝等は皇子たり大人傑たる一人が『イスラエル』人種中に降下したるを知らざるか」（訳者曰く耶蘇《やそ》の降誕を予言せるダビデの言葉なり）

3　ニューヨーク・ワールド（ニューヨーク　七・三〇）

日本天皇陛下は列国の帝王中、実に其の匹儔《ひっちゅう》を見ざる君主に在はしき（中略）蓋し孰《いず》れの元首と雖も日本天皇陛下の如く其国民より一般の尊崇心を受け給いたるはなし。唯独りコンスタンティノープルに於ける回々教（イスラム教）信者の主宰者（訳者曰くトルコ皇帝）は回々教徒中の極めて僅少なる下級臣民より斯の如きの尊崇心を要求すること得べけんのみ。想い見る、埃及、及び東洋より模倣したるローマ皇帝に対する外面的崇拝は、之を日本天皇陛下に対する其の臣民の尊崇心に対比せば、彼は唯是れ廷臣阿諛の一片にして誠実なく、又実際上の効果を齎したることなく、将た又之に対する如何なる痕跡をも留めざりき。然りと雖も茲に主として驚歎奇異とすべきは、実に日本先帝陛下が千年以上を費して進歩すべき日本の国運を六十年の御在位中に成就し給いたる事実是れなり。（中略）陛下は実に日本を象徴し給えり。彼の仏国の革命前に於て其形容枯痩せる仏国王を以て仏国なりと呼びたるは畢竟廷臣の諛辞《ゆじ》に外ならず。然れども先帝陛下は日本人に取っては日本なりき。

4　イーグル（ニューヨーク・ブルックリン　七・三〇）

日本人の勤王心は不思議にも其の政治家又は武人の功績を以て之を天皇の御威徳に帰す。即ち東郷提督は対馬海峡に於ける全勝は先帝陛下の御威徳なりと公言し、乃木大将も亦旅順口に於ける露国の防備を破砕したる勇士を感奮せしめ給いたるものは陛下なりと言い、黒木大将も鴨緑江の横断を陛下の御稜威に帰し、大山大将の奉天戦勝も亦然り。然るに由来泰西人は斯くの如き日本人の天皇に対する崇仰心の極端なる表示を嘲弄的冷笑を以てし、是れ単に封建時代より伝わりたる礼式に非ずして、全く国民的特性たるを看過せり。（中略）蓋し近世史上に於ても先帝陛下の御治下に於ける日本の発達に匹儔す可き国家の発達を示せる治世を有する記録は曽て是れあらざるなり。（中略）要するに先帝陛下の御治世は嘗て知られたる時代中、其冠絶せる革新的進化的紀元の一なりと認めざる可からず。実にイギリスに於けるエリザベス、露国に於けるピョートル大帝の治世よりも一層顕赫にして、縦令其の御治績は仏国に於けるナポレオン時代に比しては目醒しからずとするとも先帝陛下の御治績はナポレオンの治績が有せざりし永遠無窮の性質を有し給えり。

5　スタンダード・ユニオン（ニューヨーク・ブルックリン　七・三〇）

（前略）此の半世紀に於て日本が「隠遁的国民」より変改せられ、以て世界大国の伍伴に進みたる、其の外部の変動及び内部の改革を遂ぐるに於て、先帝陛下は儼然として常に其の統治の大綱を総攬し給い、国内の秩序維持せられ、世界金融市場に於ける信用を樹立せられ、数千年の歴史と数億の人口とを有する帝国支那を征克し給い、更に独力を以て北欧に於ける一大無敵の強国「人の如く歩行する巨熊アダムザド《（ママ）》」と格闘し、其の艦隊を海上より掃蕩して其の陸軍を満洲に潰走せしめ給えり。此れ等の御偉績を録したる先帝陛下の御年代記に於て、陛下の御名声は既に顕揚し、又他に立証の記録を要せざるなり。且つ夫れ其戦争に伴いたる平和は、其の平和に先んじて平和を獲んが為めに起したる戦勝と同じく顕赫なるものあり。

6　ジャーナル（ミネソタ州ミネアポリス　七・二四）

今、日本に於て、二十世紀に亘りて生存したる最大偉人中の御一方、今や此の世を去り給わんとす。日本天皇陛下の民は、陛下を敬仰して神明となし、泰西世界は偶々現代に及ぼせる個人的勢力中の稀有の御一方として陛下を尊重すべきを知覚せり。（中略）嘗て日本天皇陛下を以てドイツのヴィルヘルム一世に比し奉り、陛下の閣臣伊藤公を以てビスマルクに比したる事あり。比較妙なりと雖も大凡比較なるものは十中八九其当を得ざるが如くこの比較も亦其正鵠を失せり。伊藤公は有数の人傑なりと雖も、ビスマルクと同位に列し難きと同時に、ドイツ初代の皇帝は断じて「ミカド」の匹儔に非ず。ビスマルクは寧ろ元首の主人たりき。即ち其至上意志なりき。之に反して伊藤公は其君主の臣僕なりき。蓋し極て老練なる一機関として有識の相談役たり。建設的天才たりしには相違なかりしと雖も、然も要するに従位に過ぎざりき。

一八七一年（明治四年）以後のドイツの歴史は其の勃興及び発表に就きて驚歎すべきものなりしと雖も、日本の勃興革新、及び進歩は更に驚歎すべきものなりき。勿論日本はドイツの如く向上せざりしとするも、そは其出発点は彼に比して更に遥かに低位より進みたりき。凡そ古今の史上に日本の改造と成功とを比較すべきもの何れに存するや。是に就いて「ミカド」は実に其の天啓者にましまし、指導者に在わしき。

7　アルゴノート（サンフランシスコ　八・一七）

（前略）若しそれ先帝陛下にして政治家として万一不足の点在はしたらんか、先帝は支那満朝の君主と其の運命を共にし給いしならん。若し又先帝陛下にして憂国の志に乏しかりしとせんか、先帝陛下は其御自身の独裁的権威を以て国民福祉の上にありとなし給いしなるべく、相共に成功せられざりしやも未だ知るべからず。陛下は事実上無制限の権力を保有し給いつつ然も制限せられたる君主政治を行うことと及び御自身之を涵養し且擁護し給うを以て陛下の御本務となし給いたる立憲主義を以て満足あらせ給いたり。逆理的に云えば、吾人が先帝陛下御為人を知ること極めて少なきを以て其の之を知る事極めて大なりと言うべし。何となれば陛下は常に背後に隠れ給い其の需め得らるる限りの最も賢明なる輔弼を通じて行動し給い、而して輔弼者に対して其の御権威よりも寧ろ御感化を以て堅実的援助を与え給えるを以て其政策となし給いたればなり。（中略）理論上よりすれば、日本の憲法は素より民政的にあらざるも、実行上民政的となりたるなり。多謝すこれ実に先帝陛下が其の大権発動を苟もし給わず、其人民をして十二分に才幹を発揮して以て自ら治めしめ給い、帝者たるの法権よりは寧ろ其道徳的感化を用い給わんとの御決意に依りたるものなるを。（下略）

（十三）　フィリピン

1　ザ・ケーブル・ニュース（マニラ　八・一）

月桂冠を御陵の上に捧げまつれよかし

陛下こそ民の讃美に値いすれ！

陛下は叡明沈毅にして豪勇に在はしき――
　真個黄色人種中の英傑！
其の治世は勤労の四十五年なりき――
　嗚呼壮厳にして雄偉！
　そは誠に陛下は其郷土をして――
進展赫灼たる邦国と為し給いたればなり！
　よし陛下にはアジア人の血液あらんも
いかで陛下の偉大を蔽い得ん
　幽冥遠く隔り行くも
陛下の名誉は無窮に生きん（下略）
（ヂアン・エフ・サラザアル）

（十四）　チリ

1　ラ・マニアーナ（サンディアゴ　七・三〇）
実に人類の史上に顕れし最大天才の御方はその永き御一生を保ち給いし御尊骸を捨てられて御自ら救済し給い興起し給いし其人種の前途をば、不滅の光明をもて照さんとて逝き給いけり。先帝陛下の御治世中、其の四民の企劃、進歩は神域に達せり。陛下は近世の実際的尺度を以てすれば殆んど空論

僻説たる如き事業をも半世紀ならずして成就し給えり。（下略）

2　ラ・ウニオーン（サンチアゴ　七・三〇）

（前略）若し天才なる熟語にして創造者を意味するものとせば、先帝陛下は実に創造者にて在わしませり。陛下は旧日本の灰燼中より新たなる日本を創造せられ、これに伝来の精神を保有せしめられ、玄妙なりしその国の大能力に、与えらるるに新たなる活動地を以てし給いたり。（下略）

（十五）ペルー

1　エル・コメルシオ（リマ　七・三一）

アルプスを越ゆるの時なりき、ナポレオンは其の一副官を顧みて曰く、「帝王となり王となるは汝等の驚歎するところ、されど予は之を誇らざるなり。蓋し予は天の用ゆる器械に過ぎず。天予を要する間予を助んも、一旦不用とならんか、予は玻璃の如く幾千百の破片と砕き棄らるべし」と。嗚呼此の真理を道破せる英雄の末路に比べては、昨、其の光栄の終極にありて世を去り給いし日本国天皇陛下が、内には皇后皇子の宮々に傅《かしず》かれ、外には群臣の愛慕崇敬に包まれ給いつつ、静かに永久の御眠に就き給いたる御幸運の程は実に想像に余りあり。陛下は地上の支配権を表わせる玉笏をば最後迄も御手にし給い、赫々たる御稜威をアジア一州のみならず全世界に輝かしめ給いたり。其の御勇武はタメルランに比すべく、其御克己心は孔夫子に比すべく、其改革的御精神は彼得大帝に比し奉るべし。（中略）吾人は茲に第十八世紀の一博学者が言える名高き句を繰返すを得ん。曰く「嗚呼御身単に一国王たるに過ぎざりしならば我をして其前に拝跪せしむること能わざりしなるべし」と。

（十六） ブラジル国

1 ジャーナルド・ブラジル（リオ 七・三〇）

吾人は電報欄に日本天皇陛下の崩御を報じたり。遠逝せる偉人中、日本天皇の崩御ほど天下を震駭したるものは非ざるべし。数十年前迄辛うじて其の存在を知られたるに過ぎざる日本が一躍して西洋文明の同化を以て世界を驚かしたるは、僅々三十年の間に完成したる現象に過ぎずして、是に依り日本民族が其の能力、勤勉、才智及耐忍に於て真に賞歎措く能はざるに至らしめたるものは全く陛下御治世間の御鴻業御偉績に外ならざるなり。

（十七） オーストラリア

1 レジスター（アデレード 七・三一）

陛下の蒼生に対する御同情は強くして深し。不幸にも屢々日本を襲いし彼の惨烈なる地震、颶風、海嘯《かいしょう》、祝融（火事）、疫病等の災禍其兇暴を逞うする毎に、陛下は必ず率先之を慰問せしめ給い、陛下の御内帑は常に是等罹災者救助の為に開かせ給えり。国家に忠誠を致したる人士の歿したる時は、常に優詔、祭粢《さいし》料及び勲位を追贈せられて、其の遺族を慰められたる御方は即ち陛下に在わしき。陛下は常に御躬を以て庶民の養父たるの実を示し給いたるが、即ち是が報謝なるものは、史上殆んど匹儔なき国民満腔の忠誠となって示現したりき。（下略）

（十八）ペルシャ

1　ハブラル（マタン第二〇巻第二〇号　八・一五）

先帝陛下が「アジアは泰西文明に達するの資格なし」との許多の理由を叙述したる大多数の泰西政治家及び哲学家の判断を無効に終らしめられたるの一事は、日本先帝陛下に負う所甚大なりと謂つべし。日本先帝陛下は、露国を撃破したるの後、アジア全般に立憲思想を普及せられたるが、日本の立憲政体に倣いたる最初の帝国はペルシャにして、トルコ之に次ぎ清国は最後に日本の顰《ひそみ》に倣いたり。（中略）吾人は我が崇高なる波斯人を代表し、斯の如き日本の大英主の崩御に臨み、吾人の絶大なる哀悼の念を表彰すると同時に、目下慟哭しつつある日本人民と其悲歎の念を俱にするものなりとす。吾人は回々教国民及び波斯人が特に其恭敬なる同情心を表彰せんが為めハブラル・マタン社に於て哀悼式を挙げ、日本総領事の手を経て、この不世出の大英主の帝室に悲傷哀悼の決議文を贈呈したることを記せんとす。（下略）

（十九）インド

1　ステーツマン（カルカッタ　七・三一）

（前略）御践祚以来崩御迄四十五年間に亘らせらるる御治世中に於て日本は一躍して新興国となり、往時猜疑の眼を以て外国勢力の侵入を忿怒したる日本は、露骨に泰西文明を歓迎し且つ之を吸収し、今や泰西諸政府が対等国と認むる邦国として世界の面前に立つに至れり。斯る奇蹟的変革は啻に陛下の御治世中に発生したるのみならず、陛下の御即位と同時に其の端を啓けり。素より此事たる単に陛下の御登極と合致したるものに非ず。何となれば日本をして一等国の伍伴に列せしめたる諸般の変動は、主として陛下の御聡明なる愛国心及其御果断に帰因し給うことは一般に認識せらるる所なるを以てなり。（下略）

2　インヂイアン・ミラー（カルカッタ　七・三二）

今や世界に於て特筆大書すべき人傑たる日本天皇陛下は御登遐あらせられたり。陛下崩御の為め今や人類は震慴《しんしょう》（ふるえおそれる）し日本の億兆は悲痛慟哭しつつあり。陛下が最後の二豎《にじゅ》（病い）に犯されて御苦悩あらせられつつありたる最近数日間全世界の人心は係りて日本の瞻仰敬愛する陛下に関し奉り、日本より来る諸般の報道に集注し、日本国民が衷心より一切の軽浮の所行、及び歓楽を止め、陛下に対し奉る赤子の熱誠、及び切実痛絶なる感情を以て其御終焉を凝視しつつありたる稀有の光景を目撃せり。陛下の崩御は日本国民をして悲傷哀痛に沈ましめ、日本国民の悲涙の門は弛められて潸々として其の尽くる所なからしめられたり。蓋し先帝陛下は凡庸なる他の帝王と其の選を異にし給い、有ゆる意味に於て顕赫なる御人傑なりしを以てなり。寔に陛下は僅々其御一代の間に於て其統治あらせられたる日本の改革及び其人民を半野蛮より最高度の文明に導き給いたることを目撃し給いたるが、斯の如き運命は爾余の元首が殆んど一代の間に於て誰人も遭遇することを得ざりしなり。（後略）

（二十）　中華民国

1　中国日報（北京　七・三一）

（前略）明治天皇乃ち位を東京に正し、整然として全国の君主と為る。君明に臣良く、大に改制を行ひ憲法を頒布し、国会を召集し、法を欧米に取り次第に興隆す。日清日露両戦役の勝を占むの後に及び、一躍して日本をして世界第一等国の林に列せしむ。蓋し其中、国内人あり、群策群力、一致収《しゅう》効《こう》せしに由るもの少からずと雖も、然も明治天皇聖徳中庸、人を知って善く任じ、始終福を新政治界に造《いた》して、梗阻《こうそ》（妨ぐる）する所なきもの其の総原因なりとす。（中略）抑も吾人は此に於て更に説あり、吾国の革命は民主共和国に改造してより、或は謂う日本当に其影響を被るべしと。知らず此論殊に失するを。日本の君主所謂天皇は、独り政治上の元首たるのみならず、且つ実に全国社会宗教上の主宰たり、亦大和種族上の宗子（正当なる御継承）たり、其の尊崇信仰深く国民原始（祖先）の脳中に入る。乃、抛《てき》変《へん》（改変）の理なし。其の万世一系は決して虚構にあらず、実に事実なり。凡そ一国家中、其君主若し其の国民を損害する所なく、其の国民亦其の君主に歉屈《けんくつ》（厭いて屈服する）所なきもの、必ずしも純《もっぱ》ら民主を以て快意と為さず。此れ其の中、蓋し人情事理の存するありて、尽く政治論を以て之を概括すべからざるなり。是に由り之を観れば、将来即ち全球万国をして悉く民政と為らしむるも、日本の宝貴すべき君主政体は必ず仍《な》お永遠巍然として東瀛《とうえん》（東の大学）三島に独立すべきなり。豈懿《あにおおい》ならずや。

2　吉長月報（吉林　八・一〇）

ペルシャのアルヤシュ一世乃至アスマンのトルコ帝国建設の業を叙したる後恭しく日本天皇明治の事功、威力及び経歴の事実に就いて観るに、其の相類するの点殊に多しとす。但だ比擬（なぞらうこと）すべからざるものあり。上述の数君倶に戦略を以て勝る。之を質言すれば功外轢《がいれき》（外事）に在るのみ。日本天皇は乃ち首として内治の茂密を以て其邦基を奠《さだ》め給う。然れば則ち史遷（司馬遷）法後王（法あり後に王たるの意）の説を挙げ、　て欧西近代各雄の主要なるものを観るに、其れ或は露皇ピータ一、独王ウィルヘルム第三世に庶幾《ちかき》か。（後略）

3　民国報（北京　七・三一）

（前略）夫れ明治天皇の人道に力ある、世界に功ある、東亜に為すある、我中華民国に造《いた》すあるもの、実に前に古人なく、後に来哲なし。嗚呼噫嘻《ああああ》、吾之れに因て重て感ずる所なき能はず。（中略）豈無窮の憾《うらみ》を遺すにあらずや、嗚呼。

4　中国報（北京　八・一）

（前略）其事業の多く且偉なる、近世紀中に在りて殆んど明治天皇に若くものなし。天皇乃ち性平和、其の智能尋常及ぶ所にあらざるなり。然も世界の熱潮を承接し給い、和新の士を引き、以て政体を改革し、其国勢を伸張し、卓然として東亜の先進国と為る。一代の偉人にあらずと謂うを得ざるなり。今一旦崩御し給う。日本全国人の哀悼、豈猶お以て言喩すべけんや。（後略）

5　民強報（上海　七・三一）

記者曰く、明治天皇は一代の雄主なり。即位以来、霊敏の手腕、堅忍の魄力、闊達《こうたつ》（広く通じている）の才識、完美の政策を以て、能く声色（権勢）を二十世紀列強競争の潮流中に動かし給わず。此の蕞爾《さいじ》（小さい様子）たる三島を強盛の域に措き、勇猛精進、百折回り給わず、独皇ウィルヘルム、露王ピョートルと雖も亦以て此れに加うるなし。

6　亜細亜日報（北京　八・一）

日本明治天皇在位四十五年、春秋六十有三、総明康健智武英多《そうめいかうけんちぶえいた》。前《さ》きに二豎《にじゅ》の侵す所と為り、己に危篤の報あり、後報を伝ふるに迨《およ》び方《まさ》に転機《てんき》を慶《けい》す。忽ち愕報の來るあり、竟《つひ》に鼎湖《ていこ》の駕《が》に宴《えん》じ、蓬《ほう》瀛《えい》（日本）望みに在り、仙郷遥《せんきょうはるか》ならず、（此一句崩御の形容）東海愁を含み、神山色を失う。吾が華夏《かか》の倫《りん》（支那人なれどもの意）に在りと雖も、英姿を緬考《べんこう》し（顧み考う）遺烈《いれつ》を追維《ついい》（追い思う）し、猶ほ其の感慨に勝えず。況んや彼の大和民族、久しく其英生の威光に浴沐《よくもく》し、以て其顔色《がんしょく》を壮《さう》にするもの、其哀痛悲悼又た当《ま》さに如何。記者勉めて慰藉《いしゃ》の詞を為さんと欲すと雖も、而も説を為す所以を知らざるを苦むなり。試みに天皇崩御後吾心の感ずる所に就き之を一言せん。

天皇維新以来の功業は、天下共に聞く所なり。区々《くく》たる三島の土地を以て、五千万の臣民を駆《か》り、其の武健忠勇の気を挟み、毅然東方の覇業を建てんと欲せらる。日清戦争の前後、亦た既に琉球を呑《どん》滅《めつ》し、台湾に割拠す。日露戦争の結果、又復た朝鮮を合併し、満洲を進侵し、一躍して国際第一等強大の国に入る。神功皇后以来未だ竟《た》えざるの鴻図《こうと》を継ぎ豊臣太閤の当時未だ有らざるの兵略を拡《ひら》く、其の雄才大略、各国帝王中惟《た》だロシアのピョートル大帝《たいてい》差《さ》や与に名を斎《ひとし》うし世に進むドイツ皇帝ヴィルヘルム。米大統領ルーズヴェルト等号《ごう》して世界の偉烈と為す。而かも其の軍績を語れば、或は尚お之れに及ばざるなり。

新版刊行にあたり

本書は、明治百年を記念して昭和四十三（一九六八）年の紀元節（二月十一日）に錦正社から刊行された。長らく絶版となっていたが、明治天皇御生誕百六十年・崩御百年という節目を迎えるにあたり、明治天皇に対する報恩感謝の微衷を示すべく、新装復刊を企画した。

なお、復刊にあたっては文量の関係で巻末の「御略年譜」を削除したほか、一部の写真を差し替えた。また、初版は「若い人に読み易いように」と新仮名遣いで書かれていたが、新装版においても同様の方針を採用すると共に、誤植の訂正やルビ・割注の補足など若干の表記を改めた。

＊　＊　＊

明治三十（一八九七）年生まれの里見博士は、「少年時御治世の恵に直浴し、帝国憲法、教育勅語、数々の御製により、日本人としての自覚と光栄に生きぬいてきた一人の御民が、広大深遠な御恩の一塵一滴に報謝したいという気持ちで書いた『私観明治天皇』である」（「前書き」）と述べているが、それだけが執筆の動機ではあるまい。

東西冷戦の下、ベトナム戦争は一向に解決する兆しを見せず、中共は文化大革命の渦中にあった。本書の刊行後にはフランスで五月革命が起こる一方、チェコ・スロヴァキアにおける改革の動きはソ連軍によって打ち砕かれる。国内においても新左翼各派が激烈なベトナム反戦運動を展開するなど、内外の情勢は混沌としていた。本書の姉妹篇とも言うべき「明治百年と昭和維新」（『国体文化』（昭和四十二年十一月号)〕からは、強い緊迫感が伝わってくる。

昭和四十二年十月八日、羽田空港に於て、佐藤首相の南ベトナム訪問に反対し之を実力で阻止せんとして、持兇器学生暴徒が、警察官に挑戦抵抗し市街戦となり、一名の死者と六百余名の負傷者を出した事件は、昭和四十五年の安保継続を目前とした時点に於て、断じて軽視さるべきではない。政府は此期に及んでも尚破防法適用には慎重といっているが優柔不断悔を千載に残さざらん事を祈るや切である。……昭和四十五年来たらんとす。政府は国民と共に、はたまた破防法と共に、万全の対策を以て事に望み、以て革命粉砕、維新断行の霊機をつかむべきである。日本には革命が起こらぬというような安易な考えに対する一つの実物教訓が今回の羽田事件であった。全国民よ、決意をあらたにして昭和四十五年に備えよ。(53頁)

＊　＊　＊

「維新断行」と言うが、そもそも、「維新」とは何か。本書において、里見博士は次のように論じている。

日本の国というのは、日本人――日本民族が日本の国土の上に築いた生活の組織体であるが、この組織体は、その時々の種々な要因によってさまざまな変化現象を呈するから、時には烈しい変動もみられた。しかし、日本国という生活組織体は、生物学の用語でいえば、その組織体の根本に一つの核をもっていた。この核を平安朝以来の古い言葉では「国体」といってきた。……この国体は、日本人の生活組織体である日本国の本質を永遠に同一生命体として維持し且つ発展させようとする日本人の顕在的並びに潜在的意志に支えられて形成され又定礎された国家の内質実体を意味するものであり、具体的にいえば皇位と皇統と皇道を要件とする天皇ということになる。天皇は、それ故、一方的、天下り的支配者とはわけが異り、日本人全体の心の凝結によって生じたものであり、今日流行の民主主義のような君民闘争の産物ではなく、本来純正の国民的、民族的基盤の上にそそり立つ大生命塔なのである。

明治維新は、単に権力を将軍から公卿や天皇個人の上に取戻したというようなものではなく、久しく埋没していた民族生命本来の大義を発掘蘇生せしめた空前の歴史変革なのである。(59～60頁)

維新というのは、「これあらた」と訓み、旧いものが天命をつつしみ行うことこれつねに清新である。天命に恒に応《こた》えているはつらつたる王道的生命の新しさ、若々しさを意味する。日本には維新ありて革命なしというのがこれまでの歴史的鉄則で、かの大化改新なども維新であって革命ではない。……明治維新も断じて革命ではなく維新であって、天の命をうけたまえる日本の天皇は万世一系皇統連綿であり、その使命は太古にして太新である、これを「御一新」とも呼んだが、維新というのが、歴史的公称になってしまったのである。もっとも日本では「天命」というよりは皇祖天照大神の神勅にもとづいて、という方がより固有であり且つ一般的であった。……日本でも神話的には「天照大神の神勅」というが実証的にいえば「民族の意思」「国民の総意」ということである。（65頁）

「民族生命本来の大義」である「天照大神の神勅」を戴くゆえに、「天皇」は「太古にして太新」なのだ。たとえ武家政権が六百年あまり続こうとも「国家の内質実体」たる「国体」は維持されており、そのことを国民が再認識することこそ「維新」である。

＊　＊　＊

初版刊行から四十有余年、ソ連の崩壊に伴って東西冷戦は終結したものの、中共・ロシア・北朝鮮・韓国といった周辺諸国から我が国に向けられる圧力は強まるばかりだ。国内に目を向けてみても、安倍政権の誕生に伴い「戦後レジームからの脱却」が視野に入り、「維新」という言葉も社会的認知を得つつある。

このような時代に、明治天皇の御聖徳ひいては明治維新の真精神を説き明かす本書が新装復刊される意義は非常に大きい。多くの読者に読まれることを期待して已まない。

（金子宗德）

【著者略歴】

里見岸雄（さとみ　きしお）

明治３０年、東京で父・田中智學の下に生まれる。大正９年、早稲田大学哲学科卒業。同１１年、英・独・仏に遊学。同１３年、兵庫県西宮に里見日本文化研究所（後年、里見日本文化学研究所と改称）を創立。昭和３年に『国体に対する疑惑』を刊行、一大センセーションを巻き起こし、翌４年刊行された『天皇とプロレタリア』も１００版突破のベストセラーとなる。同１１年、日本国体学会を創立。同１６年、立命館大学法学部教授。翌年、法学博士号を授与されるとともに同大に国体学科を創設して主任教授を務める。戦後、日本国体学会を率いつつ『日本国体学』全１３巻を執筆する他、憲法改正運動を提起し講演・著作活動に邁進。同４９年４月１８日、７８歳にて逝去。生涯の著書は英・独文を含む約２００冊以上。主著として『万世一系の天皇』、『日本国の憲法』、『日蓮・その人と思想』。

新版 明治天皇

昭和四十三年二月十一日　初版発行
昭和四十三年十一月三日　第二刷発行
平成二十五年四月二十九日　新版第一刷発行

著者　里《さと》見《み》岸《きし》雄《お》
製作　日本国体学会
〒180-0014 東京都武蔵野市関前5-21-33
電話　〇四二二（五一）四四〇三
ファクシミリ　〇四二二（五五）七三七二
発行　錦正社
〒162-0041 東京都新宿区早稲田鶴巻町544-6
電話　〇三（五二六一）二八九一
ファクシミリ　〇三（五二六一）二八九二
製本　ブロケード
印刷　平河工業社

乱丁・落丁本は送料小社負担にてお取替え致します。
定価はカバーに表示してあります。

ISBN 978-4-7646-5107-4